本书入选“2015年度东莞市文化精品”并获政府专项扶持资金

The Philosophical Reflection on Chinese Urban Radio and Television

势：中国城市广电的哲学观照

——珠三角和长三角城市广电发展比较研究

李志良　著

暨南大学出版社
JINAN UNIVERSITY PRESS

中国·广州

图书在版编目（CIP）数据

势：中国城市广电的哲学观照　珠三角和长三角城市广电发展比较研究/李志良著．—广州：暨南大学出版社，2016.8
ISBN 978 -7 -5668 -1881 -2

Ⅰ.①势…　Ⅱ.①李…　Ⅲ.①广播事业—研究—中国②电视事业—研究—中国　Ⅳ.①G229.2

中国版本图书馆 CIP 数据核字（2016）第 142263 号

势：中国城市广电的哲学观照
——珠三角和长三角城市广电发展比较研究
SHI：ZHONGGUO CHENGSHI GUANGDIAN DE ZHEXUE GUANZHAO：ZHUSANJIAO HE CHANGSANJIAO CHENGSHI GUANGDIAN FAZHAN BIJIAO YANJIU
著　者：李志良

出 版 人：徐义雄
责任编辑：张仲玲　武艳飞
责任校对：郭海珊
责任印制：汤慧君　王雅琪

出版发行：暨南大学出版社（510630）
电　　话：总编室（8620）85221601
营销部（8620）85225284　85228291　85228292（邮购）
传　　真：（8620）85221583（办公室）　85223774（营销部）
网　　址：http：//www. jnupress. com　http：//press. jnu. edu. cn
排　　版：广州市天河星辰文化发展部照排中心
印　　刷：深圳市新联美术印刷有限公司
开　　本：787mm×1092mm　1/16
印　　张：16.5
字　　数：335 千
版　　次：2016 年 8 月第 1 版
印　　次：2016 年 8 月第 1 次
定　　价：54.00 元

序　视听的势与力

对今天的传统媒体来说，随着传播全球化、社会信息化以及移动互联网等新媒体技术的普及，媒介生态环境的变迁使得各种竞争在不断加剧。面对接受方式的移动化、视频流量的海量化和自媒体信息源的大爆炸，广电行业发展的不确定性因素正在增加。

面前的这本书力大势沉，用一个“势”字来统摄一个不断变动的行业领域，力图从林林总总的现象层面中跳出来，寻找一种可以上升为理念层面的操作思路。这是作者李志良经过 25 年的“行思”之后的一种视野拓展，一个把自我认同、职业认知和社会责任融为一体的话语建构。

如果从许慎的《说文解字》说起，汉语中的“势”是指用一个具有象征力量的手把某物置于某处，本身是一个时空流程，即在已知条件的轮廓和结构中利用、借用或挪用这样或那样的力量以把握机会。由是观之，人们要追求什么效果或结果，需要穿越意义到现实，充分把握对象，在对象性事物自发性的流变过程中去寻找机遇，此为本书的开篇，名曰“审势而动”。

广播电视的视听传播史不过一个多世纪，但在中国改革开放之后历经了快速发展的三四十年，现已膨胀为一个在城市化大潮中衍生为关系化和语境化的行业现象，前者可以指广电行业与社会经济结构相互提携的互动关系，后者可以指广电传播与地方文化系统的衔接关系。如此才可以理解广电行业如何成为发展社会生产力的信使，引导社会融合的舆论机制和再现地方文化魅力的时空舞台。这或许就是作者定义的蓄势而发。

从“势”字出发，自然符合中国文化传统，或者说源于诸子百家的兵家，对对象的诠释方式是把理性思维投射到现实全体当中，不仅从现实本身的局面或局势出发来考察其活动的力度、方向、程度等指标，还要把每一种生成变化的现状作为一种进行时的路标，在可能发展的情势变成既成事实之前，着手进行有利于己方的导向动作。这就在本书逐渐推演出“借势而启”的联盟构想，谋划“造势而胜”的战力布置，发扬“逆势而上”的勇气智慧，达到“乘势而为”的战略功效，把各种静态和动态要素在互动中进行置换，演绎出一种新的现实图景。

兵家的思维强调利害关系的考量，重视现实经验的依据，注意现象与本质之间的差异和矛盾，从而成功利用事态推移中的趋势。因为“势”可能指同时发展的各种情况，不仅仅是经济竞争的冲撞、地缘文化的渗透、制度资源的瓶颈以及人才技术的得失，还有整项技术创新所引发的行业变动的大趋势所衍生出来的不断翻新的社会趋向。问题在于，要如何寻求制度经济学意义上的制度矩阵的适应性效率与行业竞争发展的现实反馈之间的自我修正机制的动态平衡。作者的从业经验是战略思维的基础性保障，而在经年累月中的一种理念坚持，更是能够协调大规模和小细节的关键，“因其势以成就之”。

不论新媒体的未来如何冲击媒体版图或媒体格局，传统媒体在当下还是会被看作是一个建立社会网络、开拓公众视野，力图形成健康有益的社会感知和态度的公共平台的，同时传统媒体也还在为相当数量的社会大众提供资信、消遣和娱乐。当然，由于信息生产力的爆发所带来的社会结构的变动和生活方式的改变的大势所趋，会让传统媒体在感知模式上与新媒体形成受众竞争的落差。但自从改革开放以来，岭南文化的风雨兼程恰如作者所归纳的那样，具有“更生猛淡定”和“更大众化”的自身优势：从“势”字出发，人们更关注运作的效力，问道效力的来源，这种实践理性有助于作者及其同道从中获取更大的收益，从而更好地来确认本土化的经济实力和文化能力。

是为序。

中国传媒大学教授
2016 年 7 月

前言 “势”悟：穿越于盛与衰之间

世间万事万物生成流变离不开特定的“势场”环境。中国城市广电作为特殊的“舆论管道”和“社会皮肤”，生息繁衍在由楼宇和人流构成的城市中。如果把中国城市广电置于“势”这个具有中国古典哲学思维的视阈中去观照解读，也许会为人们对当下传媒风云际会、跌宕起伏之态打开另一扇透析之门。

仓颉造字，天为雨粟。“势”古时写作“埶”，从“坴”（高土墩）、从“丸”（圆球）的字形构造，令“势”这个词汇笼有形和无形于一体，集丰富文化意蕴和深刻哲学思维于一身。何谓“势”？具象言之，“势”如转圆石于千仞之山；抽象言之，“势”即世间万事万物生息演化的宏观、中观、微观环境。“势”与“气”连通，与“形”互依，与“时”相伴。“势”既体现客观性、普遍性和必然性，又蕴含主观性、特殊性和偶然性。

城市不仅是世间芸芸众生循环往复、螺旋发展的起点和终点，也是大众传播兴衰演变的场所和空间。跻身“世界七大城市群”之列的珠三角城市群和长三角城市群，其政治重心、经济引擎、文化高地的示范引领意义不容置疑。以上海广电、深圳广电、苏州广电、无锡广电等为代表的城市广电深谙“势说”之道。它们在艰难起步、强势崛起和深刻转型的各个阶段，时刻紧握“自我之手”“政府之手”和“市场之手”，审时度势，势薄则借，势弱则蓄，势显则乘，势隐则造，势正则顺，势逆则化，势盛则收。“势”成就了珠三角和长三角城市广电在整个中国城市广电版图中不可替代的显赫地位。

“势”是地位的象征，是实力的显耀，是规模的折射，是形态的呈现，是趋势的观照。在当前珠三角和长三角媒介圈这个特定媒介“势场”里，中国城市广电“势象”出现哪些新常态呢?“争渡，争渡，惊起一滩鸥鹭。”——新媒体强势崛起，引发传统媒体一片惊恐。大众传媒的生态环境被颠覆，媒介秩序在媒介新旧势力的激烈博弈中重新构建。“青山遮不住，毕竟东流去。”——传统媒体一家独尊的格局已一去不复返。低下高贵的头颅，摒弃傲慢与偏见，主动拥抱新媒体，是包括珠三角和长三角城市广电在内的传统媒体的唯一出路。

老子《道德经》有言：“道生之，德蓄之，物形之，势成之。”就城市广电而言，天道规律决定其存在，文化德行滋养其成长，硬件设施塑造其形体，形势时运成就其功名。在传媒急剧转型期，尊“道”贵“德”固然重要，但构筑传媒之“势”也不可或缺。男之有“势”，则俊朗挺拔；男之无“势”，则阳气凋丧。画之有“势”，则“一隅皆是”；画之无“势”，则“满幅都非”。兵之有势，则气吞山河；兵之无势，则一溃千里。传媒有“势”，则游刃自如；传媒无“势”，则举步维艰。

“势说”经典不仅早在两千多年前珍藏在中国的书斋案牍，而且成为当今西方学者热门的研究课题。法国学者弗朗索瓦·余莲说：“‘势’常辨不清、摸不着，似蒙蒙夜雨，如影随形于战争、书法、绘画、诗词中，迁转灵动，百变无痕。”因此，“势说”哲学的启昭不限于传媒领域，它穿越时空，无边弗界，惠泽百方。

中国城市广电长期处于国家行业整体布局的神经末梢和传媒金字塔的中低层，这令其扮演着一个既重要又易被忽视的尴尬角色，以致大多数城市广电只能凭借对市场的先知先觉和自省自信在艰难摸索中前行。在当下的媒介秩序重构中，不管城市广电“大船”前面是碧波如镜还是巨浪排空，“势说”哲学始终都是把城市广电“大船”引向大海深处的一盏航标灯。

李志良
2016年7月

目　录

第四篇　造势而胜

第五篇　逆势而上

第六篇　乘势而为

第七篇　析势而谋

第一篇

审势而动

漫言法古，而不审时度势以图之，鲜有不败者也。

——陆以湉

第一章　见叶知秋：城市广电势场探究

天下之势有强弱，圣人审其势而应之以权。

——苏洵

“势”是中国哲学体系中的重要概念，是指人和事物生存的综合背景或条件。如果说“势场”就是“势”孕育生成演变的场所和环境，那么珠三角和长三角城市广电的势场，就是指生存在珠三角和长三角这两个特定区域的城市广电的生态环境。

天下之势有强弱，传媒之势亦有强弱。《淮南子·说山训》中有：“见一叶落而知岁之将暮，睹瓶中之冰而知天下之寒。”传媒之势强弱，可从媒体势场动态流变中窥察一斑。从中国城市广电这个特定视域判断，珠三角和长三角城市广电无疑整体实力最雄厚，发展步伐最稳健，媒体势场最强大。传媒势之强弱，与其势场强弱直接关联。因此，要准确了解珠三角和长三角城市广电的发展现状和未来竞争趋势，离不开对其势场——媒介生态环境进行深入探究。

第一节　媒介即人的延伸

一、媒介定义

“媒介”的广义含义是指“使双方（人或事物）发生关系的人或事物”。《诗经》“取妻如何，匪媒不得”中的“媒”（指媒人），就是指在婚姻嫁娶中起着牵线搭桥作用的媒介。

中美邦交关系“解冻”源于乒乓球。中国运动员庄则栋与美国运动员格伦·科恩在第31届世界乒乓球锦标赛赛场外互赠纪念品，直接推动了两国乒乓球队互访和美国总统理查德·尼克松访华。从媒介学的视角说，乒乓球和庄则栋、格伦·科恩两名运动员在“中美乒乓外交”中扮演了不可或缺的媒介角色。正因为有为媒介的物和人的牵引撮合，中美之间延亘20多年的无形冰墙最终洞穿融化。

“媒介”的狭义含义即传播学视域下的“媒介”，是指人类在传递信息、延续文化的过程中所使用的中介、载体、工具或技术手段。对绘画艺术和文学艺术来说，前者的媒介是绘画颜料用的结合剂和溶解剂，后者的媒介是语言（音）和文字。

新闻媒介是指报纸、广播、电视、网络等用于传播新闻的大众传播媒介，它是由硬性工具、中性工具和软性工具组成的复合工具系统。对电视媒介来说，它的媒介“工具箱”里的工具主要有三大类：一是声像采制传输的摄像机和编辑播出设备等；二是语言文字、声音图像等符号系统；三是声像采制传输的技术、技巧、法规和程序等。

二、媒介四大命题

关于“媒介”，传播学先驱、加拿大多伦多大学马歇尔·麦克卢汉教授提出了两大命题：“媒介即人的延伸”和“媒介即信息”。

麦克卢汉的“媒介即人的延伸”的命题，把广义的“媒介”置于放大镜下检视，说明媒介对人类感觉中枢的影响。他说：“一切技术都是媒介，一切媒介都是我们自己的外化和延伸。”在他看来，任何媒介都不外乎是人的感觉和感官的扩展或延伸：如交通工具是人的腿的延伸，望远镜是人的视觉能力的延伸，电话是人的耳朵和嘴的延伸，文字和印刷是人的视觉能力的延伸，广播是人的听觉能力的延伸，电视则是人的视觉能力、听觉能力和触觉能力的综合延伸。在他眼里，媒介和社会的发展史同时也是人的感官能力的“统和—分化—再统和”的历史。

麦克卢汉把“媒介”放在传播学的显微镜下去剖析。“媒介即信息”，媒介本身才是真正有意义的信息，这是对传播媒介在人类社会发展中的地位和作用的一种高度概括。他认为，每一种媒介发出的信息都代表着或是规模，或是速度，或是类型的变化，所有这些信息的形式变化都会介入人类的生活中。媒介最重要的作用就是“影响了我们理解和思考的习惯”。真正有意义、有价值的“信息”不是各个时代的媒体所传播的内容，而是这个时代所使用的传播工具的性质、它所开创的可能性以及带来的社会变革。

美国纽约大学媒介生态学创始者尼尔·波兹曼在《娱乐至死》中提出“媒介即隐喻”的著名论断，认为媒介能够用一种隐蔽但有力的方式来定义现实世界，而技术改变所带来的媒体形式变化是隐形的力量源泉。生活在市井僻野的弱势群体在当地黑暗势力的恣意凌辱下苟延残喘，连鸵鸟也冲破樊篱冲上闹市以示抗争，电影《老炮儿》用颇有冲击力的画面语言暗喻当下礼数被蹂躏、规矩被碾碎的社会现实。

清华大学新闻与传播学院崔保国教授把“媒介”放在社会大环境下去分析，提出了“媒介是条鱼”的命题。他说：“媒介比作鱼，信息资源比作水。信息的传播就好比鱼把水和养分从嘴里吸入，经过传播者的选择加工成为信息内容产品，再经过不同的传输渠道传给受众，最终形成的反馈和影响还又回到水里。”① 他强调，要把媒介看作是有生命的东西，同时把媒介看作是始终处在一种运动状态的事物。最重要的是，要以生态观念看待媒介，努力保护媒介生态。

“媒介即人的延伸”“媒介即信息”“媒介即隐喻”“媒介是条鱼”，中外传播学者从不同的视域和层面对“媒介”进行了诠释解剖，这些命题无论是强调媒介对人的感觉感官影响，还是着眼于媒介的形式变化，抑或是侧重于媒介的生命活力，都无不殊途同归地向人们传递了一个共识：媒介力量无处不在！

第二次世界大战前夕，纳粹德国的宣传机器竭尽所能，一方面，大肆渲染《凡尔赛条约》令德国蒙受耻辱，使德国上下笼罩在狂热的民族主义躁动中；另一方面，把阿道夫·希特勒塑造成“国民情人”“国家父亲”“军队旗帜”和“德意志耶稣”。“只有希特勒会拯救我们！只有希特勒能解放我们！”屈服于政治势力的大众媒介营造了一个与真实世界完全背离的“虚像现实”，纳粹德国的宣传机器像“真正德国刺刀”绑架和劫持了善良而狂热的德国公民。对纳粹德国大众媒介所拥有的权力，麦克卢汉评介说：“希特勒能在政治上存在，是广播的一个直接结果。”

“在一个媒介化的社会，被分享的大众传播媒介成了人们形成个人认识的一个依赖，构成一种人与社会的中介关系。”“媒介是一个社会的中介者和控制者，它负载的信息作用到人的身上，对人的行为产生影响，从语言方式、行为方式到思想方式。”② 著名传播学者陈卫星的论述对“媒介决定论”进行了阐释。

“媒介”与“传媒”两个词语常被当作内涵与外延相等的概念而彼此替代使用。但实际上，作为传播学和新闻学上的这两个概念，既有联系，又有区别。

《现代汉语词典》对“媒体”的注释是指“交流、传播信息的工具，如报刊、广播、电视、互联网等”。新闻媒体是指报社、广播电台、电视台、网站、通讯社等从事新闻传播活动的组织机构。人、财、物是它的有形构成要素。新闻媒体无论是内部运作，还是与社会环境系统交流，都是有主旨、有步骤、有配合的组织行为。

“传媒”有两层含义：一是指传播媒介，即报纸、广播、电视和网络等；二是指传播机构，即掌握某种传播媒介的机构和团体。作为传播媒介的传媒，是客观的、中性的；而作为机构和团体的传媒，是主观的、自为的。因此要根据不同的语境，区分“传媒”一词的不同含义。

---

① 崔保国. 媒介是条鱼——理解媒介生态学. 2005-06-01. http://media.people.com.cn/GB/22100/48805/48806/3433631.html.

② 陈卫星. 以传播的名义——陈卫星自选集. 北京：北京广播学院出版社，2004.

第二节　城市广电势场的二维空间

珠三角和长三角城市广电的势场，是指生存在珠三角和长三角这两个特定区域的城市广电的生态环境。

衍生于古希腊 oıkos 的“生态”一词的意思是“住所”或“栖息地”。《现代汉语词典》对“生态”的注解是“生物在一定的自然环境下生存和发展的状态”。因此，生态就是指一切生物的生存状态，以及生物之间和生物与环境之间环环相扣的关系。它是隐藏在人类和其他生物世界的背后，自由、自发地生生不息和发生作用，悄然支配着物种命运的自然之道①。

媒介生态学的“开山之父”、纽约大学尼尔·波兹曼教授于20世纪60年代首先使用“媒介生态”一词，并率先将其纳入学术研究范畴。他认为人类生存在两个不同的环境里：有山川树木的自然环境和由语言、技术和其他符号组成的媒介环境，后者塑造了人本身。

浙江大学邵培仁教授认为，媒介生态是指在一定社会环境中媒介各构成要素之间、媒介之间、媒介与外部环境之间关联互动而达到的一种相对平衡、和谐的结构状态。

媒介生态提倡整体观、互动观、平衡观、循环观和资源观，因此，媒介生态观其实是一种系统的发展观，要求系统内的各组成部分既能保持共生的关系，又能在竞争中保持一种动态的平衡，既能发挥个性又能保持共性，终极目标是让系统内的各部分都能进入良性循环的发展。

媒介生态系统是一种动态的、有机的和具有整体特征的运行机制，它以信息传授和媒介买卖为基点，把不同的人、媒介及其环境联结为一种网状的结构性存在。它不是单纯建立在个体参与的基础上的，而是建立在群体存在及其共同参与的基础上；它不会只考虑系统生存所必需的经济效益，还会着眼于“人的全面发展”和更深刻的社会关联性，将社会效益放在首位②。

作为特定媒介的珠三角和长三角城市广电，其媒介势场可分为宏观势场、中观势场、微观势场三个层次。媒介生态是以上三个势场层次关系的总和，它们相互作用、互为因果，共同决定着珠三角和长三角城市广电生存发展的现状和未来。

一、城市广电的宏观势场

媒介宏观势场是指由政治、经济、文化等生态因子构成的媒介外部环境。政治、经济、文化等宏观条件的变化，将影响传媒长远目标的设计和实施。

---

① 支庭荣. 大众传播生态学. 杭州：浙江大学出版社，2004.

② 邵培仁，等. 媒介生态学——媒介作为绿色生态的研究. 北京：中国传媒大学出版社，2008.

（一）自然生态：富庶的三角洲是城市广电栖息的天然港湾

自然生态是指人类生存和发展所依赖的各种自然条件的总和，包括地理位置、气候、地貌、植被和自然资源等。自然生态不仅是世间芸芸众生循环往复、螺旋发展的起点和终点，也是大众传播兴衰演变的场所和空间。人类在具体的自然生态环境中生存和发展，人类传播活动也必然受到其所处的自然生态环境的影响，毕竟传播是人性的外化，也是环境的折射。

顺势者昌，逆势者亡。无数事实证明，当人类和媒介的发展尊重并顺应地理环境的特点和规律时，它们就发展顺利，呈现出繁荣昌盛的状态；当人类应对地理环境的创造力衰退或协调不当时，媒介文化就开始衰落，进而会危及人类自身的生存与发展①。

“三角洲”翻译自英文 delta，即希腊文 Δ 的转写，而希腊文含义源自三角洲的形状像三角形。三角洲，即河口冲积平原，是一种常见的地表形貌。江河奔流中所裹挟的泥沙等杂质，在入海口处遇到含盐量较淡水高得多的海水，凝絮淤积后形成三角洲平原。

纵观世界各地，大川归海处往往是三角洲“胎变”的“温床”。如孟加拉国和印度恒河—布拉马普特拉河三角洲、埃及尼罗河三角洲、美国密西西比河三角洲、中国长江三角洲和珠江三角洲、柬埔寨和越南湄公河三角洲等，无不是河流与大海联姻而孕育的地质后代。

三角洲大多面积广袤、河川纵横、地表平坦、土壤肥沃、交通发达、人口稠密、城市连片，无不成为各国的政治、经济、文化、军事的中心地带。

水是人类文明滋养繁衍不可缺少的重要因素，人类文明总是从有水的地方产生。水决定人的生命、生存、生产、生活以及人的意识、思维方式和行为方式，这是西方肇端于20世纪50年代的水文化理论的核心。

水赋予人类财气和灵气。珠江三角洲和长江三角洲历来钟灵毓秀、人杰地灵，既是人类生存的富庶之地，也是媒介栖息的理想之所。

（二）城市生态：人流密集的城市群是城市广电不可或缺的物理“容器”

城市生态是影响城市人类活动的各种自然的或人工的外部条件的总和。

1. 迅速崛起的两大世界级城市群

城市群又称城市带、城市圈、都市群或都市圈等，是一个地域经济用语。英国地理学者戈德对“城市群”作如下定义：城市群是城市发展到成熟阶段的最高空间组织形式，是在地域上集中分布的若干城市和特大城市集聚而成的庞大的、多核心、多层次的城市集团，是大都市区的联合体。

中国拥有长三角城市群、珠三角城市群、京津塘环渤海湾城市群和长江中游城市群等八大城市群，其中长三角城市群和珠三角城市群被称为世界级

---

① 邵培仁. 媒介地理学：行走和耕耘在媒介与地理之间. 中国传媒报告，2005（3）.

城市群。

目前，全球范围内已形成国际公认的七大世界级城市群，它们主要分布在美洲、欧洲和亚洲，分别是：以纽约为中心的美国东北部大西洋沿岸城市群、以芝加哥为中心的北美五大湖城市群、以东京为中心的日本太平洋沿岸城市群、以伦敦为中心的英国城市群、以巴黎为中心的欧洲西北部城市群、以上海为中心的中国长江三角洲城市群、以香港为中心的中国珠江三角洲城市群。

长江三角洲城市群范围包括上海、江苏、浙江、安徽，区域面积35.44万平方千米，占国土面积的3.69%，人口2.277 6亿（2014年统计）。国家有关部门于2014年把安徽合肥及周边城市列入长江三角洲城市群建设规划，无疑增加了长江三角洲城市群的地理和经济体量。长江三角洲城市群以上海为龙头，由浙江的嘉兴、杭州、绍兴、宁波、舟山和江苏的苏州、无锡、常州、镇江、南京及盐城、连云港等18个城市组成，形成“一核两翼、两主轴、两副轴”的网络化发展的空间布局。长江三角洲城市群的目标是：2018年建设成为世界第一大城市群。

“小珠三角”（狭义的珠江三角洲城市群）是一个行政管辖概念，范围仅包括广东的广州、深圳、佛山、东莞、中山、珠海、惠州、江门、肇庆9个城市。“大珠三角”（广义的珠江三角洲城市群）是一个地理概念，范围除包括以上9个广东城市外，还把香港和澳门纳入其中，总面积共18.1万平方千米，人口约6 481万。“泛珠三角”是一个经济地区概念，范围包括与珠江流域地域相邻、经贸关系密切的福建、江西、广西、海南、湖南、四川、云南、贵州和广东9个省、自治区，以及香港、澳门2个特别行政区，简称“9+2”。

2. 二、三线城市成为城市群未来博弈的战略要地

从18世纪下半叶至19世纪初，欧美国家开始步入城市化。在工业化孵育和助推下，城市化得以高速演进。步入2000年，英国城市化水平已高达90%，美国城市化水平也接近80%。

纵观以纽约、芝加哥、东京、伦敦和巴黎为核心的世界五大城市群，其城市化有一显著共性，即注重城市的科学布局和功能互补，一线城市与二、三线城市齐头并进。他们的城市发展理念是：“如果说一线城市是人的脸面，那么二线城市就是躯干。”在国家发展总体战略框架下，城市发展均衡，配套设施已日臻完善。

美国的实力并不只体现在纽约的华尔街和洛杉矶的好莱坞，其二、三线城市也实力非凡。被誉为“美国科技创新前沿”的圣何塞市，云集了思科、Adobe、eBay等著名的电子商务公司；“全美最佳居住地”西雅图，聚集了微软公司和波音公司两大行业巨头。美国网络媒体Kiplinger曾以“繁荣”“创新”等核心指标评选“未来10年发展前景最好的10个城市”，令人惊讶的是，除一线城市首都华盛顿上榜外，其余上榜的都是二、三线城市。

德国的二、三线城市也各领风骚。莱茵河畔的科隆是德国媒体业中心，RTL 和 WDR 这两家德国规模最大的私立和公立电视台及德国体育电视台 DSF 会聚在这个城市；人口仅 13 万的沃尔夫斯堡与斯图加特南北遥相呼应，它们分别是世界久负盛名的汽车制造公司大众和奔驰的总部所在地。掌握了二、三线城市，就掌握了国家的发展未来，这是欧美发达国家的共识。

与欧美发达国家相比，巴西、俄罗斯、印度、中国、南非“金砖五国”和其他发展中国家，在城市科学布局特别是一线城市与二、三线城市的协调均衡发展上尚有较大差距，但差距正逐步缩小。

作为世界第二大经济体的中国，城市建设遵循“大中小城市与小城镇协调发展”的指导思想，城市化步伐不断加快。由于城市空间限制、城市人口剧增和运作成本高企等各种因素叠加，珠三角和长三角城市发展的天平一端正逐步从一线城市向二、三线城市倾斜。

以“T”字形布局的长三角城市群区域面积最大、经济实力最强、文化底蕴最深厚，其二、三线城市的综合竞争力足可与西部一些省会城市相匹敌。苏州以不到全国 0.1% 的土地，实现了进出口额接近全国 10%、出口额连续 9 年位居全国第三的奇迹。因为无锡拥有优越的商务环境，美国商业巨头 IBM 在无锡创立了全球首个“商业云计算中心”，由此无锡有望成为中国的“云谷”和世界级的软件园。

珠三角二、三线城市如佛山、珠海、东莞、中山、惠州等，主动接受广州、深圳两个一线城市和香港、澳门两个国际城市的经济辐射，城市发展日新月异。佛山凭借南海和顺德，借“广佛同城”“佛肇同城”的发展机遇，奠定了“广东第四大城市”的地位。目前，呈“人”字形布局的珠三角的城市化率已高达 80%，形成 1 小时生活圈，国际著名金融经贸机构和世界 500 强企业纷纷在珠三角二、三线城市安营扎寨。

种种迹象表明，珠三角城市群与长三角城市群的经济社会博弈，已逐步从一线城市延展至二、三线城市。可以预见，若干年后，二、三线城市将成为珠三角和长三角两大区域一较高下的主要战场。

3. 城市群为城市广电提供超容量的传播通道

城市生态是城市的物理环境，它是人类传播活动不可或缺的“场所”和“容器”。城市生态与传播活动之间是一种相辅相成、互动互助、共存共荣的互制关系。

珠三角和长三角无疑是中国传媒竞争力水平最高的两大区域。珠江三角洲城市群在地域和人口上分别只占长江三角洲城市群的约 1/2 和1/4。从传播媒介所处的物理环境上考究，长三角城市群比珠三角城市群要优越得多。

世界上著名的传媒集团大多聚集在城市化水平高的区域。“美国五大传媒集团”除福克斯广播公司（FOX）总部设在洛杉矶外，其余四大传媒集团总部或骨干分支机构，如美国在线、时代华纳、沃尔特·迪斯尼集团旗下的美国广播公司（ABC）、通用电器集团旗下的全国广播公司（NBC）、维亚康姆集团旗下的哥伦比亚广播公司（CBS），总部都设在“美国第一大城市”纽约。

在英国，其著名的传媒集团如英国广播公司（BBC）、《泰晤士报》和《经济学人》等都把其首都伦敦作为集团公司总部所在地。

（三）经济生态：通畅的经济动脉是城市广电可持续发展的呼吸管道

珠三角和长三角只占中国国土总面积的1.5%，但生产总值超过1/3，进出口贸易额超过60%。珠三角毗邻港澳，承接港澳台和国外产业转移，外向型经济发达。长三角背靠广阔的内地，内源型经济发达。

1.“团体冠军”与“单打冠军”

经济生态是指人类环境和社会经济活动之间存在的各种关系，它反映了一个国家或地区的社会经济制度、经济发展水平、产业结构、劳动力结构、物资资源、消费水平、消费结构等状况。

中央政府对珠三角也寄予厚望：通过粤港澳的经济融合和经济一体化发展，共同构建有全球影响力的先进制造业和现代服务业基地，南方地区对外开放的门户，我国参与经济全球化的主体区域，全国科技创新与技术研发基地，全国经济发展的重要引擎，辐射带动华南、中南和西南地区发展的龙头，我国人口集聚最多、创新能力最强、综合实力最强的三大区域之一。

长三角被视为中国经济最发达、城镇集聚程度最高的地区。中央政府对其定位是：中国综合实力最强的经济中心、亚太地区重要国际门户、全球重要的先进制造业基地、中国率先跻身世界级城市群的地区。

表1－1　珠三角和长三角城市综合经济竞争力2014年度排名表

城市	区域	排名
香港	珠三角	1
深圳	珠三角	2
上海	长三角	3
广州	珠三角	5
苏州	长三角	7
佛山	珠三角	8
澳门	珠三角	10
无锡	长三角	11
东莞	珠三角	12
南京	长三角	14

（注：资料来源于《中国城市竞争力报告》）

表 1－2 珠三角和长三角城市综合经济竞争力 2015 年度排名表

城市	区域	排名
深圳	珠三角	1
香港	珠三角	2
上海	长三角	3
广州	珠三角	5
苏州	长三角	7
澳门	珠三角	9
无锡	长三角	10
佛山	珠三角	11
南京	长三角	13

（注：资料来源于《中国城市竞争力报告》）

中国社会科学院统筹出版的“城市竞争力蓝皮书”《中国城市竞争力报告》的有关数据显示，2012 年度至 2015 年度中国 294 个城市综合经济竞争力前 15 名的城市，除中国台北、北京和天津外，其余名额均被珠三角和长三角城市瓜分（表 1－1、表 1－2），这说明珠三角和长三角是目前中国城市综合经济竞争力最强大的两个区域。

笔者认为，如果把区域经济发展比作竞技场，“单打冠军”无疑被珠三角摘取，毕竟国内一线城市深圳、广州和国际大都市香港连年占据城市综合经济竞争力前 5 名。但若从经济整体规模和可持续发展上判断，“团体冠军”则无可争辩地落入长三角囊中。

珠三角城市多中心格局令其难以产生“龙头效应”。相反，长三角形成了“一核（上海）两翼（南京和杭州）”的城市布局，上海的“龙头效应”显而易见。

近几年来，广东虽然力推“腾笼换鸟”的产业政策，实施经济社会双转型，但 30 多年来的企业粗放经营模式已根深蒂固，大部分企业利润仍主要来源于产业“微笑曲线”的最低端——“贴牌”生产。为寻找更好的经营环境，原在广东投资的部分台商纷纷转移到产业链条更完善的苏南地区或土地人力成本更低廉的越南、柬埔寨等地。

长三角逐步建立国资、外资、民资优势互补和各领风骚的良好资本生态：上海最大限度地盘活宏大的存量国资，探索出一个相对高效的运作体系，不仅较好地实现了资本增值，而且在维护作为世界级城市群的核心城市地位上发挥了“定海神针”的作用。江苏大规模引进外资，尤其是积极抢占产业“微笑曲线”的顶端——产品研发，苏州引进外资总额连续多年位列全国各大中城市之首。浙江捍卫“中国民营经济摇篮”的显赫地位，民营经济在政府利导、创新驱动、集约发展中不断壮大，2014 年共有 138 家民企进入中国民企 500 强，入选民企数量连续 15 年稳居全国首位。浙商群体正大踏步地走出国门、迈向世界。

值得关注的是，作为长三角地级市的苏州，连续 4 年排名城市综合经济竞争力第 7 名，而无锡也于 2015 年挤掉珠三角地级市佛山，成为城市综合经济竞争力十强，这显示了长三角城市群的综合经济竞争力正不断增强。

长三角在综合经济、交通体系、市场体系、产业体系等领域实现全面一体化，包括沪、苏、浙、皖等 40 个城市的世界超级经济区，已经浮现在北至陇海线，南抵浙南山区，西至京九线，东临黄海、东海的广袤空间里①。

2．*经济成果滋养了城市广电*

大众传播活动在具体的经济生态环境下进行，传媒经济发展水平脱离不了所在区域的经济发展水平；而社会经济发展，也离不开大众传媒的参与和推动。珠三角和长三角城市广电的发展规模和综合实力走在国内其他地区前列，这得益于两大区域作为中国社会经济发展重要引擎所提供的巨大经济助推力。

传媒产业离不开所在区域的经济大环境。被誉为“竞争战略之父”的哈佛大学商学院迈克尔·波特教授指出，一个经营实体的许多竞争优势，不完全是由内部决定的，也来源于外部环境，即来源于经营实体所处的地域和产业群。

区域经济规模和人口规模是传媒产业发展最重要的两大因素。珠三角和长三角得天独厚的经济环境为城市广电产业开拓提供了比内地传媒更多的发展机遇和市场空间。

二、城市广电的中观势场

媒介中观势场是指传媒业发展状态和媒介之间相互关系等外在要素的集合。随着媒介中观势场的变化，媒介业的行业特征、行业规模、行业结构和媒介之间的互动关系也发生着改变。

（一）广电传媒竞争力：长三角强于珠三角

传媒竞争力是指传媒在市场竞争中所表现出的一种外在市场力量，是与竞争对手抗争、赢得市场份额、获取利润时所表现出来的力量或能力，它是传媒外部资源与内部资源实力、能力、素质综合作用并最终在媒介市场竞争上体现的力量②。

广东广电传媒的竞争环境可以用“内忧外患，上压下挤”来描述。他们既要应对省市卫视频道的“蚕食”，又要接受境外媒体的“分割”，同时还要

① 倪鹏飞，李冕，等. 中国城市竞争力报告 No. 12——沪苏浙皖：一个世界超级经济区已经浮现. 北京：社会科学文献出版社，2014.

② 包国强. 传媒竞争力：中国特色的路径选择——一种基于市场的观念、假设与方法. 北京：中国社会科学出版社，2012.

应付省内平面媒体的“围剿”。因此，珠三角广电传媒的生存压力大于长三角广电传媒。

广东是中国的“传媒特区”。港澳与广东相邻接壤，两地一衣带水，息息相关，港澳不少居民来自广东，人们的文化背景、语言习俗、生活习性等几趋一致。

早在20世纪80年代，珠三角不少家庭通过架设“鱼骨天线”偷偷收看香港电视。从21世纪初开始，包括香港无线电视（TVB）、香港亚洲电视（ATV）、凤凰卫视、澳亚卫视、星空卫视、华娱电视等在内的电视频道先后在广东合法落地。

广东特别是珠三角地区的观众对香港电视有着难以割舍的情结，即使目前香港电视在广东的整体影响力日渐削弱，但在佛山、中山等粤方言为主的地区，以影视剧、综艺节目和新闻报道见长的香港电视仍是珠三角城市广电最强大的竞争对手。值得关注的是，香港特区政府原则上批准奇妙电视有限公司和香港电视娱乐有限公司提出的本地免费电视节目服务牌照申请，这两家财大气粗的电视制作公司在香港站稳脚跟后步香港无线电视和香港亚洲电视后尘进军内地，从而加剧珠三角媒体的竞争态势，是极有可能发生的。

“在30年的报业改革与发展历程中，广东报业凭借其得天独厚的竞争优势，主动出击，一马当先，屹立潮头，成为全国报业的‘领头雁’。”① 广东拥有广州日报、南方日报、深圳报业、羊城晚报四大报业集团，年广告总额约占全国报业广告总额的1/5，是国内报业的第一强省。

为了争夺读者和广告资源，广东各大报业集团纷纷在珠三角城市设立办事处、开辟地方专版。在东莞，目前共有20多家外媒进驻，其中包括香港《文汇报》、香港《大公报》、《香港商报》、香港《紫荆》杂志等平面媒体，共开设6个地方专版报纸和两个地方网络频道，新闻和广告从业人员有1 300多人。各类媒体抢滩珠三角，令行业竞争狼烟四起、暗流涌动，这无疑加大了传媒的生存压力。

长三角是中国经济硬实力和文化软实力最强的区域，作为文化软实力的组成部分，长三角的广电传媒竞争力也强于包括珠三角在内的其他区域。省市卫视排名、广电创收排名、品牌价值排名和广电队伍结构等，都可为此判断提供足够的依据。

1. 省市卫视排名榜

省市卫视是各省市电视媒体在同一竞争平台上的较劲利器。从某种意义上说，卫视排名是衡量各省市电视传媒竞争力的重要标尺。

中国现有卫视频道30多家，是世界上拥有卫视频道数量最多的国家。近几年来，中国卫视频道“马太效应”愈加显现。珠三角和长三角2014年度省市卫视频道收视排名数据显示（表1－3），长三角卫视“三剑客”——江苏

---

① 林如鹏. 广东报业竞争三十年. 广州：暨南大学出版社，2008.

卫视、浙江卫视和东方卫视继续占据卫视第一阵营，珠三角的深圳卫视勉强挤进第一阵营，“老大哥”广东卫视则被远远抛离至第 20 名。

表 1－3　珠三角和长三角 2014 年度省市卫视频道收视排名表

全国排名	频道	收视率（%）	市场份额（%）
2	江苏卫视	0.289	2.43
3	浙江卫视	0.273	2.29
7	东方卫视	0.197	1.65
10	深圳卫视	0.143	1.20
20	广东卫视	0.081	0.68

［注：数据来源于央视—索福瑞媒介研究（CSM）］

新闻、电视剧和综艺节目向来被视为省市卫视品牌构建的“三驾马车”，特别是综艺节目，无疑是卫视博弈的“胜负手”。江苏卫视的《非诚勿扰》《一站到底》《最强大脑》，浙江卫视的《中国好声音》《中国梦想秀》《奔跑吧兄弟》《我爱记歌词》，东方卫视的《中国梦之声》《极限挑战》，这些大多从国外引进版权后重金打造的综艺节目为长三角卫视“三剑客”稳居国内卫视第一阵营立下了汗马功劳。

广东电视台本是国内电视综艺节目的领跑者，20 世纪 80 年代模仿香港无线电视《欢乐今宵》而推出的《万紫千红》是国内最早的电视综艺节目之一。但 30 多年以来，除了国内首档野外生存真人秀《生存大挑战》外，广东电视台的综艺节目乏善可陈。综艺节目弱势是广东卫视的一大软肋，也是广东卫视步履蹒跚、踯躅不前的主要原因。

为此，广东广播电视台台长张惠建直言：“广东广电要形成全国影响力，必须依赖广东卫视这一平台；广东广电要实现经营创收过百亿，也只能通过广东卫视这一平台来实现。所以，广东广电要实现‘重返第一阵营’的目标，广东卫视是一道绕不过去的‘坎’！”

2. 全国广电创收排名榜

广东是中国第一经济大省，GDP 总量连续 30 多年雄居国内 31 个省市榜首，但广东也是发展极不平衡的省份。粤北、粤东和粤西地区经济发展长期滞后，成为广东经济发展的一大短板。2014 年广东 GDP 总量为 6.78 万亿元，江苏和山东分别为 6.51 万亿元和 5.94 万亿元，广东与江苏和山东的差距在逐年缩小。

广东的经济产值和财力主要聚集在 5.6 万平方千米的、相对狭小的珠三角地区，而上海、江苏和浙江的经济产值和财力则广布在 21.07 万平方千米的长三角地区。珠三角像一辆小轿车，起动快、转弯也快，但持久力不足；长三角则像一辆大卡车，起动慢、转弯也慢，但持久力十足。大卡车一旦启动，就风驰电掣、势不可挡，非小轿车可比。

专家预测，2017 年江苏 GDP 总量将超越广东，这是有充足依据的。时任广东省财政厅党组书记曾志权说："追兵已经'咬'到屁股了。"

从全国 2013 年度广电创收总额排名（表 1－4）可以看到，广东广播电视创收已被上海、江苏和浙江全面超越。

表 1－4　全国 2013 年度广电创收总额排名表

排名	省市	2013 年度广电创收（亿元）
1	北京	360.95
2	上海	310.71
3	浙江	290.59
4	江苏	244.84
5	广东	221.82
6	湖南	179.40

［注：数据来源于《广电蓝皮书：中国广播电影电视发展报告（2014）》］

英国传媒经济学家吉莉安·道尔的研究结果表明，传媒产业对国民经济有"放大效应"。它告诉人们，传媒产业与国民经济存在着息息相关、唇齿相依的密切关系。吉莉安·道尔的"放大效应"与中国学者提出的"传媒价值定律"的观点颇为吻合："一家传媒的价值与经济系统和受众质量均存在显著的正相关。也就是说，一个传媒的价值取决于它所镶嵌的经济系统的特征与规模，包括这个经济系统所覆盖的区域大小、人口构成、人口规模与经济总量。一家传媒所镶嵌的经济系统规模越大，所覆盖的受众质量越高，其传媒价值也就越大。"①

广东广电创收总额排名落后于上海、江苏和浙江，与广东过分依赖外源型经济和地区发展不平衡，经济发展的覆盖面、渗透力、持久度相对匮乏有直接关联。

3. 最具价值品牌排名榜

世界品牌实验室（World Brand Lab）是一家总部设在美国纽约的国际化、专业性的权威品牌研究评审机构，其专家和顾问来自美国哈佛大学、耶鲁大学、英国牛津大学、剑桥大学等世界顶级学府，其研究评审结果得到世界各界的普遍认可。

世界品牌实验室公布的 2015 年《中国 500 最具价值品牌》排行榜数据显示，广东入选的品牌数量共 80 个，紧随居首的北京（共 94 个）。但传媒榜排

---

① 昝廷全，马若涵，勾博男. 传媒价值定律的实证研究. 中国传媒大学学报（自然科学版），2008（4）.

名，广东广播电视台则排在江苏广播电视总台、浙江广电集团和上海东方传媒集团有限公司（SMG）之后（表1－5）。

表1－5　2015年《中国500最具价值品牌》排行榜传媒排名表

排名	品牌名称	品牌价值（亿元）
1	中央电视台	1 809.16
2	凤凰卫视	403.92
3	湖南广播电视台	266.76
4	江苏广播电视总台	232.85
5	浙江广电集团	227.52
6	SMG	203.98
7	广东广播电视台	181.98
8	北京电视台	167.62
9	湖北广播电视台	105.72
10	东南卫视	60.42

（注：数据来源于世界品牌实验室）

（二）城市广电资源：长三角优于珠三角

政策、市场、频道（率）、人力等是传媒生存发展不可或缺的资源。无论是资源的数量和质量，还是资源的使用率，长三角城市广电均优于珠三角城市广电。

1．政策资源

政策资源是决定性资源。一个行业的发展状况，除了与当地的自然资源、历史资源、文化资源、经济资源等相关联外，还与当地政策措施及落实情况紧密相关。美国著名经济学家保罗·克鲁明认为：在国与国之间，区域与区域之间，城市与城市之间，任何时候都存在互相竞争，生产要素的流动只会流向有规模经济、有优势产业群和劳工共用池的地域，而政府在关键时期的政策将会产生历史性的影响。

长三角和珠三角的发展模式有较显著的差异性。从经济发展路径上说，长三角为改革主导型，珠三角为开放主导型；从政策推动上说，长三角属政府主导型，珠三角属市场主导型。

改革开放前期，国家给予珠三角许多优惠政策。随着改革开放不断深化和向内地延伸，珠三角的国家政策红利已逐渐稀薄，经济发展的市场驱动的比重越来越大。

长三角和京津冀环渤海湾经济发展带有深厚的政府主导意味。浦东开发时，国家动员各部委在浦东建楼置业。在强大的政府主导和雄厚的国有资本支持下，上海迅速成为中国的经济、交通、科技、工业、金融、会展和航运中心之一和中国大陆首个自贸区，长三角的发展势头也逐渐超越珠三角。

“整个战略是政府做的，市场体系是政府建的，游戏规则也是政府定的，但政府在市场运作上不操纵。归纳起来，政府迅速建立一个平台，这个平台不是在市场过程中形成的。这体现了政府的有效性。”[①] 这就是强政府逻辑或强政府驱动力。

在苏州、无锡、宁波、嘉州等长三角城市，政府在政策制定、实施和监督上扮演主要角色，有效地推动了当地文化体制的改革。无锡成立由市委宣传部和市财政局组成的“市属国有文化资产监督管理办公室”，对属下的《无锡日报》报业集团、无锡广电集团、无锡市文化艺术管理中心实行“管人管事管资产”相统一的管理，并给予科学、宽松、灵活的政策支持，建立“投资主体多元化、投资方式多样化、投资机制市场化、投资准入差别化”的新型文化投融资体系。

无锡广电集团于1999年揭牌成立，成为全国首家广电集团，年经营创收10多亿元，年经营创收总额是佛山、东莞、珠海、中山、惠州等珠三角城市广电的3倍至5倍。令珠三角各个城市羡慕不已和望尘莫及的是，无锡拥有政府统一规划和政策倾斜的文化创意产业基地（园区）20多个，其中年产值超过10亿元的就有近10个。

长三角城市广电发展的背后是强大的政府和优厚的政策，而这恰恰是珠三角城市广电所欠缺的。

由于历史渊源、人文环境等差异，珠三角的文化发展氛围稍逊于长三角，传媒产业规模总体滞后于社会经济发展。虽然珠三角城市广电于20世纪90年代初在全国率先起步，但20多年过去后，还没有建立一个科学、完善、统一的地方财政管理模式，在人、财、物的归属主体上至今仍争论不休，在地方政策支持力度上与长三角相比有较大差距。如中山广电几年前还在计划经济色彩颇浓的“当年资金零结余”的“收支两条线”财政管理政策中苦苦挣扎。

2. 市场资源

开发浦东标志着中国市场化改革从珠三角拓展至长三角。进入21世纪后，长三角经济发展步幅明显大于珠三角。长三角的“浦东模式”“苏南模式”“温州模式”在生产主体、市场导向、市场路径、运行动力等方面，与珠三角的“东莞模式”“佛山模式”存在较大差异。长三角以国有企业、乡镇企业和私营企业为经济主体，内外市场并重，市场运行动力是内生型的；而珠三角则以外商独资企业、中外合资企业为经济主体，以外部市场为主导，

---

① 汪生科. 有效政府的市场逻辑//王云帆. 长三角大悬念. 杭州：浙江人民出版社，2008.

市场运行动力是外源型的①。

不同的经济结构和发展模式，令长三角和珠三角的客户在媒体广告投放和企业推介的取向、规模和方式上产生较大差异。为开拓内地市场，长三角企业更愿意在当地媒体做宣传推广；而珠三角的多数企业因市场两头在外，在当地媒体作产品推介的需求不大。因此，长三角城市广电媒体的市场资源总体上比珠三角丰厚，经营空间也比珠三角广阔。近几年来，统领珠三角广电传媒广告市场的大多是外地广告品牌，而本地广告品牌难成气候。同时，长三角的文化氛围比珠三角浓厚，其文化产业市场也比珠三角成熟，这为长三角城市广电经营提供了良好的气候和土壤。

广告客户十分注重广告投放的覆盖率和到达率，处于卫视第一阵营的湖南卫视和长三角卫视尤受广告大客户青睐。从2015年度省市卫视栏目广告冠名价格排名（表1-6）看到，位列前10名的都是湖南卫视或长三角卫视，珠三角卫视则受到冷遇。

表1-6　2015年度省市卫视栏目广告冠名价格排名表

序号	媒体	栏目	冠名	价格（亿元）
1	湖南卫视	《爸爸去哪儿》	伊利	5
1	江苏卫视	《非诚勿扰》	韩束	5
3	湖南卫视	《偶像来了》	OPPO	4
4	湖南卫视	《快乐大本营》	vivo	3.5
5	湖南卫视	《我是歌手》	立白	3
6	湖南卫视	《天天向上》	特步	2.5
7	江苏卫视	《最强大脑》	伊利	2.5
8	浙江卫视	《奔跑吧兄弟》	伊利	2.16
9	浙江卫视	《爸爸回来了》	好彩头	1.38
10	中央电视台	《挑战不可能》	长安福特	1.33

（注：统计数据来源于中商情报网）

虽然多年来珠三角入选《中国500最具价值品牌》排行榜的品牌项目远远超过长三角，但珠三角不少本土企业宁可把高昂的广告费投向外省有影响力的卫视，也不屑在本地媒体特别是地市媒体投放广告，即使后者性价比高、成本低。如智能手机OPPO、vivo和步步高，其公司总部或研产基地虽然都设在东莞，但从未在东莞媒体上做过任何形式的产品推介。

另外，珠三角城市电视台在境外电视插播广告的创收模式存在较大的赢

① 上海财经大学区域经济研究中心. 2009中国区域经济发展报告——长江三角洲与珠江三角洲区域经济发展比较. 上海：上海财经大学出版社，2009.

利不稳定性和政策不可预知性。插播广告收入曾占珠三角地市广电传媒年总创收的半壁江山，随着香港电视竞争力骤降，插播广告创收普遍锐减。同时，香港无线电视和香港亚洲电视对版权费支付一直存有异议。这种在电视插播广告的被动型、依赖性的创收模式，在某种程度上消解了珠三角城市广电提高节目质量以吸引广告投放的内生动力，也不利于节目品牌打造和媒体可持续发展。

3. 频道（率）资源

频道（率）是广电产品的呈现载体和传输通道，是广电传媒的第一资源。由于地域空间、覆盖人口、经济总量等各种现实差异和历史沿革等因素，我国频道（率）资源分布是不平衡的，长三角城市广电的频道（率）资源比珠三角城市广电丰富得多。

表 1－7 长三角与珠三角城市广电的频道（率）资源对比（单位：个）

	苏州		无锡		常州		嘉兴		绍兴		湖州	
长三角	电视频道	广播频道	电视频道	广播频道	电视频道	广播频道	电视频道	广播频道	电视频道	广播频道	电视频道	广播频道
	5	7	7	6	5	8	3	3	3	3	3	3
	佛山		东莞		珠海		中山		惠州		江门	
珠三角	电视频道	广播频道	电视频道	广播频道	电视频道	广播频道	电视频道	广播频道	电视频道	广播频道	电视频道	广播频道
	5	6	2	3	2	3	3	2	2	2	3	2

（注：以上数据统计至 2015 年）

从表 1－7 看到，除佛山市因南海和顺德归并而电视频道和广播频率数量稍多外，珠三角城市的电视频道和广播频率数量普遍是 2 至 3 个；反观长三角，浙江省的电视频道和广播频率数量均不少于 3 个，而江苏省的电视频道和广播频率数量则分别为 7 至 8 个。苏州不仅拥有 13 个频道（率），还拥有 3 家网站和 4 份报纸，媒体资源之丰富，国内地市广电无出其右。

4. 人力资源

长三角和珠三角都是我国优秀人才的荟萃之地，两大区域的广电人才总量比较接近。

表 1－8 珠三角和长三角 2012 年度广电人才队伍情况

	合计	按学历分			按专业技术分			
		研究生	本科及大专	高中以下	正高级	副高级	中级	初级
上海	27 498	1 848	17 431	8 218	254	841	4 286	11 007

（续上表）

	合计	按学历分			按专业技术分			
		研究生	本科及大专	高中以下	正高级	副高级	中级	初级
江苏	51 291	2 282	34 181	14 828	269	1 429	6 610	30 262
浙江	42 689	887	30 452	11 350	284	1 267	6 178	21 856
广东	53 095	2 339	36 986	13 770	257	1 270	6 097	27 535

[注：数据来源于《中国广播电影电视发展报告（2013）》]

但在地市层面，珠三角的各类人才储备不及长三角。以苏州为例，截至2014年，苏州全市人才总量超过210万人，其中高层次人才达到15.5万人，国家“千人计划”人才总数达187位。苏州人才队伍的数量、质量等各项指标均继续保持国内领先水平。

虽然东莞每年投入10亿元打造“人才型城市”，但人才队伍的数量和质量远远比不上苏州。2014年统计数据显示，东莞人才总量为128万人，其中高层次人才仅5.5万人，国家“千人计划”人才仅13名。几项指标比较，东莞与苏州相去甚远。

佛山2014年GDP达7 603亿元，在全国排第16名，俨然一座经济大城市。但面对高层次人才匮乏的现状，佛山一名主管人才的官员说道：“江苏党政官员素质高，高级人才聚集度高。佛山没有骄傲的本钱，组织部门要有忧患意识，居安思危。”

三、城市广电的生态隐患

在全球范围内，媒介宏观生态和中观生态在短短数十年间发生了颠覆性变革，演变之快、之大，完全出乎人们的想象。在我国，媒介生态剧变已潜藏许多足以威胁传媒生存和发展的隐患，传媒学界要予以正视。

笔者切身体会到，当前媒介生态有如下隐患——特写：传媒学子论文答辩仅作为求学生涯终结的过场仪式；近景：传媒学子求学取向与择业取向严重背离；中景：“记者无冕之王”的光环消退殆尽；全景：自媒体兴盛与官媒体衰落形成强烈反差；远景：传统媒体与新兴媒体融合任重道远。

（一）特写：传媒学子论文答辩仅作为求学生涯终结的过场仪式

目前，高校硕士研究生整体素质令人担忧。笔者曾作为校外硕士研究生导师，连续几年应邀担任广东某高校新闻与传播学院硕士研究生毕业论文答辩评委，发现有相当部分的论文或文不对题，或结构混乱，或资料堆砌，有的甚至出现一定数量的错别字和语法错误。毕业论文答辩本是对学生学习成果的检验，但相当部分学生没有将充足的时间和精力放在毕业论文写作上，仅把论文答辩看作求学生涯终结的过场仪式。

这种现象是高校研究生浮躁心理的折射。社会急剧转型，竞争日趋激烈，人际关系日益阻隔，这些因素诱发了社会浮躁情绪。在功利主义、自由主义和个人主义等思潮的重重裹挟下，昔日和风轻拂的校园不再平静。

许多学生只把硕士文凭当作通往社会的通行证。《新华每日电讯》的调查数据显示，在2015年上半年股市疯狂期，国内高校参与炒股的学生占31%，其中26%的炒股学生投入了5万元以上。大学生“炒股热”是当前校园浮躁情绪的反映和观照。

校园浮躁的背后是教育浮躁。近些年来，国内高校硕士研究生不断扩大招生规模，2015年硕士研究生招生总规模为574 300人，比2014年扩招了14 300人。与招生规模逐年膨胀形成强烈反差的是高校师资的势单力薄，“一个茶壶30个杯”的教学状态令高校指导教师疲于奔命，无暇应对。

北京语言大学石定果教授指出，中国研究生规模在过去10年间增长了约10倍，研究生群体已经泛滥成灾。中国科学院院士、复旦大学前校长杨福家直言不讳地说：“我反对研究生大幅扩招。”将研究生人数与大学生的比例作为世界一流大学的指标是很荒唐的。美国普林斯顿大学2004年6 670名学生中仅有1 900名研究生，这并不妨碍它稳居世界顶尖高校的行列。剑桥大学与牛津大学也是如此①。

（二）近景：传媒学子求学取向与择业取向严重背离

笔者近几年担任广东某高校新闻与传播学院硕士研究生毕业论文答辩评委时还发现另一现象，即学生毕业志愿大多选择做国家公务员或去大型国有外资企业就职，而志愿从事新闻与传媒行业的仅占20%左右。

新闻与传播学院硕士研究生求学取向与择业取向严重背离其实是一个普遍现象。北京大学新传社微信公众号于2015年1月发表的一篇题为“学新闻与传播的人最怕别人问什么”的文章说：“我们新传学子一个非常明确的想法，我们不是所有人都想当记者，别再听到我是新闻与传播学院的学生就开始跟我聊柴静和闾丘露薇了，别再逮着我就开始抱怨记者职业道德沦丧世风日下了。”

据统计，近几年全国高校新闻与传播院系的学士和硕士毕业生进入传媒业的比例不到30%。即使是北京、上海、广州、武汉等知名新闻与传播院系分布较集中的城市，新闻与传播专业毕业生的对口就业率也呈逐年下降的趋势。

出现新闻与传播学院硕士研究生求学取向与择业取向严重背离的现象，其中一个原因是毕业生认为当前新闻与传播行业缺乏就业安全感和吸引力。

---

① 邓琼，杨晓. 复旦前校长杨福家反对研究生大幅扩招. 2007-01-08. 新浪网，http://news.sina.cn/c/2007-01-08/143710950017s.shtml.

1943年美国心理学家亚伯拉罕·马斯洛在《人类激励理论》中，将人类需求按阶梯分布从低到高划分为五个层次，分别是生理需求、安全需求、社交需求、尊重需求和自我实现需求。马斯洛需求层次理论告知人们：每一个人都是“经济人”和“社会人”的结合体。一方面，对大多数人而言，他们工作的首要目的是满足基本的生理需求和安全需求，因此只有金钱和地位才能鼓励他们努力工作。这就是英国经济学家亚当·斯密提出的“经济人”概念，认为人的一切行为都是为了最大限度满足自己的私利，都希望以尽可能少的付出获得最大限度的收获，并为此可不择手段。另一方面，人不是孤立存在的，他是社会群体中的一分子，都拥有参与社会生活、履行社会角色和获取社会认可的愿望和要求。这就是美国管理学家梅奥等人提出的“社会人”概念。

现代人讲求实在和功利，当现实与理想发生冲突、鱼和熊掌不能兼得的时候，往往“经济人”特性占了上风，理想向现实让步。这也是大多数毕业生宁可牺牲所学的专业，选择报酬高和更有安全感的职业的主要原因。

国内高校新闻与传播专业开设过多过滥而造成供需失衡，也是新闻与传播学院硕士研究生求学取向与择业取向严重背离的另一个重要原因。

当前国内有约850家高校开设新闻与传播专业，连广东的一些地市级学院如东莞理工学院、韶关学院、肇庆学院等都开设了新闻与传播专业。在近几年报纸和广播电视传统媒体每况愈下和用人逐年萎缩的大环境下，新闻与传播院系毕业生处于供大于求的状况。教育部于2014年公布了近两年来全国就业率较低的本科专业，新闻与传播专业的相关学科如广播电视编导、播音与主持艺术在倒数10名之内。

与新闻与传播院系传统型毕业生供大于求现状相比照的是，国内新闻与传播院系传统的人才培养模式已与行业发展需求相去甚远，以致与全媒体时代相适应的核心人才难以满足现实需要。

（三）中景：新闻记者“无冕之王”的光环消褪殆尽

《泰晤士报》是英国上流社会的舆论权威，其主笔被誉为“意见领袖”，辞职后常被吸收为政府内阁成员。19世纪以来，英国及整个欧洲习惯把报纸主笔称为“无冕之王”。后来，“无冕之王”用来指代见多识广、享有崇高社会地位的新闻记者。

当今新媒体席卷天下，传统媒体日薄西山，新闻记者的社会地位已不可同日而语，“无冕之王”的光环消退殆尽。其标志性事件就是传媒界近年出现的来势凶猛的“离职潮”。

“普利策新闻奖”是美国新闻界的最高荣誉奖。在美国新闻同行眼里，获得“普利策新闻奖”就如同登上职业生涯的荣誉殿堂。但是，美国《和风日报》记者库兹尼亚没有因为自己摘取“普利策新闻奖”就继续留恋新闻行业，而是因为收入微薄付不起房租而转行去当一名地位较低微的“基金会新闻公关”。“新闻是我的事业，能在二十几岁的时候找到想要从事的事业，我是幸运的。”想起库兹尼亚的当年入行感言，传统媒体人心里不禁感到一阵悲凉。

闾丘露薇在华人新闻界享有极高的知名度，她是美伊战争爆发后首位进入巴格达的华人女记者，也是全球唯一三进阿富汗采访的华人女记者。2015年5月，闾丘露薇这朵“战地玫瑰”为“转变一下生活的方式”而选择离开了凤凰卫视：“告别一个做了整整20年的职业，告别一家待了18年的公司，原本以为自己总会有点儿心潮起伏，但是结果却异常平静。是离开的时候了。”

共青团北京市委2015年5月针对北京青年新闻记者编辑群体所做的专项调查数据显示，49.6%的青年媒体人感到自己目前“压力较大”或“压力非常大”，认为“没有压力”或“压力较小”的仅占12.6%。其中工作压力占39.7%，经济压力占32%。有职业转型想法的占64.2%，表示继续从事新闻行业的仅占19.6%。

传媒界“离职潮”似乎有继续蔓延的趋势。南方报业集团2014年共有202人辞职。东莞广电传媒集团2015年上半年有20人提出辞职，上半年辞职的人数是2014年全年辞职的总人数。

一篇题为“东莞媒体人：我为谁歌唱　谁将我埋葬”的博文在东莞传媒圈流传甚广。这篇“献给仍旧奋斗在东莞传媒圈的同仁们”的文章，客观记录了东莞记者群体在传统媒体盛衰过程中的荣耀和彷徨，直观反映了当今中国的媒介生态：“是的，是我们亲手推开了这扇繁荣民主自由的时代之门，但大门打开后，我们才发现自己被关在了门外，突然之间，被所有人遗忘。这正是东莞媒体人内心深处真正的不安。”

行业不景气、员工收入低、社会地位下降，这些都是传媒界“离职潮”产生的主要因素。“美其名曰无冕之王，但其实就是一份吃不饱饿不死的职业”，“这是新闻人的荣耀时刻，也是尴尬时刻”，“理想很丰满，现实很骨感”，“在赤裸裸的现实面前，谁也不敢奢望崇高”……这些发自传媒人内心的话语，告诉人们一个事实：记者，这个曾带给从业者无限想象和精神慰藉的职业，正以前所未有的速度消退“无冕之王”的光环。

（四）全景：自媒体兴盛与官媒体衰落形成强烈反差

谢因波曼和克里斯威理斯两位美国学者于2003年首次提出“自媒体”概念。他们把“自媒体”定义为：“是普通大众经由数字科技强化、与全球知识体系相连之后，一种开始理解普通大众如何提供与分享他们自身的事实、新闻的途径。”

自媒体是Web 2.0时代的产物，主要平台包括博客、微博、微信、百度贴吧、论坛/BBS等网络社区。自媒体革新了人类的传播理念，颠覆了社会结构形式。

几年前央视新大楼北配楼发生大火。最快对火灾做公开报道的不是官方媒体，而是“草根媒体”——自媒体。名为“加盐的手磨咖啡”的网友，把手机拍下的火灾现场照片传到网上，比新华社的公开报道足足快了一小时。

在互联网技术主导下的信息时代，社会组织结构形式在发生裂变。社会正从机构向个人过渡，个人正在成为“新数字时代民主社会”的公民。

“人人即媒体。”从“旁观者”变为“当事人”，从“受众”变为“用户”，每个公民在互联网世界里都可以拥有自己的“网络报纸”（博客）、“网络广播”或“网络电视”（播客）。自媒体以其平民化、个性化及低门槛、易操作和交互强、传播快等特性成为人们的“贴身伙伴”。

在自媒体平台中，近年来微信朋友群有替代 QQ 朋友群的趋势，而腾讯和阿里巴巴在 2015 年春节期间联合推出的“抢红包”微信游戏更是让男女老少陷入疯狂。在微信朋友群营造的颠覆时空的“虚拟现实”里，参与者作为“经济人”或“社会人”的特性暴露无遗。人们乐此不疲地沉迷其中，或展示才华，或重拾青春，或打情骂俏，或指责吐槽，人的各种在现实时空规限下难以实现的欲望得以最大限度地发泄和满足。

对社会而言，真正有意义、有价值的“信息”不是各个时代的媒体所传播的内容，而是这个时代所使用的传播工具的性质、它所开创的可能性以及带来的社会变革。自媒体的象征意义是对传播学先驱麦克卢汉“媒介即信息”理论的最好诠释。

与自媒体兴盛形成强烈对比的是官媒体的衰落。《中国传媒产业发展报告（2015）》公布的数据对传统媒体再次敲响警钟。2014 年电视广告市场的增长趋于平缓，连续两年增长率低于两位数。而网络广告收入首次超过电视广告，收入规模超过 1 500 亿元。《新闻晚报》悄然停刊，“澎湃新闻”横空出世，这既是新旧交替的符号，也标志着纸媒的没落。报业赖以生存的广告市场连续 4 年负增长，2014 年的下降幅度甚至达到两位数，报业正遭遇断崖式滑落①。

基于网络而兴的新媒体已经成为人类有史以来发展最快、影响深广的强势媒体，而 2014 年则是传统媒体与新媒体霸主地位更替的重要年份节点。

珠三角当前的媒介生态是对以上判断的最好注解。在传统媒体气势正盛的 10 多年前，香港无线电视和亚洲电视等境外电视媒体在珠三角如入无人之境；南方日报、羊城晚报、广州日报等广东报业集团和《大公报》《紫荆》等香港报纸，纷纷在珠三角各城市开设专刊和设立办事机构；各城市广电也分享经济高速发展叠垒起来的产业蛋糕，日子过得有滋有味。

但传媒行业发展并没有按传统媒体人的意愿演变。10 年过去了，平面媒体告别“厚报”，无奈实施瘦身减版；各大报业办事机构被迫从各城市撤离，主报甚至低下高傲的头颅申请财政扶助；广电媒体上升的气球在高空遭遇寒流，薪酬发放启动“预警”方案；境外电视媒体风光不再，全球首家华语电

① 崔保国. 传媒蓝皮书：中国传媒产业发展报告（2015）. 北京：社会科学文献出版社，2015.

视台——亚洲电视因种种原因于2016年4月1日彻底向观众黯然告退。新媒体替代传统媒体成为行业新霸主已成为不争的事实。

从某种意义上说，传媒行业霸主更替的重要标志，是自媒体打败了官媒体，“游击队”击溃了“正规军”。

我们赖以生存的权威发布渠道被无所不在的碎片化的个人信息砸得粉碎。我们原本引以为傲的文字描述现场能力被“无图无真相”的读图思维以及唾手可得的视频传播摧毁。而苦心经营多年建立的所谓的品牌认知度、依赖感和忠诚度在以自我为中心的圈子文化中消弭于无形①。

（五）远景：传统媒体与新兴媒体融合发展任重道远

网络和数字技术10多年来的裂变式发展，推进了媒体格局的深刻调整和媒介生态的重大演变。传统媒体与新兴媒体之间的关系，已经走过传统媒体建设新兴媒体、传统媒体与新兴媒体互动发展两个阶段，现正进入传统媒体与新兴媒体融合发展的阶段。2014年因此被誉为“媒体融合元年”。

近几年来，国内传媒界积极探索如何推动传统媒体与新兴媒体深度融合，目前只取得阶段性成果。媒体融合不可能一蹴而就，它是一条漫长曲折之路，许多思路和做法需要在实践中探索和总结。因此，传统媒体与新兴媒体融合任重道远。

首先，媒体融合作为一个生态性和系统性工程，必须考虑周全、稳步推进。媒体融合不是局部性和结构性的调整，它是关系到传媒生态演变和传媒运作系统调整的浩大工程，具体牵涉内容生产、渠道建设、平台打造、经营开拓和管理优化等环节。而每一环节又彼此牵扯、互为因果，牵一发而动全身。

当前国内传统媒体与新兴媒体融合转型大概有五种类型：一是积极实施跨区域发展战略，实现业务区域的扩张，拓展新的市场空间；二是以各种方式整合区域传媒资源，以形成区域强势乃至垄断优势；三是实施媒介转型战略，积极开拓新媒体业务；四是实施前向一体化或后向一体化战略，打造更长的产业链条；五是实施产业多元化战略，拓宽收入来源。无论是何种类型，实施起来都不易。况且每个媒体实际情况不一，生搬硬套可能适得其反。

其次，与媒体融合相适应的体制和机制的改革和优化，将遇到不少压力。传统媒体沿用的管理体制或多或少保留了计划经济时代的陈迹，直接影响了媒体与市场紧密对接和跨区域、跨行业发展。要改变现状则必须实施转企改制，“灵魂深处闹革命”，这又牵涉到人事管理体制和企业财政政策的深层次调整。

而媒体原有的运行机制只适用于传统媒体的内容生产和传播，与“开放”

---

① 明涛. 东莞媒体人：我为谁歌唱 谁将我埋葬. 2016-01-10. 经典搜索，http：//www. 3566t. com/ news/ ghma/3452081. html.

“链接”“互动”的互联网思维相违背。单向传播、各自为政、效率低下的生产流程必须推倒重建，替代它的将是广播、电视、平面、网站、微博、手机“六位一体”的“前端采集一体化、终端发布多样化”的媒介产品新型生产运行流程。

媒体融合实质是资源整合。机构撤并、人员调整、设备添置等物理捏合不是难事，但解放生产力、提高工作效率、降低运作成本等化学反应并非朝夕之功。实现化学反应的关键是创新体制机制、再造组织结构、革新管理模式、构建媒介新业态，这些都是媒体融合的“硬骨头”和“拦路虎”。

最后，当前媒体融合普遍遭遇资金短缺的瓶颈。透过世界企业转型成功案例，发现企业转型有一个共同的时间节点，即在传统业务尚能盈利的5至8年前就开始主动转型，否则难以积累足够数量的转型资金。当前，传统媒体转型大多是受新媒体冲击遭遇发展“天花板效应”后的被动式转型，在自我资金积累不雄厚且告别财政供给多年困境下，媒体融合和媒体转型发展所需的资金如何解决是一大难题。

毕竟，现今中国传媒界资本运作市场化程度不高，引入风险投资、参股、合资、上市融资、并购等条件仍不够成熟，渠道平台较匮乏，市场前景不太明朗，政策支持也欠缺足够的力度。

城市广电势场还有一个维度是微观势场，它是指城市广电内部诸要素之间的相互关系，包括资源配置、内容产品、人才队伍、组织结构、生产流程、运营模式、体制机制等。城市广电微观势场既体现媒体的经营管理水平，也体现媒体对社会责任的担当，同时它又是宏观势场和中观势场在媒介内部的反映。

由于本书许多章节内容涉及城市广电微观势场，这里不再赘述。

第二篇

蓄势而发

势者，积势之变也。

——王皙

第二章　弜弩发机：区域文化之势构筑

势如彍弩，节如发机。

——孙子

“战之势，如弩之张。”古代兵家认为，“势”的生成演变是一个累积储蓄的过程，“势险”就如同满弓待发的弩。处于满弓状态的弩，射出的箭矢迅疾有力；从高处飞泻直下的急流，其势能足以撼动大石。

城市作为人类的聚居地，是人类物化的智慧结晶。法国学者雅克·埃吕尔说：“城市代表人类不再依赖自然界的恩赐，而是另起炉灶，试图构建一个新的、可操作的秩序。”文化构筑城市的规则秩序，决定城市的荣枯兴衰。

世界上一些著名城市沦为废墟，如印度的桑吉、秘鲁的马丘比丘、叙利亚的帕米拉和中国的楼兰等；有些城市却千古流芳，长盛不衰，如欧洲的雅典、罗马和亚洲的北京、东京等。城市是人类的一种文化存在。城市的兴盛与衰败，既有自然因素，也有人文因素。当一座城市文化气数消弭湮灭的时候，它就丧失了生存的血脉和灵魂，最终消逝于历史长河中。

审察珠三角和长三角城市，无论是“三朝十主”古都广州、“中国四大名镇”之一的佛山、“岭南名郡”惠州，还是“六朝古都”南京、吴文化发祥地苏州、“三吴重镇”常州等，古代文明与现代文明交相辉映、相得益彰，形成了雄浑深厚的区域文化之势。

气藏于里，势溢于表。势来则气随之而至，势强则气亦博，势不分则气亦不散。珠三角和长三角城市广电的气势建筑在区域文化的气势之上，区域文化为城市广电的创新发展注入了永续不竭的力量源泉。

随着现代社会人类文明进程的不断推进，经济硬实力不再成为衡量一个国家、地区或一个行业的唯一标尺，文化软实力的较量博弈更加为人们所关注。

西方学者对文化的深远影响进行了深入研究。曾任美国政治学会主席的萨缪尔·亨廷顿于20世纪末提出了著名的“文明冲突论”，认为冷战后的世界，冲突的根源不再是意识形态，而是文化方面的差异，主宰全球的将是“文明的冲突”。哈佛肯尼迪学院院长、美国国策咨询专家约瑟夫·奈于20世纪90年代初在《谁与争锋》中提出了“硬实力”与“软实力”的概念。他认为，所谓硬实力主要表现为经济实力、军事实力，是一种“命令式的实力运用”；而软实力则表现为文化和意识形态的力量，是一种“同化式实力”。

约瑟夫·奈强调，硬实力能使人屈服，但不能使人信服，终究不能长久。文化作为一种软实力，虽无形但无孔不入、无时不有，它产生的吸引力、凝聚力、控制力、影响力，是导弹、潜艇和 GDP 无法衡量的。“百战百胜，非善之善者也，不战而屈人之兵，善之善者也。”中国《孙子兵法》道出了军事对抗之外软实力的无穷威力。

从本质上看，文化就是一种价值观。荷兰著名人类文化学家 G. 霍夫斯塔德认为，构成文化四个层次的分别是象征符号、英雄人物、仪式和价值观，其中价值观是文化的核心。

人类创造了文化，文化是人类的生存印记和智慧结晶。文化与经济是硬币的正面与反面，两者相互寄托，彼此依存。文化引领和助推经济，经济催生和反哺文化。

纵观全球，大凡国际性大都市，不仅经济发达，而且文化繁荣，硬实力与软实力融合得相当完美。例如美国纽约和英国伦敦等。

位于太平洋西岸的美国纽约市，是联合国总部所在地，总人口逾千万，帝国大厦、克莱斯勒大厦、洛克菲勒中心等摩天大楼鳞次栉比，云集了世界著名的贸易、金融、保险、证券等财团机构，是美国的金融经济中心、最大港口和人口最多的城市，同时也是世界上最大的国际金融中心和经济中心，它的一举一动无时无刻不在牵动着世界经济神经。纽约也是世界著名文化之都，文化种类和形态丰富多元，拥有众多世界级的博物馆、美术馆、图书馆、科学研究机构和艺术中心。值得一提的是，纽约传媒实力全球首屈一指，美国三大商业广播电视网：美国广播公司（ABC）、全国广播公司（NBC）、哥伦比亚广播公司（CBS）和美国跨媒体四大传媒机构中的新闻集团、美国维亚康姆集团总部以及美国第三大报《纽约时报》等一些具有世界影响力的报刊、通讯社的总部都设在这里。如此强大的硬实力和软实力高度融合，使纽约成为美国乃至全世界当之无愧的政治、经济、文化的象征。

大西洋东部城市伦敦，与纽约隔洋相望。纽约可以说是个年轻城市，从得名到兴盛仅有 300 多年历史，而伦敦的历史可追溯至 2 000 多年前。伦敦人口有 800 多万，居民来自世界各地，具有多元的种族、宗教和文化。作为英国首都、最大港口和欧洲第三大城市，伦敦与美国纽约同为世界上最大的金融中心。英国百强公司和 100 多个欧洲 500 强企业均在伦敦设立总部，全球大约 31% 的货币业务在伦敦交易。伦敦的文化体育十分发达，拥有举世闻名的皇家大剧院、英国国家剧院、大英博物馆等文化场所，包括阿森纳、切尔西和热刺等 5 家英国顶级足球俱乐部落户这里，是世界上举办夏季奥林匹克运动会次数最多的城市。伦敦还是全球重要的传媒中心，包括英国广播公司（BBC）在内的多家电视和广播媒体都在伦敦设立总部。

珠三角和长三角，作为中国重要的经济商圈和城市集群，一直是中国的人口集聚地、文化发源地、经济发达地区和对外开放门户。珠三角和长三角当之无愧地成为中国经济发展的两大引擎。特别是长三角城市群，已成为国内和世界上最具活力的区域之一，其凭借与日俱增的城市体量、经济规模、GDP总值和社会影响等综合实力，有望于2018年成为世界第一大城市群。

第一节 珠三角和长三角区域文化的共同特征

世界范围的三角洲都是人类较早繁衍生活的地带，也形成了比较固定的地域文化。

区域文化特征是指“生活在一定的文化区域中的绝大多数人所共同具有的带倾向性的、稳定的心理特征”①。区域文化特征反映特定文化区域的人文沉积，折射该区域中人们共通互认、恒久持续的心理状态和价值取向，构成此文化区域群体区别于彼文化区域群体的文化符号和形象标志。

区域文化特征的形成是一个润物无声、沉淀演化的漫长过程，与所在区域的自然环境、经济氛围、文化渊源等息息相关。虽然珠三角和长三角分处不同的地理和经济区域，有着迥异的文化基因，但是它们拥有相同的文化生成、发酵、传承的大环境，因此具有相类似的区域文化特征。

从各地城市精神表述语中分析，珠三角和长三角城市大多把创新性、兼容性和务实性作为城市精神的核心。

表2-1 珠三角和长三角部分城市的城市精神表述语

区域	城市	城市精神表述语
珠三角	广州	务实、求真、宽容、开放、创新
	深圳	开拓创新、诚信守法、务实高效、团结奉献
	佛山	敢为人先、崇文务实、通济和谐
	中山	博爱、创新、包容、和谐
	东莞	海纳百川、厚德务实
长三角	上海	海纳百川、追求卓越、开明睿智、大气谦和
	南京	开明开放、诚朴诚信、博爱博雅、创业创新
	杭州	精致和谐、大气开放
	苏州	崇文、融和、创新、致远
	宁波	诚信、务实、开放、创新

一、创新性

创新性是珠三角和长三角相同的文化特征之一。创新就是敢于打破陈规

① 阎耀军. 论区域文化性格概念. 理论与现代化，2002（3）.

陋习，敢于否定不良传统和超越前人，敢于先行先试、开风气之先。广州、深圳、中山、南京、苏州、宁波等珠三角和长三角城市，都把创新作为城市精神表述语中的关键词。

珠三角的文化特质为区域文化的创新性提供了适宜的气候和土壤。珠三角隶属岭南文化区，先民居于五岭之南，在秦朝统一中国之后接受了中原文化，整合成型后始称“岭南文化”。珠三角地处岭南腹地，远离政治文化中心中原大地，加之横亘北部的五岭山脉作为天然屏障，使珠三角文化凸显出“远儒性”边缘文化的特征，这有利于珠三角文化摆脱各种文化束缚，不断创新和超越。

广东开拓创新精神尤其突出。俗话说：“广东人文大胆，东北人武大胆。”历史上，广东仁人志士致力推崇西方先进理念，康有为、梁启超主张西学，批判因循守旧，要求变法维新。孙中山倡导三民主义，首举彻底反封建的旗帜，建立亚洲第一共和国。广东能够成为中国思想家的摇篮，得益于广东人对世界先进文化快人一步的认同和根深蒂固的开拓创新观念。

广东人喜欢喝“头啖汤”，不吃别人嚼过的馍馍。广东商人经营之道是“敢”和“先”两字。“敢”即大胆，看准的事就大胆做；“先”是先人一步，争取第一。广东人创造了许多国内“第一”的壮举：容闳是中国第一位留美学生；冯镜如是甲午战争后中国第一位剪掉辫子的人；冯如是中国第一位飞机设计师和飞行家；詹天佑是中国第一位自行设计和建造铁路的总工程师；郑正秋是中国第一位电影导演等。

从城市演变历史上界定，世界上的城市可分为两大类：一类城市历史悠久，有着深厚且个性鲜明的文化底蕴；另一类城市成长历史短，因人口密集流动形成独树一帜的创新型文化。

东莞属于第一类城市。作为具有 1 700 多年历史的岭南文化重要发源地和中国近代史开篇地、改革开放先行地，东莞把创新驱动当作城市发展的重要战略。从创办太平手袋厂开始，东莞抓住世界产业转移的机遇和与香港“前店后厂”的区域优势，只用短短 20 多年就走完了西方国家用 100 多年、亚洲“四小龙”用 40 多年才走完的工业化进程。

当东莞制造业面临劳动力过剩向劳动力短缺转变的“刘易斯拐点”的时候，用工成本大幅增加倒逼制造设备更新换代，推进“机器换人”，发展自动化、智能化装备产业成为大势所趋。东莞在这场“机器换人”的工业革命中，成为“换得最早，换得最超前”的城市。

“机器换人”东莞样本的意义，不仅仅是降低企业的工人劳动强度和用工成本，也不仅仅是重构东莞这个“世界工厂”的制造业形态和产业结构，更重要的是深度改变中国制造的内涵和外延。“机器换人”东莞样本再次告诉世人：在世界第二大经济体，中国制造已逐步向中国智造进化，中国社会发展已逐步从“拼资源和拼环境”向“拼人才和拼文化”演变。

美国纽约、巴西巴西利亚和中国深圳，都属于年轻的移民城市。从殖民地时期英荷战争的“割让地”到今天的世界之都，美国纽约仅经历了300多年。在荒野矗立起来的巴西首都巴西利亚，建城时间仅有50多年。中国深圳建市时间更短，从撤县改市到成为今天中国的一线城市，仅是30多年的光景。

这些年轻的移民城市印证了一个观点：文化始终处于流变状态，人口大规模迁聚和多元文化深度融合，为年轻的移民城市注入了强大的创新基因，并从某种程度上弥补了其因成长历史短暂而导致文化底蕴浅薄的不足。

深圳是年轻的移民城市。“敢为天下先”和“改革创新是深圳的根，深圳的魂”分别入选“深圳十大观念”。“四面八方的移民为深圳这座城市带来了丰富的、充满活力的文化因子，各种文化观念在这里交互激荡，各种文化理论在这里集成创新，多种多样的文化表现形式在这里落地生根。”① 深圳是创新驱动的世界性范本，文化流动和文化创新成就了深圳神话。

长三角文化是以吴越文化为主要核心元素的江南文化，它独树一帜、自成体系，是江南文化充满生机与活力的内生动力。虽然在地理空间上与中原和齐鲁邻近，但长三角地域的相对完整和本土文化的相对强势，使江南文化与燕赵文化、齐鲁文化、巴蜀文化、楚湘文化和岭南文化相比，保持鲜明的自我文化个性，体现出对传统儒家文化的超越和创新。

公元前12世纪，太伯从陕西东奔至江南无锡，建立了勾吴国，在中原文化与江南本土文化融合中创立了独树一帜的吴文化。在漫长的历史演变中，吴文化始终保持一种不拘旧俗、敢想敢干的创新精神。越文化与吴文化有深厚的历史渊源，由于多生活在山区和海岛，越人更富于冒险开拓进取意识，这从古代越王勾践和近世秋瑾、鲁迅诸人的思想性格中略见一斑。

在中国改革开放中，开拓创新的江南文化为长三角发展书写了亮丽一笔。“苏南模式”冲破计划经济旧格局，从农耕文明到工商文明，标志着江南文化创新发展进入了一个新境界。温州闯出一条以“小商品、大市场”为特征的“温州模式”。温州人四海经商的身影遍及全国甚至全球，这也是江南文化开拓进取的一个缩影。上海打响了国内劳动制度改革第一枪，诞生了新中国第一股和中国第一家中外合资商业企业，创办了全国唯一的上海黄金交易所等，以上这些无不体现着长三角敢为天下先的勇于创新精神。

浙江两个“四千精神”是浙江人开拓创新的生动体现。改革开放之初，浙江人提出了“历尽千辛万苦、说尽千言万语、走遍千山万水、想尽千方百计”的“四千精神”；面对全球金融危机，又提出“千方百计提升品牌，千方百计保持市场，千方百计自主创新，千方百计改善管理”的“新四千精神”。两个“四千精神”的主要内涵是自强不息、百折不挠，敢于争先、敢于创新。凭着新旧两个“四千精神”，浙江创造了一个个经济神话：浙江桐乡不出羊毛，却有全国最大的羊毛衫市场；浙江余姚不产塑料，却有全国最大的塑料市场；浙江海宁不产皮革，却有全国最大的皮革市场；浙江嘉善没有森

① 王京生. 观念的力量. 北京：人民出版社，2012.

林，却有全国最大的木业加工市场。也凭着新旧两个“四千精神”，浙江人赢取了“东方犹太人”的美誉。

二、兼容性

珠三角和长三角另一个相同的文化特征是兼容性，即区域文化的构成多元多派，可谓海纳百川、兼收并蓄。

岭南文化和江南文化是分别以百越文化和吴越文化为渊薮发展起来，并汲取海外先进文化精华糅合而成的“包举宇内”“汇通大海”的多元文化体系。

岭南文化和江南文化虽因关山阻隔或自身强势等内外原因而自成体系，但其形成过程也受到中原母体文化潜移默化的辐射影响。

历代中原人口迁徙，为岭南文化和江南文化源源不断吸收儒家文化精华提供了机缘。中国历史人口分布格局是北多南少。秦汉以来，统治者为东进南拓、开疆垦边，开始实施人口迁移政策。而各朝各代内战动荡，更加速了人口迁徙的步伐。

古籍描述道：“时海内大乱，独江东差安，中国士民避乱者，多南渡江。”（《资治通鉴》）“俄而洛京倾覆，中州士女避乱江左者十六七。”（《晋书·王导》）西晋永嘉年间的“内乱”和唐代的“安史之乱”，致使黄河流域近200万老百姓先后两次被迫大规模迁移到长三角流域，部分人口途经湖南、江西、福建，辗转远迁岭南珠三角一带。20世纪90年代，珠三角和长三角作为中国最早的对外开放地区，吸引内地数千万外来务工人员和社会各界精英，“孔雀东南飞”成为现代中国人口大规模向东部和南部沿海城市迁移的独特风景。

中国历史上的迁客骚人在中华文化融合中也起到了不可估量的促进作用。韩愈、苏东坡先后贬谪南粤，当时的文人之难却是今天的岭南之福，这些遭贬文人们推动了岭南文化与主流文化的融会和交流。而以太伯为代表的中原文化、以孙武为代表的齐鲁文化、以伍子胥为代表的楚天文化都为江南文化注入了新鲜血液。

岭南文化和江南文化兼容性特征的形成，除了受中原文化的辐射和影响外，与这两个区域依江傍海的地理环境不无关系。三角洲由河水挟带泥沙在河口地带经千万年冲积而成，江河密布、濒临海洋是三角洲共同的环境特点。珠三角和长三角分别濒临南海和东海，西洋文化渡海而入，西方文明最初是通过外国人来华开办学校、医院和人际传播等各种途径传入中国大陆。因此，岭南文化和江南文化也是中华文化与海外文化融合杂交的文化。

另外，两大区域内除流经中国第一大江长江和第三大江珠江外，周边的河流还有钱塘江、黄浦江和北江、东江、西江等。到处依山傍水，河道纵横，湖泊密布，万物因水而生，依水而兴。水性柔和，情怀宽宏，汇成江河，贯通大海。丰富的“水文化”使珠三角地区很多方言俗语都与“水”有关，如聊天叫“吹水”，中意叫“心水”，自豪叫“威水”，付款叫“傍水”，海归叫

“浸咸水”，装模作样叫“整色整水”，糊里糊涂叫“一头雾水”等。

珠三角和长三角相同的“水文化”铸就了两大区域文化的兼容性。郦道元说：“水德含和，变通在我。”海与河交互作用使来自不同地域的文化在这里交流融合，形成你中有我、我中有你的水乳交融状态。

“岭南文化十大名片”之一的开平碉楼和曹溪宝林寺等最能体现岭南文化的兼容性。广东开平碉楼散布于广东省开平市，是明代后期（16 世纪）开始建造的集防卫和居住功能于一体的多层塔楼式建筑。其建筑特色是中西合璧、品类繁多、造型别致，有古希腊、古罗马和伊斯兰等多种建筑风格，融合了中国传统乡村建筑文化与西北方建筑文化的独特建筑艺术。

禅宗六祖惠能开创南宗顿教法门，与孔子、老子并列为“东方三圣人”，其著作《六祖坛经》被誉为“中国人的佛经”。中山大学冯焕珍教授认为：“《六祖坛经》这部佛门经典在中国文化里非常有独特性，虽然它根在印度，但是它的演说者是中国人，还是岭南新州（今广东新兴）人，跟广东这片水土特别有缘分。”毛泽东曾评价说，惠能主张佛性人人皆有，创顿悟成佛之学，一方面使烦琐的佛教简易化，另一方面也使从印度传入的佛教中国化。

昆曲和上海外滩最能体现江南文化的兼容性。昆曲发源于江苏太仓南码头，在其延绵600 多年的演变发展中，融合了弋阳腔、秦腔、汉剧和徽剧等剧种的精华，成为现今中国乃至世界现存最古老的戏曲形态，有“百戏之祖，百戏之师”和“中国戏剧之母”等雅称。有学者称：“昆曲所代表的美学趣味虽然明显是南方的，尤其是江南地区的，但是其文化身份并不属于一时一地，它凝聚了中国广大地区文人的美学追求以及艺术创造。”

上海外滩建筑与广东开平碉楼的艺术风格都是中西合璧的。在黄浦江畔，东侧是东方明珠、金茂大厦等现代化地标景观，西侧是哥特式、罗马式、巴洛克式等50 多幢风格迥异的古典楼群。东方建筑风格与西方建筑风格相互映衬，现代建筑流派与古典建筑流派彼此连缀，上海外滩因此被誉为“万国建筑博览群”。

三、重商性

珠三角和长三角另一个相同的文化特征是重商性，即商业氛围浓厚，市场意识强烈。

梁启超曾说：“向海而兴，背海而衰；禁海几亡，开海则强。”珠三角和长三角濒临海洋，区域内河流纵横，高速公路和铁路十分发达。珠三角与港澳相接，并配备广州白云、深圳宝安和珠海三灶三大机场；而长三角拥有上海浦东、上海虹桥、杭州萧山和南京禄口等大小民用飞机场 17 个，区域内每万平方千米的机场密度为 0.9 个，超过美国每万平方千米 0.6 个的水平，已无可争辩地成为国际上机场密度最大的地区之一。得天独厚的自然环境和海陆空立体式的交通网络，为两大区域的经济发展插上了巨大而有力的翅膀。

自古以来，珠三角和长三角都是中国商业最繁荣的地区。广州（古称番禺）是中国古代“海上丝绸之路”的发祥地，从公元3世纪30年代起，广州成为“海上丝绸之路”的主港，历经2 000多年长盛不衰。14世纪以来的元、明、清三个朝代曾反复地实施“海禁”。清朝曾允许广州、漳州、宁波和云台山四地对外通商，后关闭其他三地，唯保留广州一地，广州在中国对外贸易不可替代的重要地位可见一斑。

公元3至6世纪，六朝政权为了建立与朝鲜半岛和日本列岛国家的经济往来，建起了以南京（古称建康）为起点的“海上丝绸之路”的东海航线。中国的丝绸、瓷器等产品源源不断地运往波斯湾和东亚各国。值得一提的是，流经长三角腹地的隋朝大运河通达黄河、淮河、长江、钱塘江、海河五大水系，将江南的丝织业等传到东西南北，直接推动近古中国工商业的萌芽和繁荣。中国“海上丝绸之路”与“陆上丝绸之路”在长三角实现接驳。

上海也有悠久的商业传统，早在宋代就开始与日本和新罗（古代朝鲜半岛国家）开展贸易往来。上海自1843年正式开埠后，外国商品和资本纷纷涌入，开设行栈、设立码头、划定租界、开办银行。到20世纪50年代，上海超越广州，成为中国最大的贸易城市。

中国改革开放以来，珠三角和长三角成为国内经济实力最强大、市场经济体系最完备的两大区域。两大区域的人们“天生的重商意识”正是在经济发达和商业繁荣的氛围下培育和繁衍的，它不仅牢固植根于社会，还深深渗透至人们的灵魂和血液。

20世纪80年代，珠三角掀起“全民皆商”热潮。有人戏言：“北京姑娘爱‘泡吧’，四川姑娘爱‘写真’，东北姑娘爱‘看戏’，而广东姑娘爱‘炒股’。”重商意识造就了民间财富的积聚。“胡润富豪榜”首次发布的《2010广东地区财富报告》显示，广东10亿富豪达213人，居内地第一；平均财富47.5亿元，比百富榜平均财富高8亿多元；千万富豪达14.5万人，其中，亿万富豪有8 200人，内地排名第二。广东人敢于冲破一个个传统禁区，创业智慧来自重商精神。

如今矗立在浙江义乌小商品市场门口的“货郎担”雕塑，是浙江人自古重商最形象的阐释。从清代开始，义乌农民肩挑“货郎担”，手摇拨浪鼓，走村串户，用土制红糖饼换取鸡毛，再将鸡毛加工成鸡毛掸子出售换钱。改革开放初期，义乌“鸡毛换糖”旧业重兴，从业人数达万人。义乌经济靠“鸡毛换糖”起家，货郎担挑起“义乌传奇”，“货郎鼓”摇出义乌大市场。目前，义乌是全球最大的小商品集散中心，被联合国和世界银行等国际权威机构确定为“世界第一大市场”，综合竞争力居浙江全省22个县级市首位。

四、务实性

珠三角和长三角另一个相同的文化特征是务实性，即讲究实际、崇尚实干，摒弃虚妄和空想，鄙视华而不实、沽名钓誉。

务实，是中国农耕文化较早形成的一种民族精神，也是珠三角和长三角共同推崇的文化特征。“名与实对，务实之心重一分，则务名之心轻一分。”“临渊羡鱼，不如退而结网。”“谨于言而慎于行。”这些民间俗语体现了人们的务实心态。两大区域的一些城市也把“务实”作为城市精神的表述语。如“务实、求真、宽容、开放、创新”（广州）；“开拓创新、诚信守法、务实高效、团结奉献”（深圳）；“尚德务实，和谐奋进”（无锡）；“诚信、务实、开放、创新”（宁波）等。

远古时代岭南条件恶劣，先人意识到生存的艰难；广东近代饱受西方列强坚船利炮的欺凌，人们更感到“实业”和富强的重要性。这些都是广东人讲求务实的主要原因。在改革开放初期，当大部分内地人还在为市场经济姓“社”姓“资”争论不休的时候，广东人“摸着石头过河”，“遇着红灯绕路走”，“水路不通走陆路”，朝着认准的目标默默向前走。广东人宴请宾客一般不铺张浪费，以吃饱、吃好为准则。广东骑楼可避风雨防日晒，特别适合岭南热带气候。骑楼通道商用和公用兼顾，模糊了顾客与行人的界限，缩短了商家与顾客的距离，其商业实用性更为突出。

余秋雨曾用“早茶和花市”形容岭南文化的务实性，即只满足日常性和季节性消耗。有人说，广州市花木棉，也是一副不折不扣的平民风采：她的身影遍布大街小巷，她的芳容任谁可睹。

浙江可作长三角区域文化务实性的代表。汉代思想家王充，祖籍会稽上虞（今浙江上虞）。他强调“疾虚妄”“归实诚”，体现的就是务实精神。浙江省1 000万人次参与讨论，确定浙江人共同的价值观：“务实、守信、崇学、向善”。事实上，浙江人与广东人一样，向来低调做人，不善张扬，不好争论，崇尚“多做少说，只做不说，先做后说，做也不说”的务实低调处世哲学。

江苏常州也是一个低调务实的城市。虽然没有如南京、苏州等苏南城市的名气和光环，但作为江南文明和吴文化的重要发源地之一，常州这座具有2 500多年历史的城市，拥有“延陵”“毗陵”“兰陵”等雅称和“三吴重镇”“八邑名都”的美名。城中的春秋淹城遗址把江南文明的肇始起点推向更加悠远的时代。在深厚文化的助推下，常州的沉稳低调潜藏着社会经济发展的蓬勃生机，常州 GDP 接近 5 000 亿元，2015 年城市综合经济竞争力名列 26 名，位在济南、西安、合肥、石家庄、长春、南昌等省会城市之前。

第二节　珠三角和长三角区域文化的差异性

由于珠三角和长三角具体的地理位置、历史渊源、人口结构、社会发展等各方面有所不同，其区域文化——岭南文化和江南文化在核心意念上也存在某种差异性。

一、文化底蕴

中国考古发现，约 12. 9 万年前，广东境内出现了原始人类马坝人。5 万年前，浙江境内才发现有原始人类建德人活动。虽然珠三角现今发现的原始人类活动时间远早于长三角，但是，是什么原因导致珠三角古代文明没能超越长三角呢？

一个重要原因是两大区域的自然环境所致。广东潮湿闷热，遍地飞禽走兽，人迹罕至。反观长三角沃野千里，气候温和，适宜聚居和耕种。在新石器时代，长三角就出现了上山文化、河姆渡文化和马家浜文化等，而珠三角因经济文化落后，先秦时期以来被中原民族称为“南蛮地”。历代政治失意的官员如韩愈、苏轼等都被贬谪到荒芜贫瘠的岭南之地。

受中原大地儒家文化影响稍弱，也是岭南文化底蕴逊于江南文化的另一个重要原因。珠三角远离中原大地，且北面五岭横亘，儒家文明薪火不易南传，岭南文化也因此缺少了儒家传统文化的滋养和补给。而长三角西与中原接壤，北与齐鲁相连，得天独厚的地理条件有利于江南文化吸收中华民族的文化精华。

太伯于公元前12世纪建立了勾吴国，同时也带来了中原文明的种子。江南文化千万年来在与母体文化的融和交合中得到繁荣发展。中国华夏始祖五帝之一的帝尧，传说出生于三阿之南（今江苏境内）。南京有“六朝古都”“十朝都会”之称。北宋词人柳永用“东南形胜，三吴都会，钱塘自古繁华”来描写当时盛极一时的杭州。苏州留给诗人白居易的印象是“人稠过杨府，坊闹半长安”，而宋代名士龚明之也称苏州“风物雄丽为东南之冠”。史实证明，唐宋以来，中国的经济文化重心从“开封—长安”东西向轴线彻底移向江南地区，最终落在“杭州—苏州”南北向轴线上。为此有学者说：“中国近八百年来的文化模式，是以南宋为领导的模式，以江浙一带为重心。”

岭南文化和江南文化的构成也决定了两大区域文化的主要差异。岭南文化的主体是广府文化、客家文化和潮汕文化。居主流地位的是广府文化，其因子是南越文化，客家文化和潮汕文化是古代以来随着人口迁徙而形成的。而江南文化的主体是吴文化和越文化，其文化厚度和地位与中原文化不相伯仲。

长三角自古至今崇文重教，人才辈出。当今江苏省高等院校的数量居于中国省级地区第一，高等教育质量仅次于北京和上海。有学者戏言，江苏省仅一所南京大学就顶上广东省所有大学。2006年广东全省高校毛入学率为25.6%，低于浙江、江苏5个百分点；常住人口每万人高中阶段在校生324人，也低于全国340人的平均水平，位居全国各省市区的第22位[①]。

江南文化厚实凝重，相形之下，岭南文化则显得势单力薄。区域经济发展的背后是文化的力量。

庄子说：“且夫水之积也不厚，则其负大舟也无力。”广东在许多领域开

---

① 谢思佳，陈枫．“被动型”转向“领导型” 摆脱经济的第三世界．南方日报，2008-01-08．

风气之先，但一些先进理念和创新文化难以落地生根，这与广东“水之积不厚”不无关系。如20世纪80年代中国大陆流行音乐在广东兴盛一时，但几年后广东流行音乐就由盛转衰，大批音乐人选择集体“北漂”。广东似乎吹的是“穿堂风”，风力大，但留不住。

文化差异终究决定经济差异。珠三角与长三角社会的经济竞争很多时候外化为经济指标增减、居民收入升降、城市建设快慢等物质变化之上。作为“看不见的战线”的文化竞争往往因为内化而容易被人忽视，而文化的“无形之手”将在这场经济“掰手腕”博弈中起到四两拨千斤的决定性作用。

岭南文化存在先天不足，如何后天弥补？这是珠三角想要保持发展优势而必须正视的重大课题。

二、文化眼光

经济竞争背后就是文化竞争，经济竞争力在很大程度上取决于文化竞争力。“经过30年改革开放，广东一花独放、一马当先的格局已经结束，从点到线、从线到面全国全方位大开放和区域经济群雄并起、万马奔腾的大格局已经形成。”①

值得注意的是，2012年全国共有天津、北京、上海、江苏、内蒙古、浙江6个省、自治区和直辖市的人均GDP水平超过1万美元。广东10多年人均GDP增速在全国排最后一名，直至2014年广东人均GDP才突破1万美元大关。

根据世界银行的标准，人均GDP超过1万美元的国家和地区被列为中等富裕国家和地区，这就意味着，长三角地区的上海、江苏和浙江早已迈入中等富裕地区的行列。由此可见，长三角和京津冀三角洲正迅速崛起，珠三角的区位优势、政策优势和先发优势已逐步削弱和消解。“竞争靠低价、增长靠出口、技术靠进口、规模靠人海”的广东传统发展模式将成为广东迈向世界的沉重脚镣。

长三角地区省市纷纷以世界眼光、全球视野规划社会经济发展。《国务院关于进一步推进长江三角洲地区改革开放和经济社会发展的指导意见》明确提出：“把长江三角洲地区建设成为亚太地区重要的国际门户、全球重要的先进制造业基地、具有较强国际竞争力的世界级城市群。”上海城市精神强调“追求卓越”，苏州城市精神追求“致远”境界，杭州城市精神构筑“大气”意境。从城市精神表述语中看到，长三角地区核心城市无不把赶超世界作为地区发展的远大目标。

上海作为国际大都市，其文化品牌如中国上海国际艺术节、上海国际电影节、上海电视节、上海旅游节等无不显示出其独到的世界眼光和开阔的国际视野。无锡市出台《关于学习追赶世界先进城市的意见》，提出以芝加哥、

---

① 梁桂全．生于忧患　死于安乐——论解放思想．南方日报，2008－02－18．

里昂、鲁尔、中国台北、新加坡等先进城市为学习追赶目标，在城市科技竞争力、文化竞争力、环境竞争力等方面达到世界一流城市水平，建成国际有名、国内领先的现代化名城。

目前，长三角城市群形成了各具优势的发展模式。上海突显大谋势（大气魄、大谋划、大布局、大投入），江苏以新取胜（新理念、新体制、新集约、新农村），浙江以小变大（小资本大投资、小企业大产业、小公司大平台、小政府大社会）。长三角地区正大踏步走向世界，已成为国内和世界上极具活力的区域之一。

“必须清醒地看到，广东存在被相对边缘化的可能：环渤海地区和长三角地区正在崛起，珠三角、广东在全国发展中的地缘经济区位却在相对下降，正面临着来自长三角、环渤海经济圈的挑战。”[①] 当前广东要摆脱小富即安、坐享其成、目光短浅等问题，以孙中山先生所倡导的“内审中国之情势，外察世界之潮流”的胸怀和气概，在保持中国第一经济大省的同时，以全球视野谋划未来发展，义不容辞地担当中国率先走向世界的先行兵。

广东是中国历史上“海上丝绸之路”的起点，濒临港澳，拥有 3 000 多万华侨华人和港澳台同胞，拥有改革开放 30 多年来积累起来的财富和经验，只要进一步解放思想，深化改革，实现由被动接受国际分工向自主参与国际分工转变，由广东制造向广东创造转变，广东就会以中国和平崛起的身影在世界范围显示更加强劲的竞争实力。

三、文化心态

中山大学黄天骥教授认为，广东人最大的特点是生猛和淡定。黄天骥教授解释说：“生猛指的是广东人思维活跃；淡定指的是对生活有信心，很会享受生活，比较知天命。所以在接受外来文化的时候，也不会有那么强的抗拒心理。”

相对于江南地区，岭南地区自古以来远离中国政治中心，较少受到儒家正统文化规范的束缚和掣肘，以变化和功利为价值取向。广东人更近水性，上善若水任方圆。“生猛”是广东饮食业的招牌，蔬果讲求新鲜，鱼虾讲求鲜活。在思维上，广东人的“生猛”表现在充满灵性。“不唯上，不唯书，只唯实”，面对现实，善于变通，懂得“用足政策，用好政策，用活政策”。

前广东省委书记任仲夷说，“变通”就是“一计不成再生一计”。“陆路不通走水路，水路不通走山路，没有路披荆斩棘走出一条新路来。”这也是当时广东规避“左”倾信条的应变之策。如集资建桥修路，广东采取“以桥养桥，以路养路，谁集资谁所有谁受益”的办法，这是改革开放初期广东各地在地方财政资金不足的情形下大兴基础设施建设的创新性举措。

在灵活变通上，江浙人稍逊于广东人。厦门大学易中天教授曾以一组比

---

① 谢思佳，陈枫．“世界眼光”看广东要“三应”　“海洋工程”育玩转世界人才．南方日报，2008－01－08．

喻作比较："改革开放以来，由于提倡改革，允许实验，允许失败，中央对于许多地方许多省份其实是'睁一只眼闭一只眼'的。广东人看着的是那只'闭着的眼'；福建人看着的是那只'睁着的眼'；上海人琢磨下一回'哪只眼睁哪只眼闭'；北京人则议论'应该睁哪只眼闭哪只眼'。结果广东上去了，福建滞后了，上海在徘徊，北京则在原地说话。"

在生活上的从容淡定，广东人也胜于江浙人。饮茶习俗流行于广东民间而历久不衰，主要原因是契合了岭南地区从容淡定的文化心态。在"非典"肆虐时，广东人依旧上茶楼，街上鲜见有人戴口罩，人们的生活秩序并未因此受太大影响。广东人的从容淡定来源于社会安定和个人的见多识广，来源于人们的理性判断和对生活的自信，这也是岭南地区濒临港澳、人们长期接受海洋文化和华侨文化熏陶的结果。

《周易》云："穷则变，变则通，通则久。"广东人的生猛、变通和从容淡定与岭南文化的多元性、开放性、实用性和冒险性的品格是一脉相承的。广东也不辱使命，GDP 从 1979 年排名全国第二十三位跃居为现今中国第一经济大省，成为中国改革开放的先行区和试验田，中国现代社会经济发展的许多宝贵经验都是在广东播种、萌芽、开花和结果的。

辩证地看，广东人的从容淡定既是优点，又是缺点。广东人从容淡定有时也表现为过于求财逐利，功利之心较重；有时表现为对时事政治过于漠视，"事不关己，高高挂起"；有时表现为过于安守本分，不思闯荡；有时表现为过于侧重感性，忽视理性升华等。广东商人被称为"坐商"，浙江商人被称为"行商"。所有这些，都或多或少地反映出广东人在思想和行为上的局限性。

四、文化特质

从文化主流上说，岭南文化与江南文化在文化品质上是有差异的，岭南文化偏向通俗性和大众化；江南文化偏向精致性和高雅化。

岭南文化通俗性和大众化特质的形成与其较少接受中原儒家正统文化辐射和渗透有关。由于岭南地区北靠五岭、南临海洋，处于一个相对封闭和独立的文化环境，其本土文化——百越文化的市井、质朴和简俗的文化特质得以繁衍和延展。同时，在珠三角浓厚的重商环境下，商贸活动比长三角更加活跃，人们一方面普遍淡化意识形态而追求财富利益，另一方面追求个人切身的自在、自足、自娱的世俗享受。这种社会氛围和市民心态，为大众化、平民化的岭南文化提供了适宜的气候和土壤。

广东与港澳在地缘、情缘和血缘上有着千丝万缕的联系，港澳文化长期以来对广东的强力渗透，也是岭南文化通俗性和大众化特质形成的重要因素。大众化和平民化也是港澳文化的主流。香港影视剧定位为"汉堡包"，成为普罗大众的精神食粮，内容上以反映香港的社会生活和人生百态为主。人际传播和大众传播是港澳文化渗透广东的两大渠道。香港 700 多万人口中，大部分原籍是广东。而广东居民收看香港电视已有 30 多年。因此，通俗化、市井化的港澳文化对广东的影响是恒久而深远的。

广东许多文化样式都打上岭南文化平民化和大众化的鲜明烙印。如广东音乐就是产生和流行于岭南地区民间的流行音乐，它多出现在广府民间的婚、丧、生、祭等民俗场合，或作为民间艺人在茶楼、街头卖艺的曲目，或在曲艺社团——“私伙局”中演奏以自娱自乐。因此，学者田青认为广东音乐是市民化色彩很浓的“小家碧玉”：“整个20世纪，不管中华大地上的政治风云和经济大潮如何波翻浪卷，广东音乐都摆出一副‘事不关己’的样子，在中国的东南一隅生息发展，走着一条自己的路。”①

江南文化精致性和高雅化特质的形成与吴越文化千百年来接受博大精深的儒家传统文化滋养润泽不无关系。东汉桓帝时的吴郡太守麋豹在《泰伯墓碑记》中肯定了中原文化对吴文化的影响：“数年之间，人民殷富，教化大治，东南礼乐实始基焉。”“吴与越同音共律，上合星宿，下共一理。”吴文化与越文化在相互碰撞、交融和流变中形成了不可分割的文化体系。六朝至隋唐的晋室南渡，吴越文化得以逐步注入了“士族精神和书生气质”；南宋直至明清时期，吴越文化越发显得精致和高雅。

作为“人类口头与非物质文化遗产”的吴越文化品牌昆曲，被誉为戏曲艺术的珍品、“百花园中的兰花”，其曲文秉承了唐诗、宋词、元曲的文学传统，雍容风雅、清高脱俗，颇有文人士大夫式的独特文化品位。昆曲与广东音乐风格迥异，分别代表着江南文化的精致性、高雅化和岭南文化的通俗性、大众化。

江浙素有“文物之邦，人文渊薮”之美誉。东汉以来，吴越地区藏书、读书风气盛行，崇文重教，尊师礼贤，蔚然成风。江浙历代英才辈出、千古流芳，孙武、陆逊、张旭、范仲淹、陆游、顾炎武、鲁迅、徐志摩、余秋雨等，不胜枚举。仅浙江余姚一个县级市，历代共出现了600多位进士。因此有学者认为：“吴越之地，半壁春秋，乃至唐朝已成为华夏风韵最浓厚的地方之一。”历代文人雅士的出现，对吴越文化精致高雅特质的传承、延伸和深化起到了不可替代的作用。

就文化品质而言，通俗与高雅，平民化与精英化，本身没有高下和优劣之分。中华文化是以中庸思想为核心的礼乐文化，中庸思想具体物化为对“中和之美”的追求。因此，文化过于高雅，则“曲高和寡”；文化过于通俗，则容易流向浅薄。雅俗共享是文化的最高境界。

值得注意的是，有时岭南文化过于大众化，过于浅显和苍白，以致岭南文化被解读为没有内涵、缺乏思想深度，广东因此也被人误解为“文化沙漠”。

---

① 涵子．世纪末的沉思——田青谈中国民族器乐的“第三种模式”．人民音乐，1997（11）．

第三章　水蓄风积：城市广电文化底座锻造

且夫水之积也不厚，则其负大舟也无力……风之积也不厚，则其负大翼也无力。

——庄子

自然万物注重蓄势。水未能积蓄到一定的容量，就不能承载大船；风未能积蓄到一定的力量，就不能承载翅膀的力量。城市广电如大船、大鸟，文化就是其动力源。城市广电要像大船一样扬帆远航，像大鸟一样扶摇直上，作为动力引擎的文化储备就不可缺少。

区域文化决定城市的兴衰荣枯，企业文化决定传媒的得势失势。如果把城市广电比作一座传媒大厦，那么企业文化就是传媒大厦的文化底座。大厦底座的稳固度决定大楼的高度。传媒大厦若拥有一个稳固的文化底座，就会形成强大的文化势能，传媒大厦就会高矗云端。

区域文化是源，传媒企业文化是流。正是由于传媒企业文化植根生成于区域文化土壤，因此传媒企业文化遗传了区域文化母体的文化基因，从传媒企业文化的身上可以找到来自区域文化母体的文化胎印。

第一节　传媒企业文化是传媒企业员工的集体人格

世界各地对企业文化的称呼有所不同，美国企业称之为“企业哲学”，欧洲企业称之为“企业价值观”，日本企业称之为“社风”，而中国企业称之为“企业精神”。

20 世纪 70 年代，美国学术界率先提出“企业文化”概念。审视日本战后经济重新崛起的轨迹，便可追溯世界企业文化的形成和发展历史。

日本战败后，经过 20 多年又在断壁残垣、满地哀鸿的废墟上复苏和崛起，美国起到了至关重要的作用。1945 年 8 月，美国在日本广岛和长崎投掷两颗原子弹，数天后日本天皇即宣布日本在第二次世界大战中无条件投降。战后的日本满目疮痍，政治、经济元气大伤。然而在盟军最高司令官麦克阿瑟的主导下，日本随即开展了政治、经济、文化、教育的一系列改革。

当时日本国民平均收入只有 20 美元，GDP 总量只为英法的 1/3，同时资源十分匮乏，包括石油、煤矿、铁矿等在内的 85% 以上的资源依赖进口。但难以置信的是，在短短的20年内，日本居然治愈了战争创伤，以令世界震惊的速度迅速崛起，“横扫英国的摩托车业，超越德国和美国的汽车生产，抢夺德国和瑞士的钟表、摄影机、光学仪器等生意，打击美国在钢铁、造船、钢琴、拉链、一般用电子产品上的传统优势”①。部分西方传统经济强国被纷纷抛诸身后，日本一度跃居为仅次于美国的世界第二经济强国。

日本经济从衰弱到繁荣的华丽蜕变主要归功于日本国内积极推行的大刀阔斧而卓有成效的系列改革，但不能忽略的是，日本民族文化的强大号召力和聚合力在日本经济复兴中起到了不可替代的作用。美籍日裔学者威廉·大内认为，在日本民族文化的长期浸淫下，日本政府与企业、工会与资方之间相互信任，而企业内部人与人之间建立了和谐、亲密的关系。西方社会和企业很难实现以上两种状态，这也是日本与美国两种不同民族文化的根本差异。

美国学者在考察日本企业中发现，民族文化的差异使得美国企业和日本企业分别形成“A型组织”和“Z型组织”两种截然不同的企业结构模式和生产关系。在经营得最成功的日本企业里，起关键作用的并不是“硬件”，而是“软件”，即企业文化。日本本田汽车公司创始人之一的藤泽武夫说，日本管理和美国管理方式95%相同，所不同的只有5%，而这5%恰恰是日本经济取得突飞猛进的真正原因。这5%就是企业文化！②

企业文化帮助日本从废墟中崛起，也成就了“德意志制造”的传奇。德意志民族的语言很有个性，词汇和语法泾渭分明，复杂而精准，这种严谨和理性正是德意志民族的文化品格，而这种民族文化派生出来的标准主义、完善主义、精准主义、守序主义、专注主义、实用主义和信用主义等文化特征，内化成“德意志制造”的企业文化因子。

德国之所以能诞生诸如奔驰、宝马、奥迪、大众、西门子、莱卡、阿迪达斯、博世、克虏伯等系列品牌，这与“德意志制造”所蕴含的富于个性的民族文化和企业文化不无关联。严谨和理性的文化理念深深植根于“德意志制造”的血脉和呼吸中，成为德国企业保持强大创新力的精神支柱。企业文化对支撑企业发展、延续企业影响力所发挥的作用是不言而喻的。

传媒是生产和经营信息产品的企业，由于企业性质、生存背景和成长历程不同，形成了不同于其他类型企业的文化。

笔者认为，传媒企业文化是指在特定的民族和国家或地区的文化大环境熏陶下，经过传媒领袖积极倡导、传媒全体从业人员普遍认同和共同践行，传媒企业在长期发展过程中积淀而成的价值观念、信仰追求、职业伦理、行为准则、经营理念和管理模式等的总括。独特的传媒企业文化既是一流传媒的重要标志，也是传媒有效实现国内传播和国际传播的强大内生力。它所产生的传媒品牌效应，对外可树立传媒良好的社会形象，对内可散发强大的凝

---

① 巴斯克，艾索思．日本的管理艺术．黄明坚，译．南宁：广西民族出版社，1984．

② 杨月坤．企业文化．北京：清华大学出版社，2011．

聚力和整合力，从而提高传媒传播功效、运营效益和竞争实力，并实现传媒的可持续发展。

传媒企业文化是传媒管理系统的根基，看不见、摸不着，但其巨大的能量隐藏在无形之中。美国历史学家戴维·兰德斯指出："如果经济发展给了我们什么启示，那就是文化乃举足轻重的因素。"企业文化虽然不能直接产生经济效益，却能渗透到员工的骨子里、血液里，以柔克刚，这种精神动力能最大限度地激发创造力、凝聚力和执行力，确保决策与执行、组织与管理的良性运作。西方学者曾作如下比喻：管理就像一座漂浮在大海里的冰山，露出水面的部分占1/3，大体相当于管理组织、制度、技术、手段和方法等有形管理；隐在水中的部分占2/3，大体相当于组织成员的价值观念、人际关系、文化传统、风俗习惯等无形管理。

第二节　珠三角和长三角传媒企业文化特征

文化与民族与国家或地区是分不开的，某个特定文化就是某个特定民族和某个特定国家或地区的文化。珠三角和长三角是中国对内传播和对外传播的两大传媒板块，由于所处的政治、经济、文化环境不同，传媒发展轨迹也各有特点，两大区域的传媒企业文化也有各自的个性特征。

一、传媒形象标志

芬兰著名人类文化学家霍夫斯塔认为，文化分别由象征符号、英雄人物、仪式和价值观四个层次构成。对传媒而言，传媒企业的象征符号就是传媒企业形象的识别系统（CIS），包括理念识别（MI）、行为识别（BI）和视觉识别（VI）。

珠三角和长三角传媒的理念识别主要借助标语、警句、守则、座右铭等表达传媒的使命、精神和目标等。如"高度决定影响力"（《南方日报》）、"让阅读成为享受"（《金陵晚报》）、"本土就是主流"（《东莞日报》）、"财富天下，财富广东"（南方卫视）、"财富共创，快乐共享"（浙江卫视）等。

相对于理念识别的理性和含蓄，视觉识别更形象、更生动。图形是最直观、最有效的传递信息的载体，其次是唤起记忆画面的文字。因此国内外的电视传媒大多利用图形和文字这两个元素作为传媒形象的识别设计。

如美国有线电视新闻网（CNN），其1997年开播的西班牙语频道于2010年启用了新台标（图3-1），保留了经典的CNN红色Logo，但在两个N的上面加上了一条红色飘带，以象征新闻动态的特征，也代表频道希望更加贴近观众。连续24小时播出的CNN西班牙语频道目前覆盖拉丁美洲2 500万户家庭和美国约500万户家庭。有学者认为："美国的面孔正在改变；希望这张新面孔看上去更拉丁化一些。美国可能成为下一个拉美国家，CNN的这个举措也意味着这个变化。"

图 3－1　美国有线电视新闻网台标图案

图 3－2　广东电视台台标图案

在中国，除了中央电视台的频道与国际接轨采用 CCTV 的字标外，其他省市电视台的频道标志主要以图形为主。

广东电视台台标图案（图 3－2）以汉字“广”作为设计主体。台标图案呈三角形结构，象征广东以珠三角为代表的地域特征。“广”字上的圆点似东方升起的旭日，寓意广东电视台积极进取、勇于开拓的精神。

浙江卫视的台标图案（图 3－3）中间白色的曲线代表浙江的母亲河——钱塘江，同时也形似英文字母 Z（表示浙江）。台标以蓝色为背景，线条柔和优美，突出了江南山清水秀、风景秀丽的地域特色。

图 3－3　浙江卫视台标图案

图 3－4　东方卫视台标图案

东方卫视台标图案（图 3－4）的形状像一个新鲜、丰润、亮丽的橙子，象征东方卫视媒介产品的特点。“新鲜”代表“新鲜的新闻”，“丰润”代表丰富的影视剧，“亮丽”代表时尚的娱乐资讯。同时台标图案用红色圆球与白色星星对称组成。红色圆球像太阳，代表上海是一座充满活力的现代化大都市。白色是西方的标志性色彩，红色与白色的相称也代表了中西方文化的融合与交流。

综上所述，珠三角和长三角电视传媒的台标设计都是以图形变化为基础，配以有象征意义的色调，突出传媒所在地域风貌，折射传媒的个性追求和传媒文化。另外，不少电视台也把传媒文化和价值观念融入各类宣传片中，与媒介产品混合播出，以达到不断强化传媒形象的目的。

二、传媒企业的文化图腾

图腾（totem）是原始人群体的亲属、祖先、保护神的标志和象征，是人类历史上出现最早的一种文化现象。很多国家和民族都有固定的图腾符号，代表一种价值信仰和精神力量。如新加坡推崇狮子，也门膜拜鹰等。

NBA 赛场是图腾文化的集中展示场，一些球队如公牛、森林狼、雄鹿、山猫、老鹰、猛龙等，从队名、队徽、队旗、球服和队员文身，都有各自的图腾符号，代表着竞争、合作、荣誉、人文、平等、娱乐等各种意念或所在城市的文化，象征运动集体和个体的价值追求和精神皈依。

在珠三角和长三角，龙、狮子、麒麟等是民间的图腾，赛龙舟和舞龙、舞狮、舞麒麟的习俗流传了几千年。

在企业管理上，有学者曾以象、狼、鹰和羚羊这四种最典型的图腾符号来分析各种不同类型的企业文化，笔者也试图以象、狼、鹰和羚羊来剖析珠三角和长三角传媒企业的文化特征。

（一）“象文化”传媒企业——具有“以人为本”的传媒个性

象是陆地上最大的哺乳类动物，主要栖息在雨量充足、气候温和的丛林、草原和河谷地带。古人将象及其生活背景形而上的引申为“象”，也和混沌的自然界并称，即包含万物相互联系的一个有机整体。象是以家族为单位的群居性动物，雌象负责每天的行动路线、觅食地点、栖息场所的设计和安排，雄象主要负责家庭成员的安全保卫。象的象征意义是强调人与自然的和谐统一，突出“以人为本”的运作理念。

“象文化”企业注重营造企业内外和谐、友好的创业环境，企业领导者像一位循循善诱、慈爱为怀的导师，企业管理强调“以人为本”，企业成功则意味着人力资源获得了充分的重视和开发。庄子哲学的核心是“天地与我并生，万物与我为一”；孟子强调“民为贵，社稷次之，君为轻”，并提出“人皆可以为尧舜”。可见，“象文化”企业具有深厚的中华民族文化色彩。万科、雅戈尔、格兰仕、三九等珠三角和长三角的企业就是典型的“象文化”企业。

南方报业传媒集团“和而不同”的传媒企业文化实质也是一种“象文化”。“和”就是在命运共同体、利益共同体的文化理念指导下打造文化共同体——包括精神价值的塑造和经济价值的整合。“不同”一方面强调“以人为本”，培养个性鲜明的职业报人；另一方面鼓励差异化竞争，建立报业系列品牌。南方报业传媒集团可谓中国传媒界的“黄埔军校”，从集团出来转到各地传媒企业担任总编辑、总经理、行政总监、人力资源总监等职务的高层传媒人超过 200 人。“用人用在风华正茂时”是南方报业传媒集团的人才选用原则，中层干部三年一聘。每逢推出新报纸或新策划，实行“谁出主意，就由谁来干”，形成责、权、利统一平台和上下协同作战的团队合力，构建和谐统一的创业生态环境。

南方报业传媒集团前董事长范以锦说，人才的聚集与企业形成的文化不无关系，一家成功的报业集团，它的企业文化必定有自己的独到之处、神奇之处。一个充满活力和生命力的报业集团，它的内在能量是从组织架构图上看不出来的，而是要看它的企业文化内在的价值链。正是这种价值链的共同价值观，将南方报业企业的主文化与其系列报刊亚文化的各个要素环环相扣，相互依存，相互补充，相互促进，终端反过来又可作用于始点，以良性循环不断推动报业集团的事业螺旋式上升。①

“以人为本”的理念是世界上不少成功传媒集团共同遵循的企业文化。各国传媒积极推行民主管理，提高员工参与意识。共同的做法：一是实行员工持股制度，20 世纪 70 年代以来，美国、英国和日本等国家的传媒就推行员工持股计划；二是员工拥有传媒的重大决策权，对员工参与传媒管理在法律上予以保护。

英国百年报业传媒《金融时报》全球首席执行官 Olivier Fleurot 曾说：“成就一个世界级媒体的首要条件就是人才。那些能够深刻理解所在媒体价值观和文化，能够迅速学习，承受挑战和压力的人才是任何媒体机构最为重要的资产，而管理者必须去激励、培养和提升这些人才，因为一旦这些人才认同了所在媒体的文化后，通常就会有很高的忠诚度。”②

（二）“狼文化”传媒企业——具有执着向前的传媒个性

狼曾是地球上散布最广的野生动物之一，栖息范围广，耐热、耐寒，嗅觉和听觉敏锐，性残忍而机警，常结队围猎，以捕获弱小动物为生。因此，狼是一种集竞争性、合作性、服从性、忠诚性为一体的智慧动物。

由于文化差异等原因，东方文化常把狼作为凶残和恐怖的代名词，而西方文化或游牧民族则常把狼作为精神图腾。如狼是古罗马传说中的保护神，人们对狼顶礼膜拜，至今罗马随处可见狼的图案标志。爱尔兰著名管理学家查尔斯·汉迪说：“狼是一种野性的、有冲击性的勇敢动物，它们的团队精神是取得成功的关键因素。”

“狼文化”企业充满朝气和活力，在激烈的竞争环境下瞄准目标，矢志以求、锲而不舍；强调团结协作精神和个人服从意识，在逆境中强化团队执行力；企业领导者具有敏锐的行业洞察力和强烈的改革创新、敢于冒险的意志；企业努力以独特的产品和服务开创行业领先地位。珠三洲和长三角具有典型“狼文化”特征的企业有华为、格力、比亚迪、娃哈哈等。

总部设在深圳的华为技术有限公司（以下简称华为）是一家“狼”性十

---

① 南方报业传媒集团新闻研究所．南方传媒研究·南方基因．广州：南方日报出版社，2009.

② 李明．企业文化——传统媒体成功发展的基石．2004－09－08．http：//www.mie168.com/read.aspx.

足的中国品牌企业。华为创始人任正非一直致力于把“狼性文化”作为企业核心竞争力，通过各种方式使企业具有狼一样的敏锐嗅觉，体现不屈不挠、奋不顾身的进攻态势，培养团结协作、众志成城的群体精神。任正非认为，华为的“狼性文化”，正是应对强大竞争对手的无形武器。公司一旦找到发展突破口，就不惜代价、勇往直前；营销团队出征前都立下军令状，一派破釜沉舟、不胜不归的气概。

一个日本人这样评价华为：“将日本昔日的成功基础和美国经济席卷全球时的强大实力恰如其分地融为一体的企业就是华为。”经过 20 多年的打拼，华为成为全球第二大通信设备供应商、全球第三大智能手机厂商，其产品和解决方案应用于世界 140 多个国家和地区，服务于全球 1/3 的人口。“华为冷静、低调、执着、忍耐、疯狂、团结，犹如一只草原上的狼，它强烈的生存意识驱使它超前地考虑问题、加倍地努力，这就是为什么国外的‘狮子’拿它无可奈何的原因。”①

华数数字电视传媒集团（以下简称华数集团）是杭州一家只有 10 多年历史的传媒企业，“执着”是华数集团企业文化的核心，“活力华数”是华数集团的形象符号。集团成立以来，华数人以“狼”的意志和胆识，创造了一系列的华数奇迹，撑起了浙江省“三网融合”和新媒体建设全国领先的一片天空，建设了全国最大的数字化节目内容媒体资源库，成为全国最大的互动电视内容提供商和全国最大的 3G 手机电视内容提供商，并肩负起首个国家级“下一代广播电视网（NGB）”研发实验任务。

时任国家广电总局副局长的张海涛说，华数集团敢为人先、持续创新、先人一步，已经形成了“三网融合”的产品模式、技术模式和商业模式，对我国广电行业推进“三网融合”起到了示范作用。华数集团注重传媒企业文化建设，他们对“执着”的解读是：面对工作，坚持不懈，持之以恒；面对挑战，充满信心，勇于承担；面对挫折，锲而不舍，决不退缩。“致力于成为中国数字化发展的先锋，在世界数字化的舞台上争创一流。”对成功的渴望、对目标的坚持、对发展的创新、对过程的执着，造就了华数集团像狼一样的品格，并由此生成华数人敢做大事、做成大事的魄力和勇气。

（三）“鹰文化”传媒企业——具有志存高远的传媒个性

鹰是一种飞禽，动作敏捷、视野开阔、性情凶猛，以捕食鸟类和小动物为生。老鹰喂食从不依照平等原则，鹰自小生长在一个竞争环境中，谁先抢得老鹰捕猎回来的食物，谁就是胜利者，就能存活下来，抢不到食物的小鹰就会饿死。因此，鹰始终灌输着“物竞天择，适者生存”的生存法则，做市场的强者是它们的一贯追求，凶猛是它们生存的利器。

鹰因其蕴含着志存高远、奋勇搏击、叱咤风云、奋发图强的内涵而成为

---

① 杨月坤．企业文化．北京：清华大学出版社，2011．

世界上众多民族的精神图腾。“鹰翅疾如风，鹰爪利如锥”（白居易），“鹰击长空，鱼翔浅底”（毛泽东），中华民族欣赏鹰的强壮和勇猛。鹰也是古罗马人胜利者的标志，鹰更是美国、埃及的国家象征。

“鹰文化”企业深谙市场规律的残酷和公平，企业上下倡导讲业绩、讲效率、讲贡献，“两军对阵智者胜，狭路相逢勇者胜”，个人以优异业绩论英雄，企业以高市场份额论成败。企业领导以市场计划推动者和市场出奇制胜的竞争者形象出现。TCL、中国平安、小天鹅等企业是珠三角和长三角最具“鹰文化”个性的企业。

总部设在广东惠州的 TCL 集团股份有限公司（以下简称 TCL）是中国最大的、全球性规模经营的消费类电子企业集团之一，企业宗旨是“为企业创造价值，为员工创造机会，为社会创造效益”。“为企业创造价值”体现了市场需求和业绩导向的“鹰文化”特征。TCL 制定了独特的“鹰系”人才培养体系，将员工分为“雏鹰—飞鹰—精鹰—雄鹰”四个等级，不断注入和强化“鹰”的观念，“存鹰之心于高远，取鹰之志于凌云，习鹰之性以涉险，融鹰之神在山巅”。培养员工积极迎接市场挑战、勇敢搏击市场风浪的精神品格，完成从学生到成熟职业人的华丽蜕变。在“鹰文化”的孵化和滋养下，TCL 人才辈出，企业更为强大，2014 年企业品牌价值达 668 亿元人民币，继续蝉联中国彩电业第一品牌。

作为中国文化传媒行业产业布局最完整和市场价值最大的文化传媒产业集团，上海东方传媒集团有限公司（以下简称 SMG）是中国传媒企业中“鹰文化”色彩颇为浓烈的传媒企业，是一只在国际传媒风口浪尖中翱翔的中国“海鹰”。SMG 以“打造中国最具创新活力和国际影响力的广电媒体及综合文化产业集团为远景目标，以“忠诚、责任、创造、共赢”为企业核心价值观，管理理念突出市场导向和业绩导向。

SMG 旗下现有 12 个广播频率、15 个电视频道、15 个数字电视付费频道、8 种报纸杂志和一批全国知名文艺院团、演艺场馆和东方明珠广播电视塔等城市文化地标。2014 年 SMG 实现营业总收入约 250 亿元。

国际化、证券化和开放性，是 SMG 近年来的改革方向，而国际化是重中之重。SMG 不满足于日本、澳大利亚和中国澳门、中国香港等国家和地区落地，“海鹰”目光移向了大西洋西岸的美国。SMG 已与美国中文电视签署战略合作协议，双方在深化资源互换、联合制作和播出节目等方面达成共识。上海和纽约，这两大东方和西方的金融文化中心，正合作谱写着一出国际传媒“双城记”。

（四）“羚羊文化”传媒企业——具有稳健发展的传媒个性

羚羊多生活在海拔 4 000 米以上的高山草原、草甸和高寒荒漠地带。为应对环境变化，部分羚羊有集体迁徙的习性。羚羊性情温和，由于娇小、孱弱，比其他动物更加敏感和谨慎。恶劣的生存环境磨炼出其敏锐的听觉和嗅觉，行动显得既敏捷又稳健。

羚羊往往在温和中见敏捷，在快速反应中又不失稳健。“羚羊文化”企业最大的特征是稳健，并具有强烈的危机意识、忧患意识、争先意识和超越意识。“羚羊文化”企业注重环境规范和制度完善，强调运营的有效性和稳定性，追求优质服务和低成本经营。

海尔是全球大型家电的第一品牌，1984 年创建至今走的都是稳健路线，行王道而非诡道，出稳招而不出险招。无论提出产品质量口号，还是建立全国服务体系，抑或是走多元化道路，都经过充分的市场论证。

海尔创始人张瑞敏认为，“预则立，不立则废”，什么事情都要“算”在先。为确保稳健战略的顺利实施，海尔创造了“OEC 管理模式”（“海尔模式”）。这一管理理念以“海尔定律”（斜坡球体论）为理论依据：企业如同爬坡的一个球，受到来自市场竞争和内部职工惰性而形成的压力，如果没有一个止动力它就会下滑，这个止动力就是制度管理①。海尔还倡导“迅速反应，马上行动”和“日事日毕，日清日高”的工作作风，并把“创中国的世界名牌”作为海尔终极发展目标，逐渐形成个性鲜明的企业文化，以此作为制止“爬坡的球”下滑的强大“牵引力”。

深圳广电集团是一个年轻中见老成、敏捷中见稳健的传媒企业，它陪伴着深圳经济特区成长的身影，一步一个脚印地向前迈进。虽然没有湖南卫视、江苏卫视和浙江卫视等国内行业标杆那样呼风唤雨的号召力和关注度，但深圳广电集团绝对是一个等候时机、迅猛崛起的传媒精英。

深圳广电集团实施“一、二、三”的发展战略即“一流目标，二个跨越，三个集团”。“一流目标”就是全国一流、国际有影响；“二个跨越”就是从地方性媒体向全国性媒体的跨越，从传统媒体向现代传媒集团的跨越；“三个集团”就是建设创新集团、和谐集团、效益集团②。深圳广电集团总裁陈君聪提出“建设百亿集团，打造文化航母”的宏大目标，即在未来三到五年，全面实施“六大工程”，把深圳广电集团建设为传播影响力、品牌竞争力、产业发展实力和国际竞争力均居国内一流水平的现代大型文化传媒集团。

为促进集团稳步发展，深圳广电集团积极推进机制创新、科技创新和节目创新。其中在体制创新上坚持“统分结合”，实行“扁平化”管理，强调“管理有效率，工作有质量，节目出精品，经营出效益”。近年来，深圳广电集团先后推出了《第一现场》《直播港澳台》《决胜制高点》《夜空不寂寞》《深圳早班车》等一批品牌广播电视栏目，并把握全媒体发展这条核心主线，提出实施“新媒体化战略”，打造集广播、电视、平面、户外、网络等多种媒介于一体的传播体系和产业体系。深圳卫视经过多次改版后，2014 年稳居省级卫视十强阵营。在境外电视大军压境的激烈竞争环境下，深圳广电集团地

① 定雄武. 企业文化. 北京：经济管理出版社，2012.

② 深圳广电集团. http：//baike. baibu. com.

面频道和广播频率牢牢占据深圳地区收视、收听市场50%以上的份额。2013年，深圳广电集团实现了产业结构的进一步优化和经营创收的稳步增长，全年营业收入达45亿元，总资产达75亿元。取得了总收入增长超过270%、总资产增长超过150%的优异成绩，创造了中国广电发展的“深圳速度”和“深圳质量”。

三、传媒企业核心价值观

关于企业文化的构成，世界上的学者有各种大同小异的表述。霍夫斯塔德教授指出：尽管不同时代、不同民族的文化各具特色，但其结构形式大体是一致的，即由各不相同的物质生活文化、制度管理文化、行为习俗文化、精神意识文化四个层级构成。霍夫斯塔德认为，构成文化的四个层次分别是象征符号、英雄人物、仪式和价值观，其中价值观是文化的核心。海尔创始人张瑞敏认可霍夫斯塔德的观点，他说：“企业发展的灵魂是企业文化，而企业文化最核心的内容就是价值观。有什么样的价值观，就有什么样的制度文化和规章制度，这又保证了物质文化的不断增长。”

传媒具有四种属性，即公共属性、政治属性、文化属性和经济属性。现今中国传媒是“社会公器”，充当公民社会中公众精神和公众意识的代言人；同时又是党和人民的“耳目喉舌”，传递党和政府的声音，保障人民的利益；此外还是“文化企业”，实行“事业单位，企业化管理，市场化运作”的运作模式。由于多种属性集于一身，中国传媒企业不可能简单沿袭国外传媒企业的发展理念，传媒企业文化也体现出有别于国外传媒的精神构造和价值追求。

珠三角和长三角传媒分处中国重要的两大经济发展区域，是中国改革开放和中国和平崛起的鼓呼者、见证者、记录者和参与者。在几十年的信息传播和产业经营发展历程中，珠三角和长三角传媒壮大了实力、积累了经验，并在区域文化的惠泽和荫蔽下，努力构建富有中国特色的传媒企业价值体系。

（一）政治价值取向：传媒拥有与国家和人民同呼吸共命运的家国情怀

家国情怀是儒家文化核心之一。几千年来家国情怀流淌于中国历代仁人志士的血脉中，成为儒家文化凝聚华夏子孙的精神纽带和无形力量。家国情怀作为中国民族之魂和中国传媒的价值观念深深融入传媒的血液里和呼吸中。珠三角传媒和长三角传媒的家国情怀主要表现在对国家和民族前途命运的深切关注中。

1992年2月，在国外发生东欧剧变、国内出现“左”倾主义苗头的紧要关头，邓小平开始南方视察。3月26日，《深圳特区报》头版刊登了《东方风来满眼春——邓小平同志在深圳纪实》一文，新华社和《人民日报》等媒体先后全文转载，推动了新一轮的思想大解放，解决了困扰国人的姓“社”姓“资”问题，明确提出“三个有利于”标准，在全国掀起了改革开放的新高潮。在中共十四大上，邓小平南方谈话精神成为中国特色社会主义理论的主要内容。

《东方风来满眼春——邓小平同志在深圳纪实》出自《深圳特区报》记者陈锡添之手，他是邓小平南方视察至深圳时当地市委派出的唯一一位文字记者。回顾当时情景，陈锡添说："对这么重大的事情，传媒有责任报道出去。我是一个记录者，尽了记者的责任。"

深圳市委常委、市委宣传部部长王京生认为，深圳人从来就有一种可贵的家国情怀。家，就是把一个城市当作寄予一生梦想的地方；国，就是在改革开放的最前沿时刻想到国家利益、国家主张。这是深圳在改革开放中形成的优良传统，深圳报业集团也一直有这种意识，否则就出不了《东方风来满眼春——邓小平同志在深圳纪实》，出不了《猴年新春八评》《八论敢闯》等有深远影响的新闻作品，这都是站在国家立场上的一种公开表达①。

珠三角和长三角传媒的政治价值取向还体现在旗帜鲜明地拥护"党管媒体"的政治立场上。与西方大多传媒隶属某个利益集团不同，中国传媒是党领导下的大众媒体，传媒特殊的政治属性要求媒体必须绝对听从执政党的领导，坚决服从党和国家的意旨，牢固把握正确舆论导向，服务于党和国家的工作大局。传媒舆论导向若偏离正确航向，也就将失去其存在的政治价值。在中国，中国共产党代表最广大人民的根本利益，党的宗旨就是人民的依归。为此，传媒从业人员要自觉遵守《中国新闻工作者职业道德准则》，积极履行党和人民的"耳目喉舌"的政治责任。

（二）社会价值取向：传媒拥有为社会文明进步鼓呼呐喊的社会责任

美国著名的报业先驱普利策说："倘若一个国家是一条航行在大海上的船，新闻记者就是船头的眺望者。他要在一望无际的海面上观察一切，审视海上的不测风云和浅滩暗礁，及时发出警告。"传媒是一种不可忽视的社会力量，主要表现为信息传播、舆论影响、议程设置、政治干预、权力监督等方面。敢于担当、勇于负责，具有强烈的社会良知和正义意识，应是传媒永恒不渝的社会价值取向。传媒作为一个特殊的"社会公器"、舆论平台，要时刻担当好社会守望者的角色，并积极承担起正确引导社会舆论、构建社会核心价值体系的作用，这是中外传媒共同遵守的道德准则和行为规范。

南方报业集团以追求社会责任感和历史使命感为传媒使命，其对"孙志刚事件"的报道体现了南方报业集团积极为社会文明进步呐喊的社会担当。

2003 年 3 月，任职于广州某公司的湖北青年孙志刚在前往网吧的路上，因缺少暂住证被警察当作"三无"人员送至当地收容遣送中转站收容。次日，孙志刚又被送往一家收容人员救治站。孙志刚在这里受到工作人员以及其他收容人员的野蛮殴打，不幸去世。

---

① 翁惠娟．一流报纸要有全球视野家国情怀．深圳特区报，2011－10－25．

南方报业集团属下的《南方都市报》顶住巨大压力，以题为“被收容者孙志刚之死”的头版新闻，首次披露了孙志刚惨死一个多月却无人过问的前因后果，引发了社会的强烈反响和深层反思。包括新华社、《中国青年报》、新浪网等在内的媒体纷纷刊发系列报道；专家学者联名上书全国人大常委会，质疑收容遣送制度的法律合理性；多家媒体记者代表在《中国青年报》联名发表题为“孙志刚案公开审理背后的遗憾：‘公开’徒有虚名”的文章，舆论监督矛头直指司法机关。6 月 20 日国务院颁布第 381 号令，公布施行《城市生活无着的流浪乞讨人员救助管理办法》，标志着收容制度成为历史。全国各地的收容所紧接着纷纷摘牌，旧的收容遣送制度逐渐被救助管理制度所代替。

“孙志刚事件”载入了中国法治历史，也载入了中国传媒舆论监督的历史。而南方报业集团也因首家报道此一事件体现了传媒应有的社会良知和伦理道义，成为中国新闻界舆论监督的一面旗帜和风向标，在中国公众心目中树立了一个丰碑。复旦大学新闻学院李良荣教授认为：“南方报业企业文化的核心就是南方报人所持有的社会责任感和历史使命感。”他指出：“传媒业的社会责任感和历史使命感来自传媒业与生俱来的公共性。无论何种所有制的媒体，它们向社会提供以信息、意见为主的公共产品，以确保国家和公众利益。对传媒业本身来说，社会责任感和历史使命感是传媒人真正的精神家园。”①

（三）文化价值取向：传媒拥有提高国家文化软实力的文化使命

文化是团结和维系一个民族的精神纽带，文化的力量熔铸在民族的生命力、创造力和凝聚力之中，是一个民族赖以生存和发展的强大而恒久的精神力量。传媒作为文化的重要组成部分，它以传播迅速、覆盖广泛、渗透力强等特性迸发出巨大的文化影响力，被国际学者誉为“第四权力”。

美国传媒学家德弗勒认为：“在人类的所有事物中，传播是最了不起的，是人与人之间、组织与组织之间、国家与国家之间所有关系得以发展的基础，种种传播方式的变革，涉及人类社会所有重大媒体，深刻地改造了人们的世界观。”

一直以来，西方国家把传媒当作国家软实力去建构。美国每年媒介产品的出口额仅次于波音飞机；俄罗斯把传媒对外传播列入民族振兴的重要战略；法国国际电视台 France－24 正式开播，旨在扩大法兰西的文化与价值观；日本、韩国等一些国家对传媒在政策和财政上予以大力支持。西方国家之所以把建设具有国际话语地位的传媒集团上升到国家重大战略，是因为它们有一个共识：一个国家的崛起不仅仅是单纯的经济领域上的崛起，并不只体现在

---

① 李良荣．有责任　敢担当——我看南方报业的企业文化//李良荣．新世纪的探索：李良荣新世纪新闻学研究文集．广州：暨南大学出版社，2012．

简单冰冷的 GDP 指标，更重要的是文化领域上的崛起。崛起的衡量标准是：这个国家在世界范围内是否拥有强大的文化话语权，是否能向世界输出被广泛认可的本民族的价值观念。而一个国家的国际形象塑造离不开传媒，因为传媒是国家价值和民族意志的重要载体。

在中国加入世贸组织和互联网技术把人类带进“地球村”的大背景下，中国的文化大门向外敞开，来自世界各国的各种文化思潮、道德信仰、价值观念等在这里相互交流、交融、交锋。在“看不见的战线”上演绎的这场脱去政治外衣的文化较量，关系到中华民族文化是继续保持原有本色并走向繁荣，还是被外来文化逐渐消解而走向湮灭。

中央政府强调“要着力打造一批形态多样、手段先进、具有竞争力的新型主流媒体，建成几家拥有强大实力和传播力、公信力、影响力的新型媒体集团”，其目的就是通过建造中国的传媒航母，构筑中国世界维度的话语体系，坚守和捍卫中华民族文化领地。

珠三角和长三角不仅是中国经济发展的桥头堡和重要引擎，也是中华民族文化发展的战略要地。特别是珠三角地区，近 10 家境外电视频道因特殊政策允许在广东落地，它们裹挟资本和技术优势，来势凶猛，使广东成为中外文化博弈最激烈的地区。为保卫我国的文化前沿阵地，广东广电界众志成城、不辱使命，通过深化改革、建立自主品牌、增强核心竞争力，从 2006 年开始，彻底扭转境外电视频道 20 多年雄霸广东收视市场的被动局面，广东一度出现的文化“焦土”重现茵茵“绿洲”。这一根本转变，表层上说是境内传媒与境外传媒在争夺行业市场份额中取得了胜利，深层上说是中华民族文化与西方外来文化在争夺意识形态话语权中赢取了主动。

珠三角和长三角传媒在对内传播中坚决捍卫了中华民族文化的地位和尊严，同时在对外传播中积极配合国家“走出去工程”。

当今世界 75% 的传媒资源掌握在西方国家手里，而发展中国家仅占 25%，西强我弱是当前国际传播的主要格局。在电视领域，更是美英一统天下。为了增强国家文化软实力，在国际舆论场上逐步构建中国传媒的话语体系，珠三角和长三角传媒按照国家“加强国际传播能力建设，打造国际一流媒体”的总体部署，在广播影视“走出去工程”上进行了积极大胆的探索。

以广东广播电视台为例，其属下的广东电视台国际频道覆盖欧洲、北美洲、中南美洲、非洲以及亚太地区等地，并于 2012 年 3 月落地美国洛杉矶，成为国内第一家在海外自办无线数字发射的省级国际频道。南方电视台粤语频道除在港澳地区落地外，还通过卫星、有线网络覆盖北美、拉美、亚洲、欧洲等全球超过 50% 的大陆。广东电台的《广东英语新闻》和《今日广东》等节目通过英国“世界广播网”向 130 多个国家和地区播出。

有学者指出，“中国在目前不是一个文化大国，中国的文化国力也处于‘发展中’的进程中”。因此，改变西强我弱的国际传播格局仍前路漫漫。可喜的是，中国传媒在国际话语权构建上已迈出了坚实的步伐。

（四）伦理价值取向：传媒拥有共同认可的伦理道德规范

传媒规制管理主要有两大维度，即他律和自律。前者指刚性的政策法规，后者指柔性的伦理道德。传媒伦理道德就是指传媒和传媒从业人员在长期的实践中形成的具有传媒特点的行为规范和道德准则。

德国古典哲学集大成者黑格尔认为，他律是一种社会伦理赋予的压力，而自律是自我职业道德遵从的自觉。与黑格尔同时代的德国哲学家康德把道德自律看作道德义务的来源、基础和行为准则，认为唯一一致的自律才是道德的最高原则。

西方传媒机构都力图建立共同遵循的新闻伦理道德自律体系。英国是较早开展报业自律的国家之一，路透社“迅速、准确、客观、公正”的新闻原则被世界新闻界奉为行业圭臬。虽然西方新闻界一次次地遭受严重的信任危机，但是，西方新闻传播业经过数百年的历史发展，已经形成了强大的自我修复能力，不断完善着以“新闻自由”为根基的西方新闻职业道德体系①。

我国新闻界也努力建立和完善行业伦理道德自律体系。先后颁布实施的《记者守则》《中国新闻工作者职业道德准则》《中国报业自律公约》《互联网新闻信息服务自律公约》《广播电视编辑记者、播音员主持人资格管理暂行规定》等，都体现了传媒的基本伦理道德内容。

从珠三角和长三角传媒的实践来看，行业伦理道德建设主要从以下四个层面去着手：

一是传媒与员工之间的伦理道德构建：树立“一荣俱荣，一损俱损”的传媒与员工利益共同体的价值观念。传媒与员工之间的关系实质就是集体与个人的关系。东莞广电倡导“以台为家”和“以台为荣”的价值风尚，特别是在薪酬分配上实行“员工变股东”的做法，即把广电台当月的经营收入与员工薪酬分配挂钩，传媒与员工组成利益共同体，激发员工的创业热情，形成上下同心、众志成城的良好工作氛围。

二是传媒员工与员工之间的伦理道德构建：树立团结协作的价值观念。传媒是一个整体性很强的企业，生产者与经营者、记者与编辑、主持人与导播员等各个岗位之间都讲求精诚合作，任何一个环节出现不协调现象都将影响整体效率。

三是传媒管理者与员工之间的伦理道德构建：树立“以人为本”的价值观念。管理者和员工是构成传媒竞争力不可或缺的因素，管理者与员工的关系是否协调，直接影响到传媒竞争力的强弱。无锡广电集团党委书记、总裁严克勤把无锡广电集团的企业文化概括为“和谐奋进，风清气正”。对“和而不同”的理解，严克勤与南方报业传媒集团前董事长范以锦可谓英雄所见略

---

① 陈力丹，武洋．论西方新闻职业道德的自我修复——以《纽约时报》《卫报》报道“窃听门”为例．新闻记者，2012（3）．

同。严克勤强调，只有“和而不同”，才能创造一个和谐包容、所有人都为着一个目标而共同奋斗的良好氛围，才能发挥各自的聪明才智和创造力。在重大事项决策上，无锡广电集团力戒“一言堂”，充分尊重各个班子成员的意见；在干部和业务骨干选拔上，倡导“赛马”而不是“相马”，在公平、公开、公正原则下择优选用。

四是传媒与社会之间的伦理道德构建：树立传媒公信力是传媒生命线的价值观念。当前，虚假新闻、有偿新闻和格调低俗是国内外新闻传媒存在的突出问题，并因此损害了传媒公信力，甚至危及传媒生命。《纽约时报》报道，一项调查结果显示，有45%的美国受访者完全不相信报纸上的内容，另有45%的人对报纸内容的真实性持怀疑态度。在中国，北京“假包子”和山西矿难“封口费”、《新快报》陈永洲虚假报道等事件，也曾降低了传媒在公众心目中的地位。

珠三洲和长三角传媒一直致力于提高传媒公信力。传媒人深知，传媒公信力是传媒本身所具有的被社会公众信赖的内在力量，它反映了传媒内在品质和外在形象在社会公众心目中所占据的位置，是衡量传媒权威性、信誉度和影响力的重要标尺。时任羊城晚报报业集团总编辑的潘伟文说：“我们《羊城晚报》在履行社会责任感方面是做得很出色、很到位的。一张报纸的第一生命力就体现在‘读者信不信你’，媒体必须依靠公信力才能维持下去。”

（五）经济价值取向：传媒具有多元化跨界发展的需要

21世纪初，中国文化的产业属性首次被国家正式认可。现代传媒的政治属性、经济属性和社会属性的叠加，注定传媒不再是信息传播的单一形态。在“双轨并行”和“传媒事业与产业两分开”的战略框架下，广电传媒走上了“自主经营、自负盈亏、自我约束、自我发展”的产业发展之旅。

“竞争战略之父”、美国哈佛大学迈克尔·波特教授认为，企业之间的竞争，不是某个环节的竞争，而是整个价值链的竞争。如果把传媒的内容生产与产业经营看作传媒两大价值链的话，价值链各自的功效是不相对称的。

一直以来，中国广电传媒过于倚重传统广告经营、赢利模式单一的痼疾愈加暴露无遗，同时传媒经营市场加速被互联网蚕食瓜分，使传统广电整体市场竞争力在不断弱化。在此背景下，广电传媒产业多元化跨界发展势在必行。通过多元化跨界发展，广电企业不断拓展经营空间，利用现有的资源和品牌知名度，结合市场需要，适时转向其他与核心业务相关或更有潜力的市场，有助于在实现规模化发展的同时，利用产品组合与业务组合，构建自身特有的结构性竞争优势①。

珠三角和长三角传媒无疑是国内传媒产业发展的佼佼者。在珠江河畔，

---

① 国家新闻出版广电总局发展研究中心．广电蓝皮书：中国广播电影电视发展报告（2014）．北京：社会科学文献出版社，2014．

广东报业早于1996年就在全国率先吹响了改革集结号，南方报业集团、《羊城晚报》报业集团和《广州日报》报业集团“三驾马车”并驾齐驱，成为中国报界的翘楚。整合后的广东广播电视台，产业多元化跨界发展初显成效。当时广东省委主要负责人曾充满自信地说道：“广东有非常强大的新闻队伍，这跟广东第一经济大省的地位是相称的。广东不仅要当第一经济大省，还要当第一传媒大省！”

在黄浦江边，SMG是国内产业多元化跨界布局战略产业链条最为完整和最为紧密的省级广电集团，其旗下两家上市公司百视通和东方明珠整合重组，使SMG成为千亿市值的传媒航母。上海提出力争到2015年文化创意产业增加值占全市生产总值的比重由2010年的9.75%提高到约12%，以确立其支柱性产业的重要地位。

在西湖湖畔，浙江省制定“推动文化大发展大繁荣纲要”，提出“提升主流媒体整体竞争力。继续推进集团化建设，做大做强全省现有报业、广电、出版集团，努力形成多媒体经营、跨地区发展的大型集团”。

2015年中国传媒产业产值约为1.3万亿元，同比增长约14.7%。“全球化、传媒产业、大数据、网络空间、媒体融合、互联网+”成为2015年中国传媒发展的特征和关键词①。虽然中国传媒产业产值仅占年度GDP总量的5%，与美国传媒产业产值占年度GDP总量的20%相去甚远，但中国传媒人并没有因此失去做大、做强传媒产业的信心。因为中国传媒产业起步只有短短的10多年时间，作为世界第二大经济体的中国，传媒产业发展有着非常广阔的拓展空间。正如传媒大亨默多克预言的那样：“中国的大城市也可以做到像好莱坞和伦敦那样成为国际创造力的集聚中心，并成为本国的显著象征，中国具有成为一个新的全球性媒体和娱乐中心的能力。”

第三节　珠三角和长三角城市广电企业文化构建

珠三角与长三角城市广电一直重视传媒企业文化构建，把传媒企业文化作为全体从业人员的价值追求和行动标尺。从传媒企业文化表述语中可以看到，珠三角和长三角城市广电企业文化涵盖了职业理想、敬业精神、创新意识、纪律观念和人文关怀等方面内容。

---

① 崔保国．传媒蓝皮书：中国传媒产业发展报告（2015）．北京：社会科学文献出版社，2015.

表 3-1　珠三角与长三角城市广电企业文化表述语

区域	媒体	企业文化表述
珠三角	东莞广电	有规有矩、有分有寸、有始有终、有情有义； 追求精彩、创造精彩、奉献精彩
	佛山广电	以人为本，敢为天下先，和而不同； 大事不缺位、大事不越位、大事做到位
	中山广电	忠诚、敬业、团结、创新
	深圳广电	国际视野、国家立场、民族情怀、深圳表达
长三角	苏州广电	以人为本、公正有效； 节目立台、经营富台、人才兴台、创新强台
	无锡广电	无锡广电，飞跃无限；和谐奋进，风清气正
	杭州广电	大气创业、大步创业、大众创业

传媒企业文化是传媒在漫长的发展过程中沉淀演变而成的，其构建过程需要相当长的时间积累。同时，传媒企业文化构建是一个宏大而复杂的系统工程，涉及顶层设计、底层实践、制度维系、产品植入等各个环节。

一、顶层设计：传媒领袖是传媒企业文化的总设计师

世界上一些知名品牌出自企业领袖之手。日本索尼公司（SONY）是全球著名的综合性跨国企业集团。1946 年索尼公司创业初期曾采用一个很普通的名称“东京通信工业”。后来，公司创始人盛田昭夫和井深大把公司名称改为SONY（从拉丁文演变而成）。盛田昭夫认为：“在任何语言中，SONY 都没有什么实际意义，但是，在任何语言中，SONY 的发音都一样。这就是我们公司名称所具备的优势。”

传媒领袖是传媒企业发展的决策人和引航人，同时也是传媒企业文化的总设计师，是传媒企业精神的人格化代表。因此，传媒企业文化构建离不开传媒领袖这一主体，离不开传媒领袖设计、培育、推动的核心作用。

20 世纪 80 年代后期，广东电台创立了以主持人直播、听众热线电话穿插、栏目大板块编排等为标志的“珠江模式”，从此开启了中国广播改革创新大幕。广东电台前台长白玲认为：“‘珠江模式’的核心价值在于创新。”30多年来，“创新文化”一直陪伴着广东电台成长，成为传媒开创新领域、开拓新局面的巨大精神动力。白玲在担任广东电台台长期间，不断深化“创新文化”的内涵和外延，同时身体力行，大力推进传媒文化建设。在中国广播界，白玲本人也创造了几个行业“第一”：“珠江模式”以来的第一代主持人；中国内地第一个广播流行歌榜的策划者；开办中国内地第一家专业电台；国内提出“办看得见广播”理论的第一人；中国内地首家电台开办电视的第一人等。

珠三角和长三角城市广电的传媒领袖既是传媒企业文化的倡导者，又是传媒企业文化的实践者和推动者。“这个文化企业的领头人，其文化理念和价值追求，也必然深刻地影响着整个团队的精神气质，乃至物化为这个集体的前进动力——凝聚力、协同力和创造力。”① 珠三角和长三角城市广电的领军人物如瞿长林、严克勤、罗乐生等，他们具有丰富的行业管理经验，善于从长期的媒体实践中梳理归纳出富于普遍意义的媒体理念，并上升为从业者共同认可的媒体企业文化。

东莞广电领导层提出城市广电从业者要练就“八气”，即懂“天气”，认真领会和贯彻上级宣传指示；接“地气”，采用广大受众喜闻乐见的传播形式；聚“人气”，切实提高节目质量和宣传效果；求“和气”，创造团结和谐的创业氛围；添“财气”，不断增强媒体的经济实力；练“力气”，在工作实践中不断提高个人业务素养；鼓“士气”，增强员工迎难而上的信心和勇气；造“福气”，倡导“以台为荣、以台为家”的价值观念。“八气”概括了东莞广电的媒体理念和从业人员的精神追求，它既是媒体领袖的个人价值判断，又是全体媒体从业人员的集体意志。

二、底层实践：传媒员工是构建传媒企业文化的中坚力量

传媒员工在传媒企业中占绝大多数，他们是传媒企业文化建设最庞大、最基层的队伍。传媒企业文化经顶层设计后，必须先在广大员工中形成共识，并交由员工去贯彻和实施。否则，光有顶层设计，没有底层实践，传媒企业文化建设就只能是空中楼阁。

《羊城晚报》自1957年10月1日创刊以来，把传媒人敢于担当视为职业灵魂和立身之本，并以此作为传媒企业文化灌输至广大采编队伍中，同时鼓励每一个采编人员自觉地把媒体责任感当作共同的价值观念和伦理道德，通过长期的新闻实践不断予以深化，变作推动传媒向前发展的不竭动力。

在2003年“非典”报道中，年轻女记者廖怀凌用自己的言行践行了《羊城晚报》敢于担当的传媒精神。在“非典”肆虐之时，廖怀凌冒着生命危险，作为中国第一位进入隔离病区、ICU（重症监护室）采访的记者，在那场没有硝烟的战争中与一线医务人员并肩作战长达5个月，采写出《百名白衣天使冒死救一人》等一系列独家新闻，被《纽约时报》《华盛顿邮报》《法兰克福评论报》等几十家外媒署名转载。《羊城晚报》前总编辑、著名专栏作家微音撰文说：“传达真信息以正视听，讴歌美好事物以激励人心。这在今天是多么的珍贵啊！故我不惮词费，也不避自赞之嫌，为本报记者廖怀凌唱一首赞歌。”

杭州文化广播电视集团（以下简称杭州文广集团）从提高员工思想素质入手，开展传媒企业文化构建。集团总经理余新平提出了“价值观立台”的

① 朱虹．中国广电领军人物．北京：红旗出版社，2011．

理念。他认为："价值观是新闻媒体根据职能定位和发展现状确立的价值取向和价值追求，并作为衡量媒体各项工作的基本准则和尺度，是新闻媒体发展理念的核心。"他强调在传媒业态和舆论格局发生急剧变化的背景下，城市广电作为党和政府"喉舌"的基本使命和责任始终不能动摇。

杭州文广集团着力构建"创业文化"。为了使"创业文化"内化于心、外化于行，杭州文广集团在员工中广泛开展"大气创业、大步创业、大众创业"大讨论活动，通过"三看"（"发展格局看浙广，发展速度看深圳，发展氛围看苏州"），寻找差距，坚定信心，拉高标杆，动员全台上下"破发展困局，破行业危局，破人才僵局"。"创业文化"成为杭州文广集团全体员工的思想共识和行动指南。

三、制度维系：传媒制度是构建传媒企业文化的根本保障

传媒制度是约束和规范传媒自身及其从业人员一切行为的规则、约定等的总和。传媒企业文化所涉及的内容如媒体价值观等属于一种意识形态，为方便执行和传承，往往通过条文形式来实现其规范化和制度化。因此，传媒企业文化建设必须拥有与之相匹配的传媒制度，使其成为全体传媒从业人员共同遵守的行为准则。这样传媒企业文化构建才有根本保障。

国外许多成功企业都很重视提高工作效率，"开短会、讲短话"成为企业的一项重要制度。日本"经营之神"土光敏夫在担任东芝总经理后，为改变员工工作散漫、效率低下的现象，他提倡"走廊交谈"、开短会和站着开会，让干部有更多的时间深入工作第一线。他说："会议不是用来做报告的，是用来解决实际问题的。"土光敏夫接着推出一系列管理制度，使企业的面貌焕然一新，东芝自此扭亏为盈。"开短会、讲短话"也作为东芝的企业文化传承下去。

苏州广电着重打造绩效文化、和谐文化。把媒体看作员工的命运共同体和利益共同体，在制度设计和工作实践中把追求媒体的社会价值最大化、经济效益最大化和员工价值最大化作为媒体的最高准则。为此，苏州广电制定了一系列的管理办法，为传媒企业文化构建提供了制度上的保障，并在媒体运营中把内容资源、渠道资源和经营资源等置于媒体统筹管理之下，建立"节目竞优、创收竞标、员工竞岗、干部竞聘"的"四竞"机制，构建目标管理体系、绩效考核体系、薪酬奖励体系和岗位竞聘体系，以确保媒体发展总体战略的贯彻实施。

四、产品植入：传媒产品是传媒企业文化的重要载体

大众传媒是产生信息产品的，公众也是通过接触由文字、声音、影像、图片等元素构成的传媒产品来认知媒体的。

传媒产品不仅仅是某种特定信息的载体，同时也是传媒形象和传媒企业文化的载体。传媒的价值观念、信仰追求、职业伦理、行为准则、经营理念

和管理模式等无形的“虚幻物”，寄存在有形的传媒产品中，使公众在消费传媒产品的同时，通过联想获取蕴含在传媒产品实体上的附加价值。如看到《鲁豫有约》《锵锵三人行》《军情观察室》节目，就容易联想到凤凰卫视，并进一步联想到凤凰卫视总裁刘长乐和“拉近全球华人距离”的凤凰传媒追求。

正因为传媒产品在某种意义上是传媒形象和传媒企业文化的象征，所以，注重提高产品质量，努力打造代表传媒企业文化的品牌产品是每一个成功传媒集团的永恒追求。

创新是岭南文化和江南文化的精髓，也是珠三角和长三角城市广电企业文化的核心。他们的共识是：传媒的核心基因永远是创新。传媒要么在创新中永生，要么在僵化中消亡。创新文化在珠三角和长三角广播媒体中体现得尤其突出，这也是广播在媒体新生态下实现逆势而上的重要原因。

绍兴电台从“互联网+”延伸推广到“广播+”，通过传统媒体与新兴媒体的深度融合，力求从传播渠道、内容产品和软实力三个层面提高媒体的传播力、生存力和生命力。该台摸索的“节目+渠道+活动”的节目运作模式，体现了“互联网+”和“广播+”的理念，实现了线上传播与线下落地的有机转换。

中山电台加强与新媒体的对接和融合，创新内容生产方式和传播方式，打造网络时代新型主持人品牌。该台主持人子君的粉丝俱乐部“子君同乐会”拥有会员超过12万。“子君同乐会”借力官方微信平台和商业网站平台传播原创短剧《笑男子》，使该剧前六集累计点击超过100万人次。

碎片化收听是车载收听的主要特征，它与现代城市快节奏生活方式相吻合。为适应时代发展，杭州电台创新碎片化节目编制模式，其属下的“城市之声”遵循“大综艺、全碎片、轮盘式”的节目运作理念，节目以15分钟为一个轮盘，碎片化编制播出。限定节目报时、路况和主持人串词的用时，使听众在较短的时间里获取高密度的信息。

珠三角和长三角不少城市广电把本媒体的历史和文化用书籍、专题片、陈列室等载体沉淀固化下来，这是很有战略眼光和思想品位的做法。

历史是媒体成长的足迹，文化是媒体前行的力量。历史和文化不能为媒体直接创造经济价值，但历史和文化能为媒体创造经济价值提供永不枯竭的动力源泉。谁忘记历史，谁就不知自己从哪里来、将往哪里去；谁唾弃文化，谁就没了灵魂和底气。倘若忘记历史、唾弃文化，即使出发了，也将迷失方向或行之不远。

第三篇

借势而启

九万里风鹏正举。风休住，篷舟吹取三山去。

——李清照

第四章　借船出海：城市广电势能扩张

君子生非异也，善假于物也。

——荀子

珠三角和长三角濒临大海，沿海居民常出海谋生。

传媒行业市场大海风谲云诡、变幻莫测，城市广电要乘风破浪、漂洋过海，顺利抵达市场彼岸，正确选择出海方式是关键。他们需对“单独出海”和“联合出海”进行取舍，还要对“租船出海”“买船出海”“借船出海”“造船出海”做出选择。对于现阶段综合实力处于相对弱势的大部分城市广电来说，“联合出海”和“借船出海”无疑是明智之策。

势弱则借。“联合出海”和“借船出海”的理论核心就是借势。明末清初兵学家揭宣在《兵经·借》中强调借势——“借敌力，借敌刃，借敌财，借敌将，借敌谋”。“好风凭借力，送我上青云。”智者，只是善于借助外物罢了。

第一节　联合发展是社会进化的永恒主题

联合发展一词的核心是“联合”。从语言学上理解，“联合”是指联结和整合，使原本松散、孤单、薄弱的个体组合成一个紧密、集合、强大的整体。

力量分散就难以形成强大势能，彼此之间相互借势也就难以实现。汉代刘安在《淮南子·兵略训》中强调要集中兵力作战：“五指之更弹，不若卷手之一挃；万人之更进，不如百人之俱至也。”就是说五个指头轮换弹击，不如握紧拳头重捣一下；一万人轮换着进击，不如一百人同时攻打。联合发展体现在各个领域，其特征和侧重点有所不同，但都强调资源整合理念和互信、互利、互补原则。

一、军事对垒强调合纵连横

合力制敌和联合制胜是军事对垒的铁律。联合发展体现在军事上，往往表现为军事集团之间战术上的联合作战和战略上的军事联盟。

军事联盟，是指两个以上的国家或军事集团为对付共同的敌人，通过缔结盟约而建立的军事合作关系。早在中国两千多年前的战国时代，纵横家苏秦、张仪等就提出了以“联合”为内核的外交和军事策略——“合纵连横”。“合纵”就是南北纵列的弱小国家楚、燕、韩、赵、魏为避免被兼并而联手抗击强大的齐、秦两国；“连横”就是秦或齐联合弱小国家，共同进攻和兼并其他弱小国家。

“合纵连横”策略决定了战国时期的军事割据版图布局和弱小国家的生死存亡。采用“合纵连横”策略，弱小国家可借助战略联盟弥补军事弱势，七雄并踞的局面也在一定时期内得以维持；放弃“合纵连横”策略，以割地让城代替军事对抗，弱小国家失去了相互间的强力援助，最终被秦国逐一攻破。正是“六国破灭，非兵不利，战不善，弊在赂秦。赂秦而力亏，破灭之道也”。

三国时期，“合纵连横”策略以另一种形式延续和光大。“三大军事集团”魏、蜀、吴各据一方。江北曹操“拥百万之众，挟天子以令诸侯”，江东孙权“国险而民附”，西地刘备据千里沃野。弱势的吴、蜀两国缔结联盟，并依仗长江天堑和蜀道险要，抗击实力强大的魏国。军事联盟改变了军事力量强弱失衡的状态，中国历史上形成了持续60多年的魏、蜀、吴三足鼎立、犄角对峙的局面。军事联合产生的“1+1>2”的能量增值效应再次得到有力的诠释。

现代战争也多表现为军事联盟之间的博弈。第二次世界大战就是以美、英、法、中、苏为核心的同盟国与以德、意、日为核心的轴心国两大军事阵营之间的较量。即使在冷战时期，为相互制衡、共同御敌，国与国之间缔结成各类军事联盟，如北大西洋条约组织、欧洲安全与合作组织、阿拉伯国家联盟、日美军事同盟、美韩军事联盟、独联体军事同盟等。

二、经济发展强调合作共赢

联合发展体现在区域经济发展上，倡导平等互利、合作共赢。

“一带一路”，即“丝绸之路经济带”和“21世纪海上丝绸之路”，是顺应世界经济一体化、区域发展协同化的潮流，秉承“开放、包容、互利和共赢”的原则，于2013年由中国倡议和推进的中国与沿线国家社会经济共同发展的重要战略构想。

“丝绸之路”是指起始于中国，连接亚洲、非洲和欧洲的古代商业贸易的陆上和海上路线。“陆上丝绸之路”形成于公元前2世纪与公元1世纪之间，以丝绸贸易为主，始发于西安和洛阳，经河西走廊和帕米尔高原，连接中国腹地与亚欧大陆。它不仅是中国联系东西方的“国道”，也是整个古代中外经济及文化交流的国际通道。形成于秦汉时期的“海上丝绸之路”是古代中国与外国交通贸易和文化交往的海上通道，以广东徐闻、广东广州和福建泉州为始发港口，以丝绸、香料、陶瓷等贸易为主，是“陆上丝绸之路”的补充和延伸。

“一带一路”战略旨在依托古代“丝绸之路”经济、人文、商贸的千年传承，实现中国和沿线国家社会经济发展的古今对接、海陆连通，打造中国与沿线国家之间政治互信、经济融合、文化包容的利益共同体、发展共同体、命运共同体和责任共同体。

有专家指出，“一带一路”战略的核心就是和平发展、共同发展，它将弘扬古代“丝绸之路”共赢共享的精神，强调参与各方共同商议、共同参与、共同营建、共同受益。“一带一路”战略将中亚、南亚、东南亚、西亚等区域连接起来，有利于各区域间互通有无、优势互补，建立和健全亚洲供应链、产业链和价值链，推进泛亚和亚欧区域的经济一体化。

珠三角沿海城市东莞积极参与“一带一路”战略实施。瞄准打造“海上丝绸之路”先行市的目标，东莞利用粤港澳地区重要的技术、资金、制造和物流中心之优势，承办“广东省21世纪海上丝绸之路博览会”，并率先开通前往中亚、俄罗斯的“粤新欧”国际班列，努力建设广东“陆上丝绸之路”的起点。

东莞有“世界鞋都”之美誉，世界上每10双鞋中就有1双是东莞生产的。在国家倡议“一带一路”的大潮中，东莞鞋业实施“升起来、走出去”的升级转型策略。东莞华坚鞋业集团于2015年4月在埃塞俄比亚奠基建设占地面积126公顷、总投资32亿元的“中国东莞华坚国际轻工业园”，把企业总部和产业链中的研发、销售两端留在国内，把制造环节转移至海外，以打造“国际鞋业航母”。

“一带一路”不是中国版的“马歇尔计划”。“一带一路”战略以经济振兴为目标诉求，这与1947年时任美国国务卿乔治·马歇尔提出的以经济援助为手段实现欧洲战后经济复兴目标的“马歇尔计划”有共通之处。所不同的是，“一带一路”强调共同发展、平等互利，充分尊重各国的自主选择；而“马歇尔计划”的经济援助建立在不对等关系之上，且出于“遏制战略”考虑，把8个原东欧社会主义国家排除在外。因此，“一带一路”不是中方一家的“独奏曲”，而是各国共同参与的“交响乐”，这也正是“一带一路”与“马歇尔计划”的本质区别所在。

三、城市建设强调互通互联

联合发展体现在城市群建设上，则强调统筹规划、资源整合、功能互补、互通互联。

英国地理学者戈德认为，城市群是城市发展到成熟阶段的最高空间组织形式，是在地域上集中分布的若干城市和特大城市集聚而成的庞大的、多核心、多层次的城市集团，是大都市区的联合体。设施完善、市场一体、功能互补、利益协同等是城市群的共同特征。

按照中国城市群规划，中国将建设包括5个国家级城市群（长三角城市群、珠三角城市群、京津冀城市群、长江中游城市群和成渝城市群），9个区域性城市群和6个地区性城市群在内的20个城市群。

（一）长三角城市群成为成熟的世界级城市群的关键在于加强统筹规划和区域功能互补

以上海为中心，南京、杭州为副中心的长三角城市群是目前我国20个城市群中城镇分布最密集、经济发展水平最高的城市群，也是世界公认的六大世界级城市群之一。在总面积21万平方千米的土地上，长江、钱塘江、京杭大运河等河流，与沿海高速、沪宁高速等高速公路和宁沪杭城际客运铁路，及上海浦东、上海虹桥、南京禄口、杭州萧山等国际机场一起，共同组成长三角海陆空相互交织的立体交通网络。随着世界经济发展重心逐渐向东亚转移，以世界第一人口大国和世界第二大经济体为靠背，长三角城市群在世界各大城市群中的能量愈加强大、地位愈加显赫、作用愈加突出。

（二）珠三角城市群成为世界级城市群的关键在于与港澳国际大都市形成互联协作的整体

狭义的珠三角城市群是指由广州、深圳等珠三角九市组成的城市群落。珠三角城市群以珠江为界分东、西、中三大都市圈，东部以深圳为核心，附有东莞和惠州；西部包括珠海、中山、佛山、江门和肇庆；中部以广州为核心。三大都市圈在空间布局上呈“人”字形结构。珠三角城市群是目前我国三大城市群（包括长三角城市群和京津唐环渤海湾城市群）中最具经济活力的城市群。

珠三角城市同属一个行政区域，因此珠三角城市群比长三角城市群更便于统一规划和有序推进。目前，珠三角各城市在现代化交通网络的联通下，已形成“广佛肇”“深莞惠”“珠中江”等车程约在2小时的三大都市圈。

小珠三角城市群在土地范围、经济规模和市场竞争力上是难以与长三角城市群和京津唐环渤海湾城市群相匹敌的。为此，不少专家强调，珠三角城市群建设要主动与港澳对接，以进一步提升珠三角城市群的规模力、影响力、辐射力和竞争力。

香港是国际大都市，是仅次于纽约和伦敦的全球第三大金融中心，澳门也是世界著名的旅游城市。珠三角城市群如把港澳纳入其规划范围，总面积则扩大至18万平方千米，总人口达5 800万。经国务院批准实施的《珠江三角洲地区改革发展规划纲要（2008—2020）》已明确，“要辐射泛珠江三角洲区域，并将与港澳紧密合作的相关内容纳入规划”。著名经济学家厉以宁强调：“广东发展大有潜力，广东自贸区大有可为，应把整个珠三角集合起来，组成城市群，进而带动港澳一起发展。”

上海交通大学城市科学研究院发布的《中国城市群发展报告2014》中显示，珠三角城市群位列中国城市群综合实力排名第二位，紧随长三角城市群之后。在国家“十二五”规划中，珠三角城市群是国家唯一批准的“世界级中心城市群”。珠三角城市群如进一步加强城市区域之间的联系，同时充分发挥与港澳互补的优势，以大珠三角城市群的整体优势参与世界经济体系的合作与竞争，珠三角城市群将有可能跻身世界级城市群行列，成为亚太地区乃至全球最具活力和国际竞争力的世界城市区域。

第二节　联合发展是国内外媒体做大做强的有效途径

传媒发展也要善于发掘和利用外部的各种资源和势能。联合发展体现在传媒领域，主要是指媒体对外拓展，实现跨区域、跨媒体、跨行业发展。政府支持和市场驱动为中国传媒集团从属地媒体向区域媒体转换提供了强大的动力。

因中国国情和文化特殊属性等诸多原因，中国文化体制改革整体上滞后于社会经济其他领域的改革。就广电传媒而言，在“四级办广电”的行业布局下，计划经济土壤形成的行政壁垒和等级序列难以动摇，条块分割、各自为政、资源分散和互相制约的局面依然存在。

现代经济学之父——英国经济学家亚当·斯密是规模经济理论的创始人。他指出：“劳动生产上最大的增进，以及运用劳动时所表现的更大的熟练、技巧和判断力，似乎都是分工的结果。”美国经济学家阿尔弗雷德·马歇尔丰富了规模经济理论。他在《经济学原理》中提出：“大规模生产的利益在工业上表现得最为清楚；……大工厂的优势在于：专门机械的使用与改革、采购与销售、专门技术和企业经营管理工作的进一步划分。”

马克思在《资本论》中也认可马歇尔的观点。马克思认为，大规模生产是提高劳动生产率的有效途径，是近代工业发展的必由之路。

规模经济理论强调，规模经济效益有两种形成途径：一是依赖于个别企业对资源的充分有效利用、组织和经营效率的提高所形成的内部规模经济；二是依赖于多个企业之间因合理的分工与联合、合理的地区布局等所形成的外部规模经济。

规模经济理论告诉我们，媒体要做大、做强，必须优化调整媒体产业结构，实现经济增长方式从粗放型向集约型转变。媒体行业内实施外部资源整合，相互之间在资金、技术、人才、信息等要素上寻求横向资源共享、优质配置和价值链接的通力合作，通过分工协作和规模生产实现外部规模经济效益。

区域化发展是当前中国社会经济发展的新趋势，是属地媒体向区域媒体转换的外部动力。随着以长三角、珠三角和环渤海等为代表的城市群迅速崛起，区域经济成为推动中国经济腾飞的加速器。而区域经济也势必带动地方产业转型升级和经济版图的重新设计和布局。传媒作为社会发展的“减压器”“黏合剂”，也作为地方软实力的中流砥柱，将更加受到政府和社会的高度重视。

文化产业的竞争在很大程度上是区域市场的竞争。一方面，区域化发展可以使区域各城市互为呼应，优势互补，从而形成合力；另一方面，区域化发展可以形成一定规模的产业集群，优化产业布局，降低企业的生产成本，形成规模优势，从而提高产业的集体竞争力①。

为顺应属地媒体向区域媒体转变的要求，在促进珠三角东部城市深莞惠联合发展的总构架下，东莞广电与深圳广电集团和惠州广电集团签署了三方战略合作协议。三方建立跨区域合作模式，在新闻宣传、影视剧购买与生产、有线网络运营、新媒体业务拓展等方面开展合作。

随着我国市场经济大环境的变化，政府对传媒业的管理逐步从过多的行政干预转向行政指导和监督。特别是传媒特殊产业属性的被认定，为推动传媒跨区域、跨媒体、跨行业发展松开了枷锁。

我国文化产业从分业发展向融合发展的趋势，也决定了媒体必须走联合发展之路。文化产业由各个行业主管部门主导的发展，将越来越为跨行业的融合发展所取代，甚至为文化经济普遍融合发展所取代。随着"事转企"改革的完成，国有文化企业与主管部门逐步脱钩，成为独立的市场主体，必将在文化市场推动大规模的混业经营和跨界发展。今后一段时间将是文化产业实现融合发展的高峰期②。

为积极推进传媒跨区域、跨媒体、跨行业发展，国务院于2009年7月颁布实施《文化产业振兴规划》，强调"在重点文化产业中选择一批成长性好、竞争力强的文化企业或企业集团，加大政策扶持力度，推动跨区域、跨行业联合或重组，尽快壮大企业规模，提高集约化经营水平，促进文化领域资源整合和结构调整"。《文化产业振兴规划》的颁布实施，意味着传媒跨区域、跨媒体、跨行业发展已上升至国家层面的文化发展战略。

在国家政策的强力支持和市场经济的驱动下，媒体不再为行政隶属关系所限，"条块分割"、相互掣肘的陈旧格局随之土崩瓦解，媒体也作为市场主体被注入强大的经济活力。以节目制作播出和产业经营为链条，以资本、业务、市场为纽带，以优势互补、互利合作为原则，传媒之间积极寻求资源整合、价值链接、市场共享的各种形式的联合发展已成为中国传媒界的一道炫目风景。

一、"跨省发展"战略

"跨省发展"战略为国内省级电视台提高核心竞争力提供了宽阔空间。

"二八定律"是意大利经济学者维弗利度·帕累托于1897年通过观察分析19世纪英国人的财富和收益模式发现的。调查取样结果显示，英国社会上20%的人占有80%的社会财富，财富在人口中的分配是不平衡的。"二八定

---

① 张静民，仇绍强．联合制胜——南方广播影视传媒集团发展道路研究．北京：中国广播电视出版社，2007.

② 张晓明，王家新，章建刚．文化蓝皮书：中国文化产业发展报告（2012—2013）．北京：社会科学文献出版社，2013.

律”昭示：在任何特定群体中，重要的因子通常只占少数，而不重要的因子则占多数，因此只要能控制具有重要性的少数因子即能控制全局。

“二八定律”被广泛应用于社会经济各个领域。中国电视的“二八定律”就是指国家级电视媒体和少数几家省级卫视占领全国大部分收视市场份额。中国电视已进入寡头垄断时代，央视和湖南卫视、江苏卫视、浙江卫视、东方卫视与二线卫视广告创收差距在10亿元以上。2014年湖南卫视的广告创收超过70亿元，比三线卫视高出10倍以上。

“长尾理论”被认为是对“二八定律”的彻底叛逆。美国《连线》杂志主编克里斯·安德森于2004年出版了影响商业世界的《长尾理论》，强调只要产品的存储和流通的渠道足够大，需求不旺或销量不佳的产品所共同占据的市场份额可以和那些少数热销产品所占据的市场份额相匹敌甚至更大。“长尾理论”与中国成语“集腋成裘”“滴水成河”含义接近。

透过“二八定律”和“长尾理论”，国内卫视“跨省联合”战略有其充足的理论依据和宝贵的实践价值。

目前，国内卫视“跨省联合”战略主要有如下模式：

一是弱弱联合、资源互补的“贵甘模式”。2007年9月，贵州电视台与甘肃广电总台签署战略合作协议，强调战略联盟、资源共享、联合经营。双方共同组建公司，负责特定电视频道的广告经营、电视剧购买等。贵甘合作以电视广告经营为核心，为双方广告商提供更优质的投放服务，在为广告商降低投放成本的同时，也有效提高了媒体的经营效益。

二是强弱联合、品牌嫁接的“湘青模式”。湖南广播电视台与青海电视台于2010年3月签订协议，青海卫视的节目播出和广告经营由双方出资组建的公司全面负责。青海卫视每年获得4 000万元的直接收益；如合作项目年创收1亿元以上，超出部分按4∶6分成。湖南卫视向青海卫视输出综艺、选秀和自制偶像剧等品牌栏目，节目策划团队和主持人也以各种方式“加盟”青海卫视。“大美青海，时尚中国”成为青海卫视的频道新定位。湘青合作，湖南卫视借助青海卫视延续节目影响力和品牌竞争力，青海卫视也借力发展，在提高节目档次品位的同时，改善了经营效益。

三是强弱联合、借壳上星的“沪宁模式”。上海广播电视台与宁夏广播电视总台合办的新版宁夏卫视于2010年2月8日开播。上海广播电视台旗下的第一财经频道负责向宁夏卫视提供媒体资源、内容产品、市场运营和人才技术等方面的支持，共同打造具有财经特色和全国影响力的高品质卫视频道。第一财经频道借壳上星，节目覆盖上海、北京、广东、宁夏等25个省、市、自治区，宁夏卫视也通过合作提高了节目制作水平和频道知名度、影响力。

以上三种“跨省联合”模式均建立在“优势互补、平等双赢”基础之上，目标指向是实现双方利益的最大化。“跨省‘联姻’不仅可以使省级电视台迅速进入跨区域市场，提供更优质的电视产品和服务，减少融资和开发的风险，制约并削弱竞争对手，更为关键的是，可以调整电视产业价值链各个环节的关系，催生和发展电视媒体的竞争力。”[①]

二、“跨境发展”战略

“跨境发展”战略为珠三角和长三角省级广电媒体从竞争“红海”进入竞争“蓝海”打通了开阔通道。

产业竞争的“红海”战略和“蓝海”战略始见于韩国学者 W. 钱·金（W. Chan Kim）和美国学者勒妮·莫博涅（Renée Mauborgne）于2005年2月合著的《蓝海战略》。“红海”代表已开发的市场空间，“红海”战略是指企业在所处的竞争白热化且增长缓慢的传统产业市场中实施零和竞争战略；“蓝海”代表亟待开发的市场空间，“蓝海”战略是指企业突破传统产业市场空间、跨越现有竞争边界、开辟新市场并向新的市场结构转型、实施新竞争力的战略。

广东广播电视台台长张惠建认为，电视产业的“红海”就是传统电视产业，“蓝海”就是新媒体产业和境外电视产业。近些年来，广东广播电视台主动与海外投资机构和资本合作开办境外电视台，组建海外兵团，探索广东乃至中国电视产业与境外资源优化整合的联合发展、互利双赢的新发展模式。

广东广播电视台旗下的珠江频道海外版覆盖到香港、澳门和东南亚、北美、南美、欧洲、南非等地区，“覆盖面之广、观众之多在国内省级地面频道中绝无仅有，为我国的省级地面频道树起了一面‘走出去’的旗帜”[②]。广东广播电视台还与马来西亚华人电视制作机构 COSMOS 公司联合开办马来西亚中文卫星电视频道——家娱频道，节目覆盖东南亚地区，同时携手境外投资机构，在香港开办了粤语卫星电视频道“点心卫视”。

SMG 前掌舵人黎瑞刚是一个颇具国际视野的传媒人。黎瑞刚的梦想是，希望能像他的精神偶像“美国传媒广告教父”——约翰·马龙一样，将 SMG 从上海一个地方传媒集团向全国乃至全球横向扩张。

早在2005年，英国《经济学人》报道说，在未来10年，SMG 将会成为全球性的亚洲媒体集团。在新一轮改革中，SMG 的发展目标就是建造堪与迪士尼、时代华纳、NBC 环球等全球传媒巨擘比肩平坐的千亿级“广电帝国”。

黎瑞刚在担任文化产业投资基金（SMC）董事长时亲手运作的几个对外合作项目令同行喝彩：一是与默多克旗下新闻集团合作成立星空华文传媒集团，负责运作星空卫视普通话频道、星空国际频道等。星空华文传媒集团属下的灿星制作公司推出的《中国好声音》在国内大获成功。二是与世界动画影视生产巨头——美国梦工厂动画公司组建上海东方梦工厂影视技术有限公司，形成每年出品数部具有国际影响力的动画电影的生产规模。三是与香港

① 李岚. 省级电视台跨省“联姻”的现实与未来. 南方电视学刊，2010（2）.

② 朱剑飞. 共赢性博弈：在竞争中借鉴　在合作中坚持——粤港澳广电传媒生态开放环境下的择优选项. 南方电视学刊，2013（6）.

电视广播有限公司（TVB）合作成立 TVBC，希望借助 TVB 这个具有 40 多年创办历史的香港华语传媒集团的海外优势，实现 SMC 和 SMG 的优质资源从内地拓展到香港，再从香港延伸到海外。

广东广播电视台和 SMG 在实施“走出去”战略上的共同点，就是充分整合媒体内外优势资源，与国际传媒集团紧密合作，利用别人的节目、技术、资金、市场等不断壮大自身实力、拓展传播和经营空间，实现跨区域、跨媒体和跨行业发展。

珠三角和长三角省级广电的“走出去”战略，不只是媒体产业扩张的需要，更是中国媒体军团联合抢占全球话语权的需要。

三、“全球化发展”战略

“全球化发展”战略为跨国传媒集团掌控国际话语主导权铺设了厚实的平台。

“全球化”是现今人类社会发展的趋势，泛指全球联系不断增强，人类生活在全球规模的基础上发展及全球意识的崛起。传播的全球化推动了世界的全球化趋势，而传媒全球化也是国际社会政治、经济、文化等全球化进程的组成部分。紧随 20 世纪经济全球化大潮，21 世纪的全球化以传媒全球化为主要特征之一。美国在线时代华纳 CEO 加里·列文就曾说：“媒介将成为 21 世纪的统治性行业，全球媒体变得比政府还要强大。”

国际一流的传媒集团都有一个共通之处，即传媒业务和影响力从国内延伸至国外，在全球建立自己的势力范围，树立自己的国际权威。

美国媒体竞争力和影响力在世界上处于绝对领先地位。在全球十大国际一流媒体中，美国媒体占据 2/3 以上。其 NBC 和新闻集团就是其中的佼佼者。

由被誉为“美国电视之父”的大卫·沙诺夫创办的 NBC 是美国三大商业广播电视公司之一，也是美国历史最悠久、实力最强的商业广播电视公司。NBC 开创了美国商业电视的新模式：合作发展、产业整合。NBC 与微软合作的 MSNBC，将通常的电视广播频道传播信息与虚拟空间的网上服务结合起来，标志着美国商业电视全新形式的出现，也标志着美国电视业与其他产业整合的开始。而 NBC 与道琼斯公司合作的 CNBC 巩固了它在商业电视中的全球领先地位。正是由于 CNBC 与道琼斯公司建立的联盟取得了《华尔街日报》和道琼斯公司其他资源的支持，CNBC 因而也加强了自己在欧洲、亚洲和美国的力量①。

“不发展就是死亡”，这是新闻集团首席执行官默多克饱历世界传媒风云变幻后得出的结论。默多克始终秉承全球化扩张、多行业经营的理念，带领新闻集团从一个普通地方报业公司蝶变为当今世界上规模最大、国际化程度最高的综合性传媒公司之一。新闻集团一份年度报告是这样表述的：“作为世

---

① 徐琴媛，等. 世界一流媒体研究. 北京：中国广播电视出版社，2011.

界上最垂直一体化的公司，我们得以在好莱坞生产电影，在世界各地生产电视节目，并通过 FOX 网在美国、STAR 在亚洲、BSkyB 在英国传播。”

并购战略是默多克撬动新闻集团成为全球性庞大传媒帝国的主要手段。默多克总是从他最擅长的领域入手，再寻找机会渗透到其他领域，从而完成新闻集团的横向和纵向扩张发展。50 多年来，新闻集团从澳大利亚、新西兰等国家起步，再辗转到英国、美国，又进军中国、印度、巴西等新兴市场，最后完成覆盖全球的目标。目前，新闻集团通过旗下各种媒体，每天不停息地向全球 70 多个国家和地区传送新闻和娱乐节目。虽然业务范围涵盖了传统媒体和新媒体各领域，但产业分布十分明晰：澳大利亚是报纸基地，美国侧重影视广播娱乐，英国则报纸与卫星电视并重。

在与美国隔海眺望的英国，作为世界公共广播电视鼻祖和世界最有影响力的公共广播电视公司，英国广播公司 BBC 与 NBC、新闻集团等殊途同归：触角伸向海外，走全球化发展之路。

BBC 的座右铭是：成为世界上“最有创意”和“最受信赖”的媒体机构，要向全世界发布“最优秀的新闻”。BBC 第一任总裁约翰·里斯曾说：“BBC 的责任就是把人类努力和所获成绩中的一切最美好的事情传达给最多的家庭。”

1987 年英国广播公司世界电视台成立，标志着 BBC 开始实现全球发展战略。仅用 13 年时间，BBC 就完成了全球覆盖，成为世界电视媒体的“无冕之王”。以电视为核心业务的 BBC 目前用 40 多种语言向全世界播出节目，其中 BBC 世界频道用英语播出，在 200 多个国家和地区拥有近 3 亿用户。

BBC 是当今世界电视栏目模式的主要研发和输出机构，湖南卫视和东方卫视的两档品牌栏目《名声大振》和《舞林大会》创意就是从 BBC 引进的。BBC 出品的世界上最成功的真人秀节目 Strictly Come Dancing，被正式载入吉尼斯世界纪录，世界上已有近 40 个国家购买了该节目的模式版权。湖南卫视以此节目为蓝本推出的《舞动奇迹》在国内引起了轰动。

传媒“全球化发展”战略表面上是跨国传媒集团的经营发展策略，实质上是国家的文化发展战略。“西强我弱”是当前国际舆论传播和话语权博弈的主要特征，美国 CNN、NBC 和英国 BBC 等西方传媒大鳄掌控了国际舆论的主导权。正如美国商务部前高级官员大卫·罗斯科普所说的：“如果世界趋向一种共同的语言，它应该是英语；如果世界正在由电视、广播和音乐联系在一起，节目应该是美国的；如果共同的价值观正在形成，他们应该是符合美国人意愿的价值观。”可见，西方传媒全球化发展打上了鲜明的国家“文化扩张”的烙印。

“全球化发展”战略既是中国传媒集团增强行业竞争力、争夺全球传播话语权的需要，也是中国提高文化软实力、增强国际威望和影响力的需要。虽然中央电视台等国内 10 多家电视台通过“中国长城卫星电视平台”和其他通道，基本实现全球覆盖，中国国际广播电台也实现在欧洲、亚洲等几大洲播出，但由于缺乏资金、渠道和经验等，加上某些西方国家在政治上的排挤打压，改变“西强我弱”的舆论传播格局可谓任重道远。

第三节　“借船出海”是城市广电增强市场竞争力的明智选择

城市广电当前的发展现状决定其必须走“联合出海”和“借船出海”道路。在当今我国“四级办广电”的行业结构金字塔里，城市广电与县级广电一起处于最低层，覆盖局限，财力羸弱，人才短缺。在媒体激烈的竞争环境下，唯有联合发展，抱团取暖，才能取得发展。

传媒学者喻国明强调，随着媒体产业规模竞争强度的加剧，作为媒介个体，要想生存，一定要讲求合作，必须要链接相关资源，把自己纳入某种联合性的体系当中。

城市广电尤其要树立“联合出海”“借船出海”的理念。在群雄逐鹿、烽火连天的竞争环境下，本已势单力薄的城市广电若仍然固守一隅，游离于合作圈之外，势必为竞争巨浪所吞噬。正如无锡广电集团总裁严克勤所言，县市台是底座，尽管作用很大，但发展步履维艰。中国传媒业必须鼓励跨媒体、跨地区、跨行业发展，实施强强联合、优势互补的“走出去”战略。城市广电要增强市场竞争力，就必须相互间联手，或向省级、国家级媒体借力借势，战国时期的“合纵连横”策略对城市广电来说尤其值得借鉴。

珠三角和长三角是国内媒体竞争最激烈的两大区域。两大区域城市广电在国家级、省级广电强力挤压和网络、手机等新兴媒体冲击下，克服频道资源匮乏、覆盖范围狭窄、产业市场萎缩、高端人才短缺、经济实力薄弱等先天不足，开辟了国内经济发达地区城市广电跨越式发展之路。

“联合出海”“借船出海”是珠三角和长三角城市广电过去和将来在激烈的行业竞争中保持良好态势、实现可持续发展的主要策略。

一、借脑引智：破解人才之困

人力资源、物质资源和资本资源是现代企业的三大资源。人类进入知识经济时代，人力资源已上升为第一资源。广播电视传媒是一个知识型和技术型的行业，是否拥有一批具有数字技术和文化创意能力的综合性高端人才是决定媒体能否实现可持续发展的关键，而高端人才匮乏恰恰是城市广电的短板。

当前，传统媒体正处于历史上的最不稳定期，加上国家级媒体和省级媒体产生的“虹吸效应”，城市媒体人才流失现象严重。早在10多年前，因人才大量外流，佛山广电就被业界戏称为“广东传媒的黄埔军校”。东莞广电人才队伍绝大部分从外地引进，如何避免东莞广电成为“广电人才培训学校”，东莞广电领导层为之殚精竭虑。

如何破解人才匮乏难题？除了加强人才培养和引进，实施待遇留人、感情留人、事业留人外，珠三角和长三角城市广电的共同策略是：建立专家团队，借脑引智，在弥补高端人才匮乏的同时提高媒体决策水平。

南方传媒研究院执行副院长、南方电视台前台长区念中强调：城市媒体很有必要“建立一个由业界和学界专业人士组成的智库系统，使之成为决策有力的支持系统”。

珠三角和长三角城市广电根据宣传和经营的实际需要，从高校和省级媒体，聘请一批理论功底深厚的学者教授和富有实践经验的媒体精英组成编外专家团队，通过各种方式参与媒体重大决策、频道栏目改版、精品创作和理论研讨等工作。

编外专家团队由业界和学界精英组成，采用聘任制或项目负责制，实施松散型动态管理。编外专家团队目标明确，运作高效，同时由于专家团队成员多来自台外，不占用人员编制，管理成本也由此减低。

借专家团队之脑开展精品创作。东莞广电节目质量和精品创作在珠三角城市广电一直处于领先水平，10 年来共荣获 430 多个国家级和省级专业奖项，其中凝聚了专家团队的心血和智慧。宁波广电聘请专家团队参与影视剧精品创作，他们接连推出《北风那个吹》《雪花那个飘》《烟雨青瓷》《十里红妆·女儿梦》等艺术精品，在国内广电界高举“电视剧义勇军”大旗，这离不开专家团队的悉心指导。

借专家团队之脑掀起理论更新的“头脑风暴”。多年来，宁波广电与国家新闻出版广电总局联合，围绕各时期的理论热点，开展一系列的“宁波广电杯”行业征文活动。在有效扩大宁波广电从业人员理论视野的同时，又提高了宁波广电的知名度。“宁波广电杯”征文已成为国内广电行业的一大品牌活动。

东莞广电一直以来重视理论探讨，专门成立发展战略研究所，同时利用“媒体论坛”和“宣传质量评估会”等理论与实践相融合的学习平台，邀请暨南大学、华南理工大学、广州大学等高校教授定期前来讲学，向员工讲授最新的媒体动态和前沿理论。东莞广电还联合广东省电视艺术家协会，组织大陆和港澳台专家学者开展专题研讨，从理论的高度全面回顾和梳理东莞广电创新发展历程和成功经验，并为东莞广播未来发展献计献策。专家发言汇编成《城市电视创新之路——以东莞电视为例》，由中国广播电视出版社公开发行。

佛山广电借脑引智更具前瞻眼光和国际视野。佛山广电与世界上第一所新闻院校美国密苏里新闻学院开展战略合作，借助对方强大的师资力量和超前的媒体理念，采用“请进来，走出去”的方式，大规模、大面积提高队伍的整体素质。几年来，佛山广电在选送一线骨干赴美国密苏里新闻学院中期学习的同时，结合媒体发展的最新动态和理论热点，先后举办了主题为“媒体融合战略战术”“大数据时代传统媒体的转型及具体战略”等高级培训班。

佛山广电一线骨干表示，在美国密苏里新闻学院中期学习收获良多，许多先进技术和新闻理念适用于工作实践。而有针对性的理论培训，活跃了思维，开阔了视野。美国密苏里新闻学院中国项目部负责人也认为，佛山传媒集团借脑引智以提高队伍素质的做法和思路富于战略眼光，也“最有章法”，这种超前意识和培训模式在全国城市媒体中也是不多见的。

二、借风起航：拆除覆盖藩篱

电视信号限于本区域覆盖，一直以来掣肘着城市广电的发展。

珠三角和长三角城市广电意识到，固守现有的“一亩三分地”，在狭窄的“势力范围”内与央视和各省卫视瓜分市场“蛋糕”注定难以做大做强。为突破政策壁垒，珠三角和长三角城市广电抓住区域发展机遇，通过联合制作节目和电视频道整体相互落地的方式，借风起航、抱团取暖，在一定的范围内破解覆盖限制难题。

（一）电视节目借省级和国家级媒体播出

整合同类型节目资源，联合制作节目，彼此拥有节目版权，节目在合作方之间统一播出。这是珠三角和长三角城市广电为实现“借船出海”所采取的方式。

城市广电的财力难敌省级和国家级媒体，节目制作成本往往量入为出、精打细算。即使经济实力相对较强的珠三角和长三角城市广电也概莫能外。于是利用区域“地相近，文相通，人相亲”的优势，共同打造优质节目，成了各城市广电的共识。

20 多年来，珠三角城市广电一直探索联合制作节目的路子。由佛山、中山、东莞等城市广电组成的“广播新闻协作体”，在 10 多年前就推出了“珠三角新闻联播”节目。珠海、东莞、江门、中山等珠三角城市广电还把自制的粤语节目组合成每天 6 小时的粤语栏目，借助广东电视台珠江海外版在美洲、欧洲和非洲播出。

2014 年春节期间，在珠三角八城市广电同时推出由各台联合制作的电视特备节目《走马珠三角》，主要介绍珠三角各市的春节风俗和最新资讯，引起珠三角各城市观众的浓厚兴趣，也激发了珠三角八市广电联合制作节目的热情。城市广电的合作进一步拓展，由广东 19 个地市广电联手制作的广东首档方言竞技真人秀节目《谁语争锋》在南方电视台播出，取得了良好的收视率。

东莞从“三来一补”起步，蜕变为今天的世界制造业名城，“借船出海”的发展模式功不可没。脱胎于“借船出海”的东莞经济发展模式，东莞广电始终坚持“开门办广电、联合办节目、合作搞经营”的媒体理念。

东莞广电不满足于电视节目在省内播出，一直寻求与各省卫视台合作，“借壳上星”，实现东莞广电的“星空梦”。他们与新疆卫视联合制作新闻专题栏目《南海潮》，开创国内地市台跨省合办卫视栏目的先河。节目不仅依托新疆卫视频道覆盖全国，还通过新疆卫视外宣栏目《走向中国》，向俄罗斯、蒙古、哈萨克斯坦等亚欧 8 个国家播出。东莞广电还与云南卫视联手，推出大型纪实舞蹈真人秀栏目《舞动全城》。节目在云南卫视播出，受到广泛关注和好评。此外，东莞广电还与东莞民营企业创办的东盟卫视合作，由东莞广电制作的旅游类和生活资讯类节目经东盟卫视在泰国、新加坡等东南亚国家播出。

借风起航、抱团取暖也是长三角城市广电的发展思路。长三角与珠三角的城市广电发展思路相类似，初期通过联合制作节目的方式实现节目在邻近市县播出，条件成熟时借助央视和各省卫视实现节目“走进”全国。

长三角城市广电联合制作节目已有 10 多年历史。初期以省级电视台作为合作联结平台，实力增强后城市广电之间直接开展合作。他们曾成立华东地区新闻协作网和长三角城市台新闻协作体，并利用东方卫视等平台，先后合作推出《城际连线》《走进长三角》新闻栏目和《一同走过的路》大型系列报道等。

随着长三角城市广电羽翼丰满，城市广电之间直接联合成为主要合作模式。苏南地区的苏州、常州、无锡在成立电视协作体的基础上，2014 年元旦起又联手打造跨区域大型电视新闻杂志《直播苏锡常》，在时长 30 分钟的节目中播出这三市的最新资讯。时任苏州市委书记的蒋宏坤认为，苏州、无锡、常州三个城市在经济、文化、习俗上有着很多相似之处，三个城市交流合作的空间很大。

节目“走进”长三角是短期目标，远期目标是“走进”全国。无锡广电一直与央视、东方卫视等媒体保持良好合作，先后与央视策划推出《过年》大型直播和《金土地》“希望快车·无锡站”特别节目，受到国内外观众的高度关注。这两次合作分别被央视称为“央视与地方台联袂直播的经典之作”和“央视与地方台合作的范本”。

（二）电视频道借外市网络整体落地

动物界有许多现象值得人类借鉴。严冬降临的时候，生活在南北极地的企鹅就会簇拥在一起，依靠彼此身上散发的热量抵御严寒。处于圈内的企鹅与处于圈外的企鹅位置不断轮换，确保每一只企鹅不会冻伤、冻死。这是动物界抱团取暖的典型例子。

势单力薄的城市广电也需像企鹅那样抱团取暖。在政策壁垒面前，城市广电只能“画地为牢”。为了应对激烈的竞争环境，城市广电必须联合在一起，构建利益共同体。城市群布局规划和区域经济发展一体化趋势，也要求区域内公共文化服务相互覆盖和共联共享，这为打破城市广电信号覆盖“画地为牢”的坚冰提供了现实需要和政策依据。

珠三角和长三角城市广电抱团取暖、联合发展的方式最初表现为共同组建影视剧购买联盟。这是城市广电合作时间最早、合作时间最长，也是最有实效的一种联合发展方式。国内城市广电的发展轨迹显示，拥有较高收视率的影视剧始终是城市广电维系本土观众的重要媒介产品之一，受财力所限，城市广电不可能单独购买高成本的“一轮剧”或“二轮剧”。于是，在遵守联合购片、成本分摊、本市播出的合作契约下，由城市广电组成的购片联盟就应运而生了。

长三角城市广电最早成立影视剧购片联盟，由于成效显著，包括珠三角地区在内，国内其他省市纷纷效尤。购片联盟这种“众人拾柴火焰高”的资本整合式合作，在降低各城市广电影视剧购买成本的同时，保证了购片的质量和数量。同时，珠三角和长三角各城市风俗习惯和审美趣向比较接近，联合购置的影视剧基本符合各城市观众的口味。

东莞广电每年影视剧购买资金300多万元，但带来了5 000多万元的广告创收，投入与创收之比超过10倍。《都市剧场》《情景剧场》和《精英剧场》等影视剧场收视率屡居同时段首位，成为拉动东莞电视台收视的重要“马车”。各城市广电尝到甜头，联合购片这种实惠型合作也得以持续至今。

近几年来，随着城市广电竞争压力增大，城市广电之间抱团取暖、联合发展的方式已上升到更高的战略层面。电视频道跨市落地、实现媒体跨区域发展是城市广电酝酿已久的战略构想。

出于生存发展的考虑，城市广电早已萌发电视频道整体“走出去”的欲望。国内城市广电跨区覆盖的“先行者”是闽南城市广电。借助当地电视网络，2007年福建漳州、厦门、龙岩三市电视主频道相互落地，福建漳州电视信号更是“大胆”走出本省，与邻近的广东潮州互联互通。

素为“天下先”的珠三角城市广电也不甘人后。2010年，借《珠江三角洲地区改革发展规划纲要（2008—2020年）》颁布实施之机，珠三角西部城市珠海、中山、佛山、江门和肇庆五市，利用光纤或微波，率先实现电视主频道相互落地。2013年，珠三角东部城市东莞、惠州和“广州后花园”清远三市也加入了这个合作联盟。

目前，珠三角九城市已实现电视主频道的互联互通，各城市电视信号覆盖面积和覆盖人口由此增长10多倍，不仅其媒体影响力得到提升，而且平添了一个全新的经营平台。“电视频道跨区覆盖，等同于我们多了一个珠三角卫视频道。”

电视信号跨区覆盖虽在广东文化软实力构建层面助推珠三角一体化战略，但面对城市广电仅限于本区域传播覆盖的国家政策壁垒，珠三角九城市广电也不敢大张旗鼓、昂首阔步，只能琵琶遮面、不敢声张。城市电视信号跨区覆盖尽管有打“擦边球”的嫌疑，在国家管理部门未置可否的情况下能走多远也不得而知，但这种蕴含岭南文化精髓——灵活变通、借力借势的发展举措，不失为城市广电冲破覆盖樊篱、拓展生存空间的创新之举。

三、借鸡生蛋：实现跨界联合

《易经》曰：“形而上者谓之道，形而下者谓之器。”“形而上”常指从抽象到具体的、以思辨方式为主的研究思路；“形而下”常指从具体到抽象的、以实证分析为主的研究思路。

媒体发展既要有理论思维指引，又要有实践活动检验，两者缺一不可。在精彩纷呈、瞬息万变的媒体发展大时代，思维模式的转变显得更为重要。媒体思维无远弗届，媒体创新才永无止境。

跨界是指领域与领域之间的延伸、对接和联动。世界万物不是孤立存在的，相互之间遵循某种规律保持因果联系，小系统生态存在于大系统生态之中，共同构成一个包罗万象的宇宙世界。

在高科技的强力支撑下，现代社会跨界发展精彩纷呈。苹果跨界进入手机行业，推翻诺基亚手机王国；微信跨界进入通信领域，颠覆传统的语音和短信业务；互联网进入金融系统，开辟全新的、革命性的金融体系。现代企业不是正在跨界，就是正在被跨界；不是正在颠覆别人，就是正在被别人颠覆。“互联网＋”就是互联网技术主导下的因跨界而生的企业发展模式。

价值中国会联席会长张晓峰说：“今天我们目前所处的时代和面临的环境，确实发生了很大的变化，而这种变化背后的驱动要素，很大程度上与跨界的相关度非常大。”

跨界思维就是基于跨界原理和跨界现实的一种思维模式，是一种站在宏观高度，用联系发展的理论，多角度分析问题和解决问题的一种思维方法。

美国著名投资家巴菲特的合伙人查理芒格称跨界思维为“普世智慧”。他将跨界思维比作锤子，将创新研究比作钉子，认为“对于一个拿着锤子的人来说，所有的问题看起来像一个钉子”。

目前，国内传媒跨界联合发展方兴未艾。如济南广播电视台与济南滨河集团、海尔地产集团联合组建海尔·滨河传媒集团，全力经营高达400米，集演播、文化传播、电视发射等功能于一体的“传媒塔”——泉城文广中心，同时开发建设以“海尔智慧科技主题游乐”为核心的海尔兄弟主题乐园，以建成“中国版迪斯尼乐园”。

近几年来，珠三角和长三角城市广电也掀起了跨界联合发展的浪潮。如东莞广电与东莞市轨道交通有限公司合作成立专营公司，进军城市轨道交通领域，并与行业品牌商合作，拓展少儿才艺培训、红酒经营等跨界产业项目。如无锡广电小额贷款和餐饮经营等，产业发展的触角已从广电领域伸向其他领域，跨界联合发展为传媒产业开辟了更广阔的天地。

四、借力发展：追求竞合共赢

（一）竞合共赢是王道

“博弈”一词最早出自《论语·阳货》：“饱食终日，无所用心，难矣哉！不有博弈者乎？为之，犹贤乎已。”“博弈”本意指下棋。“博，局戏；弈，围棋也。”（朱熹集注）

现代数学中的博弈论，也称“对策论”“赛局理论”。对博弈参与方来说，尽可能追求正和博弈（意指博弈各方的收益总和为正数或最少一方收益为正数），避免零和博弈（意指博弈各方的收益和损失相加总和为零）或负和博弈（意指博弈各方收益和损失相加总和为负数）。

“竞合”，就是指以彼此间资源共享、整合配置、价值链接的合作来共同参与更大规模的竞争。竞合将竞争和合作紧密地结合起来，当创造一个市场时，企业间更多地表现为一种合作关系；当进行市场分配时，企业间更多地表现为一种竞争关系①。

竞合源自西方企业界的合作竞争理论，属合作性的正和博弈，强调博弈参与方之间的相互依存、互惠互利、合作共赢的关系。经历经济危机和金融海啸重创的西方企业界，深知竞合的深刻内涵：博弈并不意味着你死我活，两方良性互动、公平合理的合作性的正和博弈才能取长补短、相互促进。

竞合的最高原则是共赢性。30 年来特别是过去的 10 年来，中国与美国经贸往来十分频密，美国消费了中国这个“世界工厂”生产的大量产品，对中国 GDP 高速增长并成为世界第二大经济体做出了贡献。而中国也因巨额的贸易顺差成为世界外汇储备最大的国家。

美国商务部公布的数据显示，2014 年美国从中国进口 4 666.6 亿美元，增长 6.0%，美方贸易逆差 3 426.3 亿美元，增长 7.5%。中国是美国第二大贸易伙伴、第三大出口市场和第一大进口来源地。美国财政部公布的数据也显示，截至 2014 年末，中国拥有美国国债达到 1.244 3 万亿美元，仍为美国最大债权国。世界上最大的消费国——美国与世界上最大的外汇储蓄国——中国构成了利益共同体，这是中美经济竞合带来的双赢格局。

美国哈佛大学著名经济史学教授弗格森曾说，占全世界 13% 大陆面积、1/4 人口、1/3 GDP 的中国与美国之间的合作是过去 10 年世界经济发展的发动机。为此，弗格森教授和柏林自由大学石里克教授共同创造出了一个英语新词“Chimerica”（中美共同体），称中美已走入共生时代。

根据竞合理念，浙江大学邵培仁教授提出仿照经济特区的模式在长三角地区设立“媒介特区”构想。认为“在这个媒介特区内，要允许城市带内的各家报纸杂志、广播电视等媒介展开自由竞争，要允许犯错误和改正错误，允许试验和允许失败，允许媒介向一切有利可图的企业或股市投资以加大广告外收入，允许跨地区、跨媒介兼并、联合、重组和经营，也适当放宽境外媒介特别是香港和澳门的媒介进入长三角市场”。

（二）粤港广电竞合的主要模式

紧随经济社会发展步伐，传媒领域也进入了竞合时代。30 多年来，包括

① 张静民，仇绍强．联合制胜——南方广播影视传媒集团发展道路研究．北京：中国广播电视出版社，2007.

珠三角城市广电在内的广东电视与以香港无线电视和香港亚洲电视为代表的境外电视，从初期单纯的竞争关系过渡到而今的竞合关系。

广东与香港、澳门地缘相近、血缘相亲、文缘相承、法缘相循、商缘相连，在传播学意义上同属一个电视地理区域。香港电视早在20世纪80年代就已通过“边境渗透”的方式在珠三角“事实落地”，当时珠三角周边城市市民用俗称的“鱼骨天线”半公开半隐蔽地收看电视节目。21世纪初期，根据中国加入世贸组织有关的境外电视频道对等落地内地的承诺，香港无线电视、香港亚洲电视、星空卫视、凤凰卫视、澳亚卫视等境外电视频道先后合法落地广东。“广东成为全国率先对外开放天空，并且唯一有境外电视频道公开落地的省份和电视传媒开放试验特区。”①

广府民系主要分布在珠三角及邻近区域，肇庆是发祥地，广州、佛山是发展地，香港、澳门是发扬地。粤语是广府民系的人际传播和大众传播的主要用语。基于粤语在广府民系所拥有的准官话的社会地位，国家管理部门准许广东电视台珠江频道用粤语播出，使其成为国内首个经国家批准的方言电视频道，同时也允许佛山、东莞、中山和江门等珠三角城市广电保留大量的粤语栏目。

香港无线电视翡翠台和香港亚洲电视本港台用纯粤语播出。传播符号的相同性，是香港电视垄断珠三角收视市场的主要利器，而观念开放的新闻节目、追求大众品味的综艺节目和注重传奇色彩的影视剧是香港电视征服珠三角观众的三大“王牌”。

与境外电视争夺传播空间成为广东电视界的头等大事和政治任务。对此，广州大学新闻与传播学院王首程教授予以高度肯定：“以空间换空间，广东电视为发出中国的声音做出了贡献。国家允许无线电视、凤凰卫视等9个境外电视频道在广东合法落地的同时，也为我国电视节目信号在国外和境外落地换取了现实的和潜在的空间。以局部的空间换取中国的声音在世界范围传播，用局部的牺牲谋取全局的主动，这是广东电视传媒对中国当代电视传媒的重大贡献。”

专门为应对境外电视而开办的南方电视台于是应运而生，广东电视台珠江频道海外版（后改称为珠江频道境外版）也横空出世，联合全省19个地市媒体的南方广播影视传媒集团也宣布挂牌成立。

双方历经几年的“拉锯战”，广东电视与境外电视竞争格局从量变逐步转化为质变。1999年广州地区香港电视收视率高达72.5%，而中央、省、市三级电视收视率之和仅为27.5%。到2005年上半年，南方传媒集团在广东境内的收视率是54.9%，首次超过占45.1%的香港电视。作为珠三角城市广电的先锋，东莞广电也于2006年9月实现黄金时段电视自办频道收视率和市场份

---

① 区念中，余瑞金，张中南，等. 境外电视落地后对广东电视传媒生态环境的影响与启示. 岭南视听研究，2005（2）.

额双双首次超越香港无线电视的历史性大突破。

但是，此消彼长、你死我活的非合作性的零和博弈是粤港双方都不愿意看到的。粤港广电都明白："竞争，不能以消灭对手为目的，也不应以吃掉弱者为目标。对手就是帮手，对手越是强大，潜在的帮扶价值就越大。竞争有时候是为了吸收他人的资源和经验，扩大自身的优势，有时候还需要通过竞争培养更强大的对手和更完善的市场，以便开启新一轮的更高规格和层次的竞争。"①

广东电视界也意识到，从行业竞争局势演变上判断，目前广东电视最大的竞争对手不是香港、澳门等境外电视，而是央视和各省卫视。同时境外电视拥有广阔的海外华人市场，在新闻理念和媒体运作思维上有许多值得广东电视学习和借鉴之处。况且粤港同是"9＋2"经贸协作区成员，也是大珠三角城市群的区域合作伙伴，双方应该共同推动从非合作性的零和博弈向合作性的正和博弈转变。

"所谓博弈共赢，即互为对手的决策主体在相互影响、相互作用的条件下，如何理性地实现自身最优策略组合，寻求帕累托效应以实现自身效益或整体效益最大化，其中共赢是最理想的博弈结果。"②

广东省省委负责人也强调："发挥广东省毗邻港澳、对外经济联系紧密的优势，积极借鉴国外发展文化产业的先进经验，提高广东省文化产业的科技应用能力和经营管理水平。积极发展外向型文化产业，使广东省成为我国文化产品'走出去'的重要窗口。"

在香港无线电视和澳亚卫视等境外电视看来，占据广东电视市场并非终极目标。他们长远的战略意图是，以广东为跳板，把媒体发展触角伸向大陆腹地。实现"北上"战略构想，但前提是必须巩固广东这个桥头堡。

粤港澳电视界对博弈共赢的思路取得共识，双方竞合之路也为此铺就。从城市广电层面上看，粤港澳广电竞合的主要模式有以下三种：

一是共同打造节目播出平台。如东莞广电与香港无线电视 TVB 合办电视栏目《精彩 900》，由香港无线电视提供自制经典电视剧，东莞广电负责编排播出，广告收益双方按预定的比例分成。《精彩 900》开办 10 多年来，同时段收视率一直居前，并取得了良好的经营效益。

另外，珠三角城市广电还以购买播出版权方式从香港无线电视和香港亚洲电视引进电视剧。这些电视剧尽管多属二轮剧或三轮剧，但在品牌效应拉动下，仍取得了理想的收视效果。

二是共同打造大型综艺活动平台。无论是香港无线电视、香港亚洲电视还是澳亚卫视，都有丰富的大型综艺活动策划经验，而港澳影视艺人在珠三

---

① 王首程. 广东新闻媒体评介. 广州：广东教育出版社，2012.

② 朱剑飞. 共赢性博弈：在竞争中借鉴　在合作中坚持——粤港澳广电传媒生态开放环境下的择优选项. 南方电视学刊，2013（6）.

角普遍享有较高知名度。珠三角城市广电因此常与香港无线电视或香港亚洲电视共同组织大型综艺活动。

如澳门广播电视股份有限公司与佛山电视台联合发起“珠江流域电视节”，珠江流域的云南曲靖、贵州黔西南、广西梧州和广东珠三角的肇庆、江门、中山等8家电视台共同参与，在澳、粤、云、桂、黔五省、自治区引起了较大反响。

香港无线电视举办了20多年的“国际中华小姐竞选”（前身是“国际华裔小姐竞选”）被称为“世界十大选美活动”。佛山电视台于1996年创办的“珠江小姐竞选”，是现今国内媒体举办时间最长、影响力最大的“选美”竞赛之一。近几年，“国际中华小姐竞选”与“珠江小姐竞选”对接并轨，“珠江小姐竞选”冠军直接晋级“国际中华小姐竞选”总决赛。

每年一届的“粤港澳普通话大赛”至今已举办了近20年，由广东电台、香港电台、澳门广播电视股份有限公司和佛山电台联合主办，总决赛由以上媒体轮流“做庄”，参加总决赛的选手均来自粤港澳分区赛。珠三角城市广电的部分主持人起步于“粤港澳普通话大赛”，如东莞电台现今资深主持人杨希、冷皓就是“粤港澳普通话大赛”的优胜选手。

三是共同打造经营平台。珠三角城市广电每年向香港无线电视、香港亚洲电视缴纳一定数额的频道占用费，在保证对方节目完整播出的前提下，在香港无线电视、香港亚洲电视上插播广告。对珠三角城市广电而言，这叫做“借鸡生蛋”；对香港无线电视、香港亚洲电视而言，在扩大媒体影响力的同时，额外增添了 笔数量可观的经营收入。

按照频道占用费分摊缴纳办法，珠三角城市广电每年缴纳的费用在100万元至200万元之间。在效益最好的年份，珠三角城市广电在香港电视频道插播广告的收入占全年经营收入的50%至80%，少则超千万元，多则超亿元。20世纪末，东莞一些经济发达的镇街，如虎门、长安、厚街、常平等，其广电站单是一年广告插播所得就接近或超过1 000万元，相当于内地一些市县电视台的年经营收入。

无论是地级层面还是省级层面，粤港澳广电竞合都是互利共赢的。尤其是对成长中的珠三角广电来说，港澳广电带来的良性影响是全方位的。“香港电视构成了广东电视开放的压力和改革的动力，一定意义上，广东电视史实际上也是香港电视影响下的发展史。可以说，改革开放以来，广东电视的每一次重要抉择，都是被香港电视‘逼’出来的，与此同时，广东电视的每一次跨越发展，也无不深深烙下了香港电视影响的印迹。香港电视对广东电视的影响是多向度、多层面的，它直接影响着广东电视的战略布局、机构机制的设计。”①

粤港澳广电媒体竞合，表层是媒体自身的发展战略，深层是华语广电联

① 王义军．叙事转向：香港电视对广东电视的影响．南方电视学刊，2013（6）．

合争夺全球话语权的国家战略。为此中国传媒学者赵玉明教授强调：“中国（含港澳台）是世界华语广播电视的主体，加强海内外的华语广播电视的联系和交往对于让世界了解中国、让中国了解世界有着重要的不可替代的作用。可以通过双边或多边的平等协商，本着求同存异、互利互惠的原则，继续积极筹组多种形式的华语广播电视研讨、交流、展播、联播以及联合制作广播电视节目等活动，推动全球华语广播电视的繁荣。”①

五、借势融合：适应竞争时势

易观国际董事长兼首席执行官于扬和天脉聚源执行总裁尹逊钰分别提出“互联网+”和“TV+”的概念，引发业界和学界的热议和关注。这两个概念内涵既有交集又各有侧重。“互联网+”强调互联网与传统行业深度融合，通过推进互联网形态演进催生经济社会发展新形态。“TV+”是建立在互联网思维基础上生发出来的媒体经营理念，它强调以媒体桥为运营平台，把媒体、用户和运营商联结为一个互动营销整体，以促进电视向新媒体演变并衍生全新的传媒经济形态。

互联网把社会资源重新激活、重新配置、重新整合。“TV+”概念显然把开放、互动、链接的互联网思维发扬光大。但作为一个内容生产和媒体经营运载平台，“TV+”强调电视平台的不可替代性。确实如此，在“互联网+”时代，商业经济多以流量经济形态出现，而电视在数十年的运作中积累了巨大人气，一旦将人气固化下来变现为忠实用户，电视将成为庞大流量的拥有者。因此即使在新媒体分割和稀释电视观众的当下，电视媒体的能量和威力还是不可低估的。

电视是一个典型的注意力入口，而手机是一个典型的行动力入口。当注意力入口和行动力入口连接叠加起来的时候，电视媒体与电视观众之间就架设起一条隐性通道。电视内容产品释放出巨大能量，电视观众向电视用户转变，一种全新的传媒经济形态也就出现了。这就是“TV+”创造的魔力。

“TV+”的互动场景是激化观众情绪的魔方。2015年央视春晚“摇一摇”“微信抢红包”再次印证了一个传播学现象：互联网时代争夺的是流量，移动互联网争夺的是场景。当“低头族”和“拇指族”引领社会时尚的时候，“微信抢红包”所构建的互动场景营造了一个奇妙有趣和可分享的多维体验，把年轻人从传统的现实场景中拉到了一个全新的虚拟场景。

“虽然电视媒体对于移动社交应用较生疏，但是用户的情感需求巨大，一旦被激发和调动起来，将创造巨大的市场。电视移动社交的场景构建需要首先找到能够流通的符号资本，然后再利用情感交换传播打造影响力。”②

珠三角城市广电根据用户需求，纷纷推出各种带有人性化、个性化互动

---

① 赵玉明. 海外华语广播电视的现状与未来. 中国广播电视学刊，2002（3）.

② 谭天，张冰冰. “互联网+电视”的场景构建. 视听界，2015（5）.

场景的新媒体产品，把看电视变成玩电视、用电视。如广州广电的“掌中广视”整合手机客户端、微博、微信三大官方平台，为用户提供多媒体融合的优质内容和互动体验。深圳广电的“摇一摇”客户端聚合各频道、频率的内容资源，强化媒体功能、用户互动体验和社区服务。中山广电的“派金宝”充分实现线上与线下互动，创造一个交互性强、方便快捷的消费场景。

广州广电的“掌中广视”、深圳广电的“摇一摇”和中山广电的“派金宝”的共同特点，就是遵循“TV +”的理念，借力广电母体强大的内容制作功能和媒体公信力，为用户创造一个愉悦的交互场景，在传媒、用户和商家之间形成一个闭环式的“引流—体验—反馈—再次引流”的电子商务消费生态环境。

互联网在为电视媒体关闭一扇门的同时，又为它打开了一扇窗。正如天脉聚源执行总裁尹逊钰所说：“电视，一直有机会成为更强大的媒体。注意力入口和行动力入口的叠加，让电视有机会进化为更强大的媒体和新型营销平台。”①

珠三角和长三角城市广电以资源整合为核心内容的联合发展战略，体现了国内城市广电在媒介新生态语境中为寻求自身发展而借力、借脑、借势的媒体理念，实践证明这是行之有效的。当然，由于是跨区域、跨媒体、跨行业合作，有许多需要理顺、解决的问题，如管理松散、责任主体不明等，这也是目前城市广电合作大多停留在表浅层面的主要原因。涉及资本资源整合、经营资源整合等深层合作仍需加大力度。特别是在国家战略层面，中央把推动传统媒体和新兴媒体融合发展作为全面深化改革的重大举措之一的背景下，城市广电如何强化互联网思维，与新兴媒体在内容、渠道、平台、经营、管理等方面进行深度融合，以此提高自身的传播力、公信力、影响力，这是珠三角和长三角城市广电必须进一步正视和实践的重大课题。

---

① 本刊编辑部．电视融合新媒体———场里程碑式的豪门盛宴．影视制作，2015（7）．

第四篇

造势而胜

善弈者谋势，不善弈者谋子。

——孙子

第五章　守正出奇：城市广电顶层设计

凡战者，以正合，以奇胜。故善出奇者，无穷如天地，不竭如江海。

——孙子

现代传媒竞争，不再是简单化、结构性的战术操作层面上的较量，已上升至复杂化、系统性的战略设计层面上的博弈。

争夺注意力的焦点、引发公众话题的爆点和累积粉丝势能的奇点，被称为新媒体时代的“三点式”定律。此定律昭示，在注意力成为社会稀有资源、自媒体主动参与社会舆论设置和粉丝经济成为传媒经济新常态的大背景下，现代传媒运营战略战术的设计部署显得尤为重要。传媒要保持良好的竞争态势，首先在战略战术的顶层设计上要遵循顺天应势、守正出奇的基本原则。即既循道守规、正道而行，又突破思维、出奇制胜。

毕加索不仅画风充满想象力，其营销手段也别出心裁。毕加索在成名之初，曾专门雇请几个大学生，到巴黎各大画店询问是否有毕加索的作品出售。这种营销造势与中国春秋战国时期吕不韦在闹市重金推介《吕氏春秋》的手法殊途同归。

古语道：“观千里不能自顾其耳，举千钧不能自拔其身。非目不疾、力不及也，势也。”当势弱不逮或无势可依时，要千方百计造势。如果把造势看作引导媒体壮大声威和树立品牌的高层设计思维，那么造势就是媒体的战略考虑。

“战略”一词，一种说法是出自希腊语“指挥官”，另一种说法是出自希腊语“诡计”。在中国，“战略”意为“战争谋略”，诞生于两千多年前。被誉为“兵学圣典”的《孙子兵法》，是中国最早对“战略”进行解读的著作。“兵者，诡道也”一语，道出了“战略”的深刻含义。

发展战略是关于企业如何发展的理论体系，主要包括愿景、战略目标、业务战略和职能战略四个部分。被誉为“竞争战略之父”的美国著名战略学家迈克尔·波特，于 20 世纪 80 年代先后发表了“竞争战略三部曲”——《竞争战略》《竞争优势》和《国家竞争优势》，开创了竞争战略理论体系。迈克尔·波特认为，企业战略核心是获取竞争优势，打败竞争对手。而要实现企业战略核心必须实施成本领先战略、差异化战略和集中化战略三大基本战略，并从中选择其一作为主导性战略。

在激烈的媒体竞争中，媒体企业也必须有科学、明晰的发展战略。审视珠三角和长三角的城市广电 20 多年的发展轨迹，集团化战略、新闻立台战略、本土化战略和品牌化战略四大发展战略，推动它们实现从无到有、从小到大、从弱到强的历史演变。

第一节　集团化战略：造规模竞争之势

中国传媒大学传媒经济研究所所长周鸿铎教授认为："集团化是一个经济学的术语，是指按照市场经济的规律，通过资本运作的方式扩张产业规模，整合现有的资源和开发新的资源，实行产业之间的联合，降低产业的运营成本，提高产业的获利能力。集团化是社会化大生产、专业化分工和市场竞争日趋激烈、企业经营规模不断扩大的产物。"

传媒产业集团化是传媒产业发展的总体方向，组建传媒集团是传媒产业化的必然结果。广电集团化就是广电媒体以内部业务和资本为纽带，通过媒体融合、资产兼并等方式，组建事业性质的、多媒体形态整合和多产业形态对接的联合体。集团成员之间资源共享、优势互补、联动协作，实现媒体传播模式从分散状态向集合状态转化，经营模式从单一经营向多种经营转换，增长方式从粗放型向集约型转变，组织形式从宝塔状向扁平状演化。

城市广电一直沿用的"小而全"的发展模式，因资源分散、规模弱小而难以形成强大的竞争力和持续发展后劲。城市广电改革的路向：遵循媒体发展规律，借助市场手段，将媒体资源实施"统一集中"的"物理捏合"，通过各类资源整合后产生的"化学反应"，实现媒体影响力、竞争力和综合实力的提高。

一、城市广电集团化改革走在全国前列

全国首家报业集团（广州日报报业集团）和全国首家城市广电集团（无锡广电集团）能诞生在珠三角和长三角是有其历史和现实条件的。成熟的区域经济市场氛围、媒体相对厚实的经济实力和开拓进取的媒体观念，为珠三角和长三角传媒集团化改革提供了必备的市场条件、物质基础和人文环境。

长三角是国内城市广电集团化改革的先行地和试验田。1999 年无锡广电集团率先成立，苏州广电总台和宁波广电集团也分别于 2002 年和 2003 年挂牌成立。无锡具有深厚的历史底蕴，三千多年前"太伯奔吴"，在无锡建立勾吴国，开启了百越族与华夏族南北文化交融的漫长之旅。当今广电改革惊涛拍岸，媒体观念激烈碰撞，无锡广电集团勇立潮头、敢为人先，成为我国首家城市广电集团和全国广电地市级城市唯一的集团化改革试点单位，自有其历史依据。

无锡广电领军人严克勤在业界首次提出了"三个运营商"理念，认为"城市广电传媒，要走市场化、产业化的路子，要在新的发展环境中立于不败

之地，就是要做强媒体运营商，做优内容运营商，做好资本运营商”。“三个运营商”理念也就成了无锡广电媒体造势的战略构想。

著名传媒学者喻国明对此评价说：“（无锡广电）这些动作背后都是深思熟虑的产物，有超前的经营思想蕴含其中。具体地说，就是将城市广电传媒打造成媒体、内容和资本运营商一体化联运体的战略定位，以及只有始终以创新的勇气和智慧探寻城市广电传媒的发展路径才有可能赢得自身发展空间的理念。”

珠三角城市广电集团化改革整体上晚长三角五六年。分别位于珠三角西北部和东北部的佛山、惠州的改革步子较快，于2005年首批成立广电集团，比东莞广电集团和清远广电集团成立早了近10年。

二、宜事则事，宜企则企

珠三角和长三角城市广电在追求聚合效应和规律效应的原则下，实施集广播、电视、报刊等媒体形态于一体的集团化发展战略，并冲破传统广告经营的藩篱，形成多种经营的产业链条，这在计划经济时代和媒体发展起步期是未曾有过的。

无锡广电和佛山广电代表两种不同类型的集团化组建模式。从广电集团媒体平台整合的外延视角考量，目前国内广电集团组建模式大致分为两大类别：第一类别是广电媒体平台整合模式，第二类别是跨媒体平台整合模式。珠三角和长三角绝大多数城市广电集团采用广电媒体平台整合模式。佛山传媒集团则另辟蹊径，组成了集广播、电视、报刊、演艺于一体的跨媒体、跨行业、跨区域的传媒集团。

党管媒体是中国传媒业不可逾越的政治红线，这是由媒体“喉舌”属性所决定的。广电集团的身份界定是“事业”，同时又是“特殊产业”。当前，珠三角和长三角城市广电集团在机构形式上均采用广电集团与广播电视台并存的运作模式，“一个机构、一套班子、两块牌子”。

广播电视台负责宣传，广电集团负责经营。新闻宣传实行在台党组领导下的总编辑负责制，媒体经营实行在董事会领导下的总经理负责制。他们纷纷摒弃计划经济时代惯用的多层次的金字塔形组织结构——行政中心制和职能层级制，采用以“减少管理层次、增加管理幅度”为主要特征的扁平化组织结构，媒体治理模式变纵向累叠为横向扩宽，变松散为紧密，变刻板为灵活，以增强对受众市场和产业市场应对的敏锐性和灵活性，最终达到降低媒体运作成本、提高管理效率的目的。在节目生产上，力推栏目制片人制和频道（频率）总监负责制，尽可能剔除中间层层审批的管理环节，强调“精简”“高效”和“责权利相统一”。

中国媒体姓“事”与姓“企”，至今仍是学界和业界争论不休的焦点议题，如同改革开放初期中国发展道路姓“社”与姓“资”之争一样。珠三角和长三角城市广电秉承思想开放、实事求是的传统，没有把精力耗费在姓

“事”与姓“企”的争论上，既遵守新闻运作规律，又尊重经济市场规则，“宜事则事，宜企则企”。

一方面，明确事业性质的身份界定，始终恪守社会效益为先。东莞广电坚持“事业型集团、企业化管理、市场化运作”的定位；清远广电集团坚守“台属、台控、台管”的原则；无锡广电也突出集团党委统一领导，把“党管媒体”作为集团改革的首要前提。

另一方面，把经营性资产推向市场，做大、做优、做强媒体产业。目前，珠三角和长三角城市广电的产业发展总体水平领先国内其他地区，特别是长三角如南京、杭州、苏州、无锡、宁波等城市，产业布局高起点、高标准、大手笔，产业经营跨媒体、跨行业、跨区域。苏州广电和无锡广电无愧为业内典范，它们在“十二五”规划内分别实现总资产100亿元和50亿元，如此宏大的产业视野和经营气魄，即使是国内一些省级广电媒体也只能望其项背。

三、城市广电集团标杆

（一）深圳广电集团

1．传媒规模力

深圳广电集团现有员工6 000余人，由原深圳电视台、深圳广播电台和深圳电影制片厂、深圳市广播电视传输中心等单位组建而成。集团拥有11个电视频道和4个广播频率，拥有“中国时刻”新闻网站和《广播电视报》平面媒体。深圳卫视是我国第一个副省级卫视频道，进入了我国卫视的“第一方阵”。深圳都市频道也是国内城市地面频道的佼佼者。

深圳广电集团拥有天威视讯股份有限公司、文化产业（国际）会展有限公司、移动视讯有限公司、深广传媒有限公司等30多家控股企业。天威视讯股份有限公司于2008年成功上市。

2．传媒运营力

深圳广电集团总裁陈君聪强调深圳广电集团未来的发展目标是通过实施“六大工程”，打造百亿集团，推动集团成为全国一流的“文化航母”：“在未来三至五年内，全面实施事业和产业发展的六大工程，即‘传播能力提升工程’‘卫视跨越发展工程’‘内容精品打造工程’‘媒体跨界融合工程’‘产业优化升级工程’‘体制机制创新工程’，使深圳广电集团发展成为传播影响力、品牌竞争力、产业发展实力和国际竞争能力均居国内一流水平的现代大型文化传媒集团”。

深圳广电集团着力建设城市联合网络电视台（CUTV）和中国时刻网两大互联网平台，积极与各频道频率进行融合互动，全力推进数字内容集成经营，其属下的天华传媒公司获得了BBC、HBO、探索、时代华纳等公司高清节目中国大陆的独家销售权，目前拥有全国有线电视市场约70%的高清资源。按照“全覆盖、全媒体、全视界”的全媒体广告经营理念，努力打造“全国首家一站式全媒体整合运营平台”。

深圳广电集团成功举办了中国国际新媒体影视动漫节、中国国际新媒体短片大赛金鹏奖和中国流行音乐金钟奖，并使这三个国家级、国际性节庆活动永久落户深圳。近两年来，集团的传统广告创收总额占集团总经营创收总额的60%以下，不再过分依赖传统广告经营，初步实现从传统广电媒体向现代传媒集团的跨越。

（二）苏州广播电视总台（集团）

1. 传媒规模力

苏州广播电视总台成立于2002年1月1日，由苏州人民广播电台、苏州电视台、苏州有线电视台、苏州广播电视报社和原吴县广播电系统等单位组建而成，现有员工1 300多人。

苏州广播电视总台是一家以电视、广播、报刊等为主业，新媒体产业和文化产业正在加快发展的综合性现代传媒集团。总台拥有5个电视频道、7个广播频率、2份报刊、2份杂志和4个网站。目前，苏州广播电视总台各电视频道在当地收视市场份额在60%以上，各广播频率收听市场份额在75%以上，市场影响力占据绝对垄断地位，位居全国大中城市前三位。2012年，苏州广播电视总台经营创收11亿元左右（广播创收约2亿元，电视创收约9亿元）。目前总资产有60多亿元。

2. 传媒运营力

苏州广播电视总台产业发展形成了传媒主业、新媒体产业、文化产业三大板块。其中总投资为60亿元、将于“十二五”期间建成投入使用的三大文化产业项目（现代传媒广场、国际影视娱乐城和演艺中心二期），以其高标准、高起点、大手笔而成为长三角乃至国内业界的新典范。

苏州广播电视总台新媒体产业呈现出良好的发展势头。旗下四个互联网站，即“名城苏州”“中国苏州”“新浪苏州”和“苏州广电网”，定位各异，优势互补。作为苏州第一门户网站的“名城苏州”，先后荣获“中国城市电视台十佳网站”“城市之星中国十佳城市电视台网站”等荣誉，并跻身国家一类新闻网站行列。“苏州广电网”整合电视与网络、线上与线下业务，并开发电子商务等业务，其品牌“TV榜”（“TV调查”“TV评选”“TV推荐”“TV排行”）摸索出混媒复合推广的新模式。另外，手机客户端“无线苏州”，为用户提供全方位的城市生活资讯，实现了广电网、互联网、电信网三网融合和电视屏、电脑屏、手机屏三屏融合。

（三）佛山珠江传媒集团

1. 传媒规模力

佛山珠江传媒集团创建于2005年，是全国首家跨媒体、跨地域、跨行业、跨所有制的地市级文化集团。佛山珠江传媒集团横向整合佛山的广播、电视、报纸、网络、杂志等媒体资源，纵向整合市、区（县）、镇三级媒体资源，“一横到边，一纵到底”，开创了立体式融媒体的国内地市级传媒集团创建的“佛山模式”。

目前，佛山珠江传媒集团拥有 6 份报纸、6 个广播频率、6 个电视频道、1 个门户网站（广佛都市网）、2 本杂志（《佛山文艺》和《打工族》）、2 个演出剧团、1 个音像出版社、1 个剧院、1 个实力雄厚的电视网络公司等，形成优势互补的跨媒体的文化产业发展格局，曾获“全国文化体制改革先进企业”和“广东省文明单位”荣誉称号。

2. 传媒运营力

“北有牡丹江新闻传媒集团，南有佛山传媒集团。”佛山珠江传媒集团横向、纵向两个维度分别整合佛山广播、电视、报纸、网络、杂志等媒体资源和市、区（县）、镇三级媒体资源的“佛山模式”，得到国内业界的一致推崇，被认为是目前最符合中国国情且最利于集团发展壮大的传媒集团组建方式。

佛山珠江传媒集团自成立以来，不断转变职能，由行政主导变为市场主导，积极做好文化产业大文章。一是实行公司化整合营销。充分整合集团现有的广播、电视、报纸、网络、杂志等媒体经营资源，建立强大的综合性、立体化的营销平台，不断提高传媒经营效益。二是集团产业发展目光从传媒领域拓展至文化领域。佛山珠江传媒集团经营范围已不再局限于广播电视和报纸杂志传统广告经营，而是在以此为主业的基础上，把产业链条延伸到数字电视、网络新媒体、音像出版和文艺演出等文化领域。三是形成“媒体担纲、企业支撑、公众参与”的良性经营互动。佛山珠江传媒集团组织的各项品牌活动，如“佛山市民最喜爱的品牌企业评选活动”“佛山市最具成长性中小企业”“佛山市企业最满意的金融机构”等活动，无不得到当地企业的积极响应。

佛山与广州地理相接，经济文化相互渗透。“广佛同城”和“珠三角一体化”的国家战略规划为佛山的未来发展带来了新机遇。佛山珠江传媒集团树立“广佛同城，媒体先行”的理念，加强与广州和珠三角传媒的合作，实行强强联合、优势互补。佛山电台在广州设立“广州第一直播室”，佛山电视信号也陆续与广州和江门、肇庆、中山、珠海、东莞实现双向落地，在推进珠三角城市经济文化融合的同时，有效扩大了佛山珠江传媒集团的覆盖面和影响力。

四、将城市广电集团化改革引向深水区

珠三角和长三角城市广电集团化改革虽然比全国其他地区先行一步，深圳、南京、苏州、无锡等城市广电集团在改革实践中也摸索出一些成功经验，但城市广电集团化改革还存在观念、体制机制、人才等制约，集团化改革需走向深水区。

观念更新是深化城市广电集团化改革的重中之重。当前，珠三角和长三角的城市广电传媒，不管以“广播电视台”的面孔出现，还是以“广电传媒集团”的面孔出现，都或多或少带有计划经济时代的积弊。由于传媒人的传

媒市场意识、传媒产业意识还未真正形成，对于市场经济条件下的新闻宣传特性还不会运用新闻规律去把握，常常自觉或不自觉地运用行政手段去左右市场规律，于是出现了许多违背新闻规律和市场规律的现象，而对于这种现象的出现又不从行政手段的角度去查找原因，只是简单地认为这是市场作用的结果，进而否定市场对传媒的调解作用①。

建立和完善现代企业管理机制是推进城市广电集团化改革的关键。哈佛大学波特教授指出，决定组织盈利能力首要的和根本的因素是产业吸引力，而产业吸引力、产业效应的大小主要取决于产业的竞争状况和竞争结构。目前大多数城市广电的组织结构模式、生产运营方式和人力资源结构等都是计划经济时代或集团化改革前遗留下来的，已不适应媒体转型发展的新需要，致使集团化改革给人以“换汤不换药”和“旧瓶装新酒”的印象。产业化职能要求城市广电在完成宣传工作任务的同时，把更多的人力、财力和精力投入在产业发展和市场开拓上，当前亟待对媒体的发展战略、产业布局和人员调配进行针对性的调整和优化。增强市场意识和成本意识，精办频道和栏目，把栏目开办与市场需求紧密结合起来。加大媒体产业人才的培养和引进，建立与现代企业管理相适应的选拔机制、分配机制和激励机制。

形成规模经济和范围经济是城市广电集团化改革的主要方向。传媒集团化改革的一个重要宗旨是拓展传媒产业，通过提高产品绝对量来降低运营成本，这是规模经济理论的核心。要实现规模经济，一方面要依赖传媒企业对资源的充分有效利用、组织和经营效率的提高而形成的内部规模经济；另一方面要依赖多个企业之间因合理的分工与联合、合理的地区布局等所形成的外部规模经济。为此，城市广电在集团化改革中要充分整合内部经营资源，树立产业成本意识和协调发展理念；同时要大力开拓经营市场，构建纵向和横向传媒产业链条，形成项目研发、项目实施、项目跟踪和项目评估一体化的产业运行体系，并实现传媒产业跨媒体、跨行业、跨地区发展。

范围经济理论强调，把两种或更多的产品合并在一起生产比分开来生产的成本要低。“对于媒介产业来说，媒介产业也是一种典型的范围经济。因为媒介的产出具有多重利用特点，为某个市场创造的产品可以重新改变其形式，然后通过另一个市场销售，从多种产品中获利。”② 城市广电集团化改革要结合媒体融合发展趋势，树立范围经济意识，建立多介质媒介产品生产的新型多功能一体化采编平台，形成前端一次多媒体采集，中端融合集成加工，后端向各类平台、终端适配分发的生产传播模式，在提高媒介产品使用价值的同时降低传媒运营成本。

---

① 周鸿铎．中国传媒产业集团的形成和发展（上）．2012－08－21．http：//blog. sina. com. cn/s/blog-6e9caf1b01018t9d. html.

② 胡正荣．21 世纪初我国大众传媒发展战略研究．北京：中国广播电视出版社，2007.

第二节　新闻立台战略：造舆论引导之势

一、新闻立台：中外新闻界的公共命题

新闻立台是中外新闻界共同关注的永恒命题。它的含义主要包括两方面：一是指广电媒体的社会瞭望、环境监测功能，强调遵循客观、公正、平衡的新闻法则，坚守去除功利、弘扬正义、勇于担当的职业理想；二是指广电节目的构成和重心，新闻类节目成为频道（频率）的链条核心和强势板块。

尽管中国与西方国家在政治架构和新闻体制上有显著不同，但在满足受众知情权和实现媒体社会瞭望、环境监测职能上是相一致的。

现今世界最古老的报纸《泰晤士报》从1785年元旦诞生那天起，创始人约翰·沃尔特就明确了它的定位："一份新闻纸，应该是时代的记录和对各种信息的忠实记录者"，"在政治上，本报将不属于任何党派"。① 《泰晤士报》坚持履行新闻的天职，尽管在克里米亚战争中详尽披露英国远征军补给不足和统帅无能等事实，但无人指责《泰晤士报》的报道损害了国家形象，相反，国王亲自给记者颁发皇家骑士勋章。

共产主义运动先驱马克思和美国前总统林肯也分别对《泰晤士报》做出了高度评价，认为这是"一家极有威望的英国报纸"，是"世界上最强大的力量之一"。

当今中国新闻行业出现了一系列的功利主义现象，庸俗化、低俗化、媚俗化倾向已触及职业界限和损毁新闻法则。在此背景下很有必要重申新闻立台，强调坚守政治思想底线、道德价值底线、真实客观底线，强化导向大于一切、高于一切、决定一切的新闻意识。

"当前，我国正处在社会转型的'深水区'，内外环境的不确定性因素明显增加，新闻在整个社会传播中唱主角的中心地位会越来越得到强化。因此，新闻立台仍将是未来相当一段时期内整个电视构建影响力的'第一高地'。"②

对国内、国际重要新闻报道能力的高低和话语影响力的大小，是检验一个媒体是否成为国际一流媒体的重要标尺。原本名不见经传的卡塔尔半岛电视台，因报道"9·11事件"，特别是多次率先播放本·拉登和其他基地组织领导人的录像声明而声名鹊起，并逐渐成为阿拉伯地区乃至全世界具有重要影响力的电视媒体，被称为"阿拉伯的CNN"。凤凰卫视成为最有影响力的华语媒体之一，仅用了短短的20多年，也正是对"9·11事件"和海湾战争直

---

① 刘晓东.《泰晤士报》的百年沧桑. 中华新闻报，2004-10-05.

② 喻国明. 新闻立台与系统协同：中国电视竞争的新阶段. 2012-10-12. http://1118.cctv.com/20121012/101777.shtml.

播造就了今天的凤凰卫视。

为实现“技术先进、信息量大、覆盖广泛、影响力强”的国际一流媒体的发展目标，中央电视台于2009年明确提出“新闻立台”的办台理念，并于几年后推出中国大陆第一个全天24小时直播的新闻频道，提高了新闻的自采率、首发率、原创率、落地率，使中央电视台成为海量信息的发布源地，“有大事，看央视”也成为中国电视观众的收视习惯。

二、新闻资讯：城市广电的脉门命根

新闻节目是城市广电实现差异化竞争的利器之一。城市广电最接近新闻现场，在确保新闻时效性和降低新闻制作成本上比省级和国家级媒体更具优势，新闻立台因而成为城市广电共同的战略选择。

杭州文广集团总经理余新平强调，新闻立台是生存之策、立命之本。要秉持和强化新闻立台的理念，坚守主流媒体的核心价值，积极争做有理想、有情怀、有温度、有责任、有使命的新闻媒体。杭州电视台综合频道全力打造以《新闻60分》为主打的“民生表达”，以《新闻联播》《杭州新闻联播》为重点的“要闻联播”和以《民情观察室》《新闻晚点名》为主体的“问政评论”三大新闻板块。近些年来，新闻节目对杭州文广集团广告经营创收总量的贡献率均超过1/3，稳居所有类型节目、活动创收之首。

深圳离香港仅一步之遥，20多年来，以香港电视为代表的境外电视垄断了深圳的收视市场。针对香港电视以新闻报道见长的特点，深圳都市频道在深圳粤语公共频道的配合下，展开了一场“新闻阻击战”。2009年，深圳都市频道和深圳粤语公共频道市场份额先后超越香港无线电视，并自此打破香港电视20多年来不可战胜的神话。2012年深圳都市频道广告创收达5亿多元，其龙头栏目《第一现场》创收近3亿元。

2013年珠三角东莞、佛山、惠州、中山四市电视台的电视新闻生产情况详见表5－1。

表5－1　东莞台、佛山台、惠州台、中山台电视新闻生产比较

（2013年数据）

	东莞台	佛山台	惠州台	中山台
管理体制	中心制下的制片人制	中心制	集团下的电视台制	频道制
新闻栏目数量	13档（日播9档，周播4档；其中直播4档，录播9档）	12档（日播10档，周播2档；其中直播10档，录播2档）	4档（4档均为日播；其中直播2档，录播2档）	3档（日播3档；其中直播1档，录播2档）
新闻栏目总时长	260分钟	240分钟	130分钟	100分钟

（续上表）

		东莞台	佛山台	惠州台	中山台
主要新闻栏目		《东莞新闻》 《今日莞事》 《新闻午餐》	《小强热线》 《六点半新闻》 《午间直播室》	《惠州新闻》 《第一直播室》 《社会聚焦》	《中山电视新闻》 《城市零距离》 《午间直播室》
日均自采稿件数量		41 条	32 条	21 条	20 条
收视率和市场份额（%）	频道	新闻综合频道	新闻综合频道	新闻综合频道	公共频道
	全天	0. 28/2. 84	0. 91/8. 79	0. 14/1. 43	0. 75/7. 63
	晚间	0. 91/3. 71	2. 62/10. 21	0. 33/1. 48	2. 22/10. 58
采编人员数量		114 人	110 人	67 人	50 人
人员平均年龄		32 岁	32 岁	30 岁	36 岁
人员职称		副高 1 人、中级 20 人	正高 1 人、中级 19 人	副高 5 人、中级 20 人	正高 3 人、副高 10 人、中级 36 人
人均年收入		14 ~ 15 万元	11 ~ 12 万元	9 ~ 10 万元	13 万元
人均收入各台排名		第三名	第一名	第一名	第二名

（注：数据来源于实地调查和各企业公布的相关资料）

从表 5 – 1 可以看到，珠三角城市广电在生产布局、人员配备、薪酬分配上无不从新闻立台的高度去作统一安排部署。

其一，新闻类栏目在频道谋篇布局中均处于首要地位。基于新闻类栏目在服务当地社会经济发展中发挥着不可替代的舆论引导功能，新闻节目成为珠三角城市广电最重要的节目样式，新闻立台的战略取向显而易见。

东莞电视台与佛山电视台的新闻产品布局相类似，新闻栏目跨越上午、中午和晚上各个时段，新闻综合频道形成串联式、一体化的新闻生产链条。在东莞、佛山、惠州、中山四城市广电中，东莞台新闻栏目数量、总时长和自采稿件数量均居首位。

其二，佛山电视台的新闻节目竞争力最强。“我们佛山电视台主要依靠自办栏目拉动收视，电视剧对佛山电视台收视贡献不大”，这是数年前笔者参观佛山电视台时印象最深的一句话。佛山新闻综合频道全天和晚间收视率、市场份额分别达到 0. 91%/8. 79% 和 2. 62%/10. 21%，珠三角地市广电无出其右。近几年来，佛山电视台新闻综合频道黄金时段由新闻栏目组成的节目板块，收视率和市场份额双双稳居同时段首位。

其三，新闻生产部门人员充足，素质普遍较高。为了确保新闻生产的数量和质量，珠三角城市广电新闻生产部门都配备充裕和精良的采编人员。其中东莞广电新闻中心人数有110多人，人员总数占集团人数的1/3。中山广电新闻中心人员素质较高，拥有高级职称人数达13人，占部门总人数的26%。佛山传媒集团领导兼任新闻中心负责人，其目的是强化对新闻生产的领导。

其四，薪酬待遇均向新闻生产部门倾斜。东莞、佛山、惠州、中山四城市广电新闻生产部门的人年均收入排名在全集团所有部门的前三名，这是由新闻生产部门的重要地位所决定的，也是新闻工作人员的辛勤劳动和付出所带来的。

三、民生新闻：拉动收视的一大利器

（一）民生新闻的内核：民声、民讯、民督

孙中山说："民生就是人民的生活——社会的生存，国民的生计，群众的生命便是。"珠三角和长三角城市广电媒体均把新闻立台理念视为媒体经营的"金科玉律"，而对民生新闻的重视也成了城市广电的共识。"考察城市电视台的新闻发展，我们发现大体上经历了三次浪潮：新闻'联播体'浪潮、'焦点体'浪潮和'民生新闻'浪潮。"①

苏州电视台于1994年开办的《社会传真》已现民生新闻的雏形。自2002年江苏台城市频道推出被称为"南京人的电视晚报"的新闻栏目《南京零距离》后，以关注民生、聚焦民情、反映民意为定位的民生新闻受到各城市电视台的热捧，珠三角和长三角城市广电纷纷开办时长短则30分钟、长则60分钟的民生新闻栏目（表5-2）。

表5-2　珠三角和长三角部分地市电视台民生新闻栏目比较

所属区域	所属电视台	栏目名称	开办时间	栏目时长
珠三角	东莞台	《今日莞事》	2006年	60分钟
	佛山台	《小强热线》	2003年	45分钟
	中山台	《城市零距离》	2010年	40分钟
	珠海台	《民生大搜寻》	2005年	30分钟
	江门台	《新闻共同睇》（注："睇"，粤语意思是"看"）	2005年	40分钟

① 陈正荣．中国城市电视台发展报告．北京：中国传媒大学出版社，2007．

（续上表）

所属区域	所属电视台	栏目名称	开办时间	栏目时长
长三角	苏州台	《社会传真》	1994 年	60 分钟
	无锡台	《今晚 60 分》	2004 年	60 分钟
	宁波台	《看看看》	2006 年	45 分钟
	常州台	《社会写真》	2004 年	60 分钟
	绍兴台	《师爷说新闻》	2005 年	40 分钟

（注：数据来源于各电视台公布的相关资料）

华南理工大学新闻与传播学院黄匡宇教授认为："民生新闻回归传媒本性，可谓之为对当今媒体传统态度的反动：民声——报道态度，由官到民的反动，让民声得以和鸣；民讯——报道立场，对信息失衡的反动，最大限度保证民众的知情权；民督——报道视角，对凡事为官相隐的反动，适时披露为官者之失误，不失为实施社会监督的良方。"民生新闻以"民声""民讯"和"民督"的亲民态度拉近了与受众的距离。

（二）绍兴广电《师爷说新闻》和江门广电《新闻共同睇》：捍卫收视主阵地

"看完'师爷'，上床睡觉"，这是绍兴民间的一句流行语。创办于 2005 年的绍兴电视台民生新闻《师爷说新闻》，由一名已退休的莲花落演员郑关富担任主持。节目对绍兴发生的新闻进行个性化解读，针砭时弊，同时利用栏目的影响力发动市民开展捐资助学等"爱心暖流"公益活动。《师爷说新闻》时长从创办初期的 8 分钟增至现在的 40 分钟，年度平均最高收视份额达到 37%，并有效拉动了绍兴电视台公共频道的整体收视率。

18：00 至 20：00 是珠三角地区电视新闻播出最集中的时段，香港无线电视的《六点半新闻》、中央电视台的《新闻联播》和广东电视台的《630 新闻》等均在这个时段密集播出。江门电视台能在激烈的竞争中捍卫这块收视主阵地，民生新闻《新闻共同睇》功不可没。

江门电视台的《新闻共同睇》创办于 2005 年，旋即成为当地最受欢迎的电视新闻栏目。《新闻共同睇》联手《博嘴博舌》《江门新闻联播》等栏目，在 18：00 至 20：00 构筑起一堵总时长为 1.5 小时的新闻栏目"防火墙"。《新闻共同睇》2012 年平均收视率和市场份额分别达到 11.5% 和 41.2%。

（三）东莞广电《今日莞事》：打破境外电视收视垄断的主力军

东莞广电能够打破香港电视在东莞地区 20 多年的收视垄断地位，旗下的民生新闻栏目《今日莞事》立下了汗马功劳。与珠三角其他城市一样，东莞电视收视市场的主要份额长期被香港电视占领。为扭转此局面，东莞台提出"倾全台之力打造一档有绝对收视的电视栏目"的口号。2006 年 1 月 1 日，一档以“真实”和“善意”为原则，以“民生、民情、民意”为关注点，以百姓“身边事、麻烦事、稀奇事、关心事”为题材的民生新闻栏目《今日莞事》横空出世。栏目设《今日头条》《民生直通车》《百姓古仔》《莞事帮办》《DV 视角》等版块，灵活采用现场调查、跟踪报道、嵌入式体验等手法。2006 年 10 月 16 日至 27 日，在《今日莞事》等栏目的合力推动下，东莞收视开创新纪元：国际权威收视调查机构 AGB 尼尔森公司收视数据显示，东莞电视台当周黄金时段收视率和市场份额分别达 8.81% 和 34.5%，历史性地首次超越 20 多年来在东莞地区占据绝对统治地位的香港无线电视（包括翡翠台和明珠台）；东莞公共频道当周黄金时段收视率和市场份额也破天荒地在 130 多个频道中跃居首位（图 5－1、图 5－2、图 5－3）。

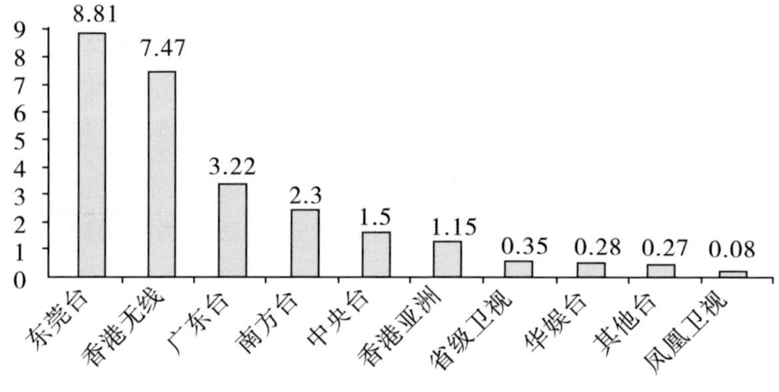

图 5－1　2006 年 10 月 16—27 日东莞地区黄金时段（18：00 至 23：00）各主要频道总平均收视率排名

（注：数据来源于尼尔森公司）

东莞电视台收视率首次跃居本地区第一，可谓东莞电视史上具有里程碑意义的重大事件，香港电视自此失去东莞地区乃至整个珠三角的“江湖霸主”地位。从宏观上看，这是珠三角城市电视台强势崛起和境外电视日趋式微的结果；从微观上看，这是对民生新闻“威力”的检阅和验证，民生新闻已成为各城市电视台拉动收视的利器。《今日莞事》当周平均收视率高达 9.95%，应验了华南理工大学新闻与传播学院李幸教授的业内名言：“民生新闻，一抓就灵！”

（四）民生新闻创新：变传递信息为帮民解困

近些年来，国内民生新闻因存在低俗化、去精英化、碎片化等积弊而创新后劲不足，造成观众收视审美疲劳，收视率普遍下跌 50% 以上，珠三角和长三角城市电视台也概莫能外。

在“后民生新闻时代”，民生新闻不能再停留在传递信息的初级阶段，也不能只局限于关心老百姓的家长里短、缺水缺电的小事上。如何从传递信息提升到为民解忧、帮民解困？如何从着眼百姓“小民生”上升到关注百姓

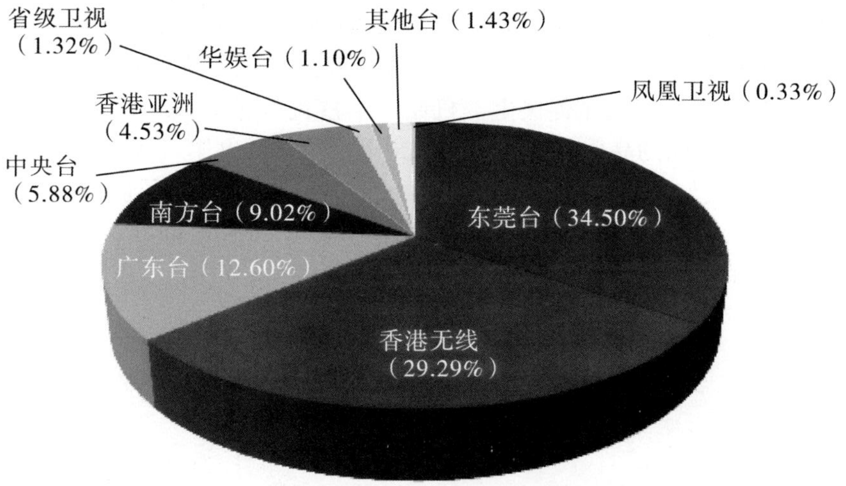

图 5－2 2006 年 10 月 16—27 日东莞地区黄金时段（18：00 至 23：00）各主要频道市场份额比较

（注：数据来源于尼尔森公司）

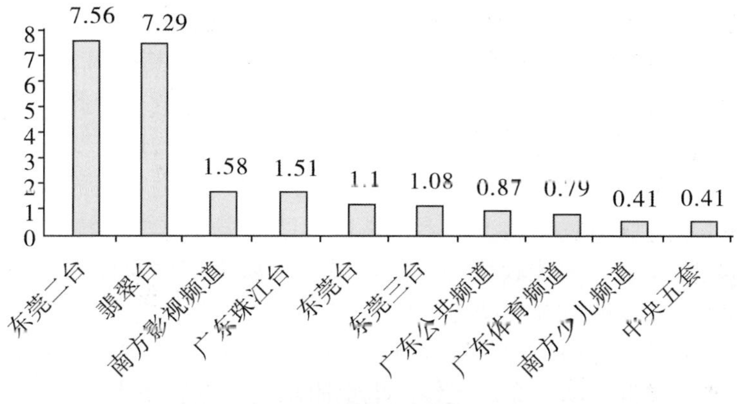

图 5－3 2006 年 10 月 16—27 日东莞地区黄金时段（18：00 至 23：00）单频道收视率排名前十名

（注：数据来源于尼尔森公司）

“大民生”？这是民生新闻目前要着重解决的课题。

基于以上认识，近几年来珠三角和长三角城市电视台的民生新闻都把为百姓帮忙解困作为栏目的核心版块。如苏州台《社会传真》的“朝晖帮你忙”、宁波台《看看看》的“大眼睛来了”、中山台《城市零距离》的“三人帮”、东莞台《今日莞事》的“莞事帮办”、江门台《新闻共同睇》的“女帮办”等都设置帮忙解困的内容。

民生新闻关注百姓的切身利益，坚持从群众中来，到群众中去，就能汲取用之不竭的内容资源。东莞台《今日莞事》栏目策划《基层零距离》系列报道，采编播人员开展“走基层、察民情”活动，通过角色体验了解社会各阶层的工作环境和内心世界，帮助他们解决工作和生活中遇到的困难。

杭州电视台《新闻60分》和《明珠新闻》等民生新闻栏目强化“媒介公民”意识，建立“民主促民生”机制，丰富民生预设议题的表达形态，有效提升了民生新闻的品质和影响力。杭州电视台还开办了《民情观察室》《市民监督团》《我们圆桌会》《直播1234》《公述民评》等一系列电视问政栏目，借助媒体和公众的力量，强化民生、民情、民意和政府问政、问责、问计，建立和完善了政府、媒体、市民“三位一体”的互动机制。

第三节　本土化战略：造区域影响之势

一、地市广电得天独厚的地缘优势

欧洲有句谚语：“身在罗马，就像罗马人一样行事。”入境随俗，尊重包容，才能同体共生。本土化与全球化是相对的两个概念，是硬币的正反两面。媒体本土化发展战略主要是指媒介产品的内容和形式要贴近当地的风土人情、欣赏习惯和价值取向，从而实现媒介产品认知度、支持度的最大化。

每一座城市都有其独特的成长轨迹，形成有别于其他城市的人文精神、历史沿革、市民特质、生活情趣、经济现状和地域特色。为此，杭州文广集团总经理余新平强调：杭州是“中国七大古都”之一，历史文化名城，深厚的历史文化积淀为广播电视节目提供了取之不尽、用之不竭的人文资源。与中央级媒体和省级卫视相比，本土化是城市广电媒体最大的特点，“接地气”是城市广电媒体最大的比较优势。百姓民生是城市广电媒体的一座富矿，是媒体赖以发展壮大的资源和动力①。

区域文化既为城市广电提供了丰富的内容资源，又为其提供了获得并维系本地忠实观众群体的机会。无锡广电集团总裁严克勤认为：“城市广电作为我国广电系统的中间层次，所具有的优势和劣势都十分明显。从优势来说，城市广电传媒植根于所在城市，具备得天独厚的地缘优势，与受众最贴近，与市场也最贴近，因而成为整个广电系统中最有活力也最有自我创造能力的广电传媒。”②

江门电视台敢于在竞争最激烈的新闻时段推出本土民生新闻栏目《新闻共同睇》，信心也是源自本土新闻节目的独特魅力。江门电视台总编辑徐弘认为，江门电视台的观众以中老年女性为主，且70%来自本土，他们最关心与自己生活息息相关的信息。“在信息爆炸时代大家不缺乏对大新闻热点话题获知的来源，唯有本地电视媒体可以做本地的、微观的、有权威性的新闻，这

① 余新平．杭州文广集团：坚持新闻立台　打造杭州好新闻．中国记者，2014（4）．

② 严克勤．解析城市广电．北京：中国广播电视出版社，2010．

是任何同类媒体都不能替代的①。”

二、都市圈崛起带来媒体发展红利

城镇化大步推进和区域文化兴起，放大了城市广电的这一贴近性优势。

首先，城镇化步伐加快为珠三角和长三角城市广电提供了传播覆盖所需的更大的城市容积和人口容量。城市化就是指乡村地区转变为城市地区的过程和人口向城市地区集聚的过程。国家明确了城市化发展的总体目标，即“推动大中小城市和小城镇协调发展、产业和城镇融合发展”。有学者认为，未来中国城镇化不再新建上千万人口的超大城市，而是转向发展以省会城市为中心的次区域城市群和以县市为基础推进就地城镇化。预计在几年内，有约 1 亿的农业人口落户二、三线城市，届时我国城镇人口占总人口 50% 的比重将有进一步的提高。

目前上海、广州和深圳三个一线城市的面积和人口已接近饱和，区域发展重心向周边城市转移。二、三线城市正以撤县（市）改区或区（镇）合并的方式迎接新一轮的城镇化，并通过降低入户门槛等手段扩大城市的人口规模。

截至 2015 年，苏州全市常住人口达 1 300 万人，市区人口逾 640 万人。珠三角的东莞和佛山的常住人口分别达到 831 万人和 729 万人；长三角的无锡和嘉兴的常住人口也分别达到 648 万人和 455 万人。经济繁荣、人口稠密的都市圈和城市带的崛起和成熟，无疑为珠三角和长三角城市广电创造了新的发展空间。

其次，浓郁的区域文化成为珠三角和长三角城市广电赖以生存的内容富矿。经过数千年的演变和沉淀，各区域形成了各具特色的思维方式、风俗习惯和道德修养等。如苏州春节“烧十庙香”“拜喜神”，元宵吃汤圆，中秋“走月亮”；中山舞龙狮鹤凤，唱咸水歌和高棠歌，赶菊花会。这些区域文化源远流长，影响深远，为广电内容制作提供了充足的素材和养分。

三、方言栏目提高本土受众黏合度

中国幅员广阔、人口众多，是一个多民族、多语言的国家。全国拥有各类语言 80 种以上，人们在人际交流中除使用通用语普通话外，还使用当地方言。

珠三角大多属广府地区，方言以粤语（又称白话）为主，其次是客家话。珠三角是全国著名的侨乡地区，移民海外的华人尤其多，粤语也成为澳大利亚第四大语言、美国和加拿大第三大语言。客家人原是中原汉族人氏，从秦代开始，先后六次南迁，其中一部分散落在广东的梅州、河源、惠州、韶关等地。客家话也成了上述地区的方言之一。作为吴越故地的长三角，主要方

① 徐弘．立足本土 精心谋划 不断提升频道竞争力．收视中国．2013（1）．

言是吴语（代表是苏州话）。吴语也粗略分为太湖吴语、南部吴语和西部吴语，使用人数大约为9 000万人。

（一）方言栏目受本土观众追捧

考虑到方言的历史渊源和社会地位，作为大众传播的广播电视在使用普通话制作节目的同时，也尝试推出方言频道和栏目。

广东电视台珠江频道就是一个粤语频道，南方电视台的粤语卫星频道是经国家广电部门审批的中国第一个粤语卫星频道，也是全国唯一获准上星的地方方言电视频道。珠三角城市广电大多开设粤语或客家话栏目。在粤语户籍人口占多数的佛山和中山，粤语栏目比例约占80%。

广州电视台是岭南地方特色最突出的电视传媒，现有的8个电视频道中，有5个频道用粤语播出。频道（栏目）用方言播出的比例如此之高，在国内电视界也属罕见。粤语是珠江三角洲地区乃至海外华人地区的强势方言，广州电视台以粤语作为传播的第一特色，以本土化作为传媒发展的第一策略，是广州电视台在境内外电视传媒的强力挤压中得以生存发展的关键要素之一。粤语栏目《广州电视新闻》注重本土性和贴近性，在广州地区同类型栏目中收视率和市场份额高居榜首，广告创收是电视剧场的两倍。另一新闻栏目《新闻日日睇》也有较高收视率，其貌不扬的主持人陈扬，凭借切合市民利益诉求和入木三分、鞭辟入里的个性化主持风格，成为栏目的一大“卖点”。

杭州电视台西湖明珠频道于2004年推出的《阿六头说新闻》，是内地城市开办最早的一档方言栏目。该栏目以杭州话播报，采用“主题故事化、故事人物化”的方式，贴近百姓生活、关注百姓话题。《阿六头说新闻》一经推出，长三角城市广电纷纷效仿。

表5－3　珠三角和长三角部分城市电视台方言栏目

所属区域	所属电视台	栏目名称	开办时间	栏目时长
珠三角	东莞台	《生活大莞家》	2011年	30分钟
	佛山台	《飞鸿茶馆》	2003年	20分钟
	中山台	《超然栋笃》	2010年	10分钟
	江门台	《今晚有约》	2012年	25分钟
	广州台	《新闻日日睇》	2004年	60分钟
长三角	苏州台	《施斌聊斋》	2005年	30分钟
	无锡台	《阿福聊斋》	2004年	55分钟
	宁波台	《来发讲啥西》	2005年	30分钟
	绍兴台	《师爷说新闻》	2005年	8分钟
	杭州台	《阿六头说新闻》	2004年	30分钟

（注：数据来源于各电视台公布的有关资料）

珠三角和长三角城市电视台的方言栏目主要有三种类型，即方言新闻、方言文化节目和方言栏目剧及电视剧。其中以方言新闻类为主，通俗地道、幽默风趣的语言风格，吸引了广大本地观众的眼球。

宁波电视台的《来发讲啥西》用“石骨铁硬”的宁波话“讲”新闻，当中穿插幽默故事和意味深长的宁波老话。栏目开办初期，收视率（央视—索福瑞媒介研究数据）维持在8%至10%，其主持人——宁波一出租公司前业务经理朱永耀也从一名寂寂无闻的普通百姓成为赫赫有名的公众人物。

苏州电视台用吴语播报的栏目《施斌聊斋》，自创办以来连续六年囊括同时段收视冠军。主持人施斌是当地一名评弹演员，节目中他常以“夜里十点敲，按摩脑细胞”为开场语，以“按摩脑神经，一呼到天明”为结束语，内容以时事笑话为主，穿插吴语介绍、社会新闻、歇后语、猜谜语等。

珠三角大部分城市电视台如佛山、东莞、中山等方言栏目用粤语播出，惠州电视台的方言栏目《客家》用客家话播出，这与惠州是东江客家人的主要聚居地有关。

珠三角和长三角的城市方言栏目有如下共同点：一是内容突出本土性和市井化。栏目多以民生新闻面目出现，评说天下大事，抒发百姓情怀。二是风格亦庄亦谐。以“讲”的形式播报新闻，有时兼有“唱新闻”和“演新闻”（如无锡电视台的《阿福聊斋》），嬉笑怒骂，皆成文章。三是主持人平民化。主持人大多不是传统意义上的字正腔圆的帅哥美男，但有生活阅历、有个人见解。有的还来自“草根阶层”，如嘉兴电视台《今朝多看点》的主持人金伯伯就是一名普通百姓。四是栏目大多有较高收视率。方言栏目内容贴近、形式活泼，受到本土观众特别是中老年观众的喜欢。

（二）方言栏目遭社会异议

对方言栏目，社会上也引发异议。广州市政协某官员以广州有1/3的外来人口为由，提出《关于进一步加强亚运会软环境建设的建议》的提案，建议在广州电视台综合频道和主要频道黄金时段的新闻播音，由粤语改为普通话，营造良好的语言环境，为办好广州亚运会创造条件。

“推普废粤”一时成为社会热点，并引发社会“粤语沦陷”的忧虑和“保卫粤语”的强烈呼声。2014年6月30日，广东电视台新闻栏目《正点报道》的播出语种从粤语改为普通话，“推普废粤”的话题再次成为热门话题。

笔者认为，方言和普通话并非是有你无我、水火不容的矛盾对立面，在倡导文化多元的今天，是可以找到相生相息的平衡点的。推行国家通用语，是国家统一、民族团结的重要象征，人际传播和大众传播需要有一个高度统一的通用语，作为国家的大众传媒也有责任规范语言文字和推广通用语言普通话。但中国七大方言是地方传统文化沉淀的结晶，是民族语言文化的重要组成部分，是人们身份认同的重要标志，大众传媒也有义务传承和弘扬乡土文化。

德国对待通用语和方言的态度值得借鉴。德国十分注重国家通用语的普及和规范，针对英语、法语等外来语“入侵”而造成德语通用语出现的异化现象，德国语言学家专门成立“保护德语协会”，强调“德国人要保卫德语”。

德国政府也认识到，方言是通用语的生存血液和土壤，方言和通用语两者不可偏废。德国方言有 50 多种，主要有高地德语、低地德语、中地德语。鉴于近年来方言流行弱化，德国各级政府发起拯救方言行动，如科隆成立方言学院，巴伐利亚、萨克森州等地区广电媒体开设部分方言栏目等。

大众传播讲求贴近性和到达率，坚持以普通话节目为主导，在本土受众占多数的前提下，辅以一定比例的方言节目，兼顾各类受众群体的欣赏习惯，是科学的、可行的。广州电视台经济频道曾于 2009 年改用普通话播出，但收视率大跌。因该频道午间普通话新闻收视率过低而从 2010 年 1 月重新用粤语播出。以上事例说明，任何“一边倒”和“一刀切”的思维和做法都是有悖于唯物主义辩证法的。

传媒环境、传播方式、传授对象在动态变化中，因此新闻与传播理论不能一成不变，而应在实践中不断修补、丰富和完善。

国内改革开放和城镇化步伐加快，使中国现代社会呈现较大规模的人口迁徙景观，新闻媒介的本土化概念的内涵和外延也随之发生了变化。

经贸活动活跃的珠三角和长三角吸引了国内外众多商家，来自四川、湖南、河南等人口大省的大量务工人员也接踵而至。不少二、三线城市出现人口结构倒挂现象，如苏州 1 300 万常住人口中，户籍人口只有 600 万，而外来人口达 700 万，成为仅次于深圳的全国第二大移民城市；东莞 831 万常住人口中，外来人口达 651 万，而户籍人口仅 180 万。

城市人口结构变化也促使媒体重新理解本土化概念。苏州广电台提出“新本土化”的概念，认为本土化不仅仅是指苏州事、苏州人和苏州情，媒体要关注生活在苏州的所有的人，包括本地人和外乡人，强调“你的关心就是我的关注”。把新闻报道的视野放宽到全国甚至全球，拓宽报道领域，打破地域限制，做到重大新闻苏州落地，把“大事”变成“身边事”①。

媒介生态环境处于流变状态，媒体思维要见微知著，应势而为，顺势而变。

第四节　品牌化战略：造品质构建之势

一、品牌的独特性、稀缺性、优质性和不可替代性

“品牌”的英文单词 Brand，源出古挪威文 Brandr，意思是“烧灼”。品

① 王晓雄. 守正出奇——苏州电视新闻的“新四化”探索. 收视中国，2013（8）.

牌是一种识别标志、一种精神象征、一种价值理念、一种品质符号，品牌的特征是独特性、稀缺性、优质性和不可替代性。

美国著名营销学家科特勒认为，品牌是一种名称、名词、标记、符号或设计，或是它们的组合运用。其意图是借以辨认某个销售者或某群销售者的产品或服务，并使之与竞争对手的产品或服务相区别。

品牌打造并非是一蹴而就的，它需经过岁月的磨砺。“德国制造”是一个世界性品牌。从广受诟病到备受推崇，“德国制造”历经漫长而曲折的嬗变之旅。德国产品曾因剽仿质劣而被消费者嗤之以鼻。经过逾百年的励精图治后，汽车、机械等德国产品现已成为品质的代名词。德国足球也曾因打法单调、技术粗糙而遭唾弃。经数十年精心改造，德国足球糅合欧洲和南美长处，剽悍中见细腻，豪放中显婉约。无论物质产品，还是精神产品，卓越和至善始终都是“德国制造”品牌的恒久追求。

德国不仅生产奔驰、宝马、奥迪、保时捷等品牌汽车，还向世界输出如康德、黑格尔、马克思等哲学大师和德意志民族的哲学思想。德国人的品牌哲学思维是“没有质量的数量是毫无意义的，唯有以质量为基础的数量才构成真正意义上的数量”。

为何德国能从“一战”和“二战”的废墟中再度崛起？为何国家总面积与中国云南省面积相当的德国能成为世界第四大经济体？为何德国人及其后裔能囊括世界上半数的诺贝尔奖？人们从“德国制造”品牌的背后可找到答案。

注重媒体品牌塑造是国际大型传媒集团的共识。CNN、ABC、BBC、NHK、德国之声、法国 24 等著名传媒机构都设有专门的品牌设计和运营部门。其中德国之声被称为“德国在海外的媒体名片”。

对广电媒体来说，品牌或是一个频道、栏目、口号、名记者、名主持，或是一个 LOGO、一个图案，或是管理理念、营销方式、媒体企业文化等，或是以上元素的结合体。品牌是媒体的生命，传媒学家邵培仁说：“没有品牌，就意味着失去整个受众市场，意味着失去一切。”

二、城市广电品牌载体

珠三角和长三角城市广电的品牌打造理念和路径有别于内地经济欠发达地区，除了选取新闻产品作为介质和切入点外，他们还发挥区域文化优势，并依托媒体自身雄厚的经济实力，瞄准纪录片和影视剧等高端产品，摸索出具有区域文化魅力和经济发达地区特色的媒体品牌，从而打造出新路子。

（一）纪录片

作为以真实生活为创作素材、以真人真事为表现对象的电影或电视艺术形式的纪录片，其最大的特征和魅力是纪实性和原生态化。如“世界纪录片教父”维尔托夫所言，纪录片镜头如同人眼一样，“出其不意地捕捉生活”。

纪录片这种特质决定它在内容和形式上都深深打下了区域文化的鲜明烙印。

纪录片在中国受到广泛关注，与国家媒体中央电视台的大力推广密不可分。继推出《话说长江》《大国崛起》等高质量纪录片后，近几年来中央电视台又陆续制作《唐之韵》《大明宫》《二次大战启示录》《舌尖上的中国》等吸引观众眼球的纪录片，并专门开辟纪录片频道。

纪录片走进百姓视野，并成为各级电视台塑造媒体品牌的主要载体。无锡电视台联合地方制作公司推出的《汉服记》《天籁古琴》《吴声天韵》等纪录片，反映了无锡源远流长、丰富厚实的区域文化。无锡电视台于2012年开辟纪录片栏目《发现》，其宗旨就是："发现无锡，寻找印记；发现历史，揭开真相；发现文化，感动心灵；发现当下，启迪未来。"长三角城市广电制作的纪录片，都以发掘和传承区域文化为依归。

1. 南派纪录片独树一帜

正因为纪录片折射出迥异不同的区域文化，纪录片风格也异彩纷呈。有学者以茶和酒比喻纪录片风格：以茶作喻，"北方之性，如一杯红茶，浓郁浑厚；江南之性，如一杯青茶，醇香缓放；岭南之性，如一杯绿茶，清香略苦"。以酒作喻，"北方——酱香型；江南——浓香型；岭南——清香型"①。南派纪录片风格与岭南文化特质相吻合。在纪录片研究上有较深造诣的暨南大学新闻与传播学院谭天教授认为："被纳入'南派纪录片'体系的作品在题材上更加关注社会现实、在地域文化的反映上贯通中西，叙事中更显细腻贴近，记录中更注重人文关怀，整体呈现出与岭南文化相匹配的多元、开放、包容、创新的特质，同时也追求细腻感人、贴近生活的人文情怀。如此鲜明的个性风格，我们完全可以推断南派纪录片在美学层面上已基本成型。"②

随着南派纪录片风格日趋成熟，国内纪录片创作也呈现北风南渐的趋势。究其缘由，主要有三方面：一是氛围驱动。广东纪录片创作氛围之浓厚，国内无出其右。一年一度的中国（广州）国际纪录片大会实现了由地方性到国家级、由专业性到综合性的跨越，这个集评优、展播、论坛和市场交易于一体的唯一国家级、国际性纪录片专业节展越来越受到国内外同行的广泛关注和积极参与。大会特设的"广东日"中国南派纪录片颁奖典礼是对珠三角纪录片创作的年度检阅。二是省台带动。广东电视台对广东纪录片创作起到带头和示范作用，《今日广东》《珠江纪事》栏目积极探索南派纪录片风格。该台成立的"中国电视纪录片南方创作培训中心"和"中国南派纪录片创作基地"，为广东纪录片创作交流搭建了平台。三是地方台主动。珠三角城市电视台是广东纪录片创作的生力军，推出了《珠海故事》（珠海台）、《北江纪实》（清远台）、《经历》（佛山台）和《海外中山人》（中山台）等纪录片名栏目，清远、肇

---

① 郭际生. 岭南文化烙印与"南派纪录片". 南方电视学刊，2009（2）. 注：本书引用时，个别文字略作修改。

② 谭天，杨俊君. 犹抱琵琶半遮面——南派纪录片的理论分析与现实判断. 中国电视，2010（6）.

庆等市定期举行地方性纪录片创作与交流活动，邀请省内外同行参与。

2. 佛山电视台纪录片创作四面开花

中山电视台和佛山电视台是广东纪录片创作的佼佼者和中坚力量。这一判断不仅源于他们屡有佳作在各类评选中获奖并在中央电视台播出，还源于他们建立了成熟的纪录片创作运作机制，更源于他们把区域文化的纪录和弘扬上升为媒体的文化自觉。

佛山电视台纪录片创作走的是实践摸索与理论探讨相结合的路子。该台成立纪录片创作中心，邀请国内纪录片著名导演相聚佛山，交流纪录片创作经验，并选送《结婚》《结婚之后》《大学生猪肉佬》《毕业这一年》4 部优秀纪录片在中央电视台纪录片频道播出。

佛山电视台与中央电视台建立长期合作机制。该台为中央电视台承制 5 集纪录片《成长印记》并成功播出，中央电视台则为佛山电视台设立纪录片展播“佛山周”。中央电视台纪录片频道以“佛山周”形式结集播出佛山电视台制作的纪录片《很多人的咖啡馆》《用心美食店》和《优优音乐室》等 5 部作品。中央电视台专门为城市电视台设立纪录片周，尚属首例。另外，佛山电视台还通过节目版权交易的方式，使得《老佛山　新天地》等 19 部自制纪录片在重庆卫视、黑龙江卫视等相继播出。

佛山电视台出品的 30 多部作品已获国内外各类专业奖项近 60 个。国家新闻出版广电总局有关负责人认为：“佛山电视台的纪录片制作既传承了城市传统文化，也弘扬了社会主义核心价值观，取得了经济效益和社会效益，经验值得在全国推广。”

3. 中山电视台建立了成熟的纪录片运作机制

相比而言，无论是创作视野、创作规模，还是创作成果、社会反响等，中山电视台纪录片创作的路子走得更踏实、更有气魄、更具特色。

首先，中山电视台纪录片创作立意高远。打造媒体品牌和打造城市品牌是中山电视台纪录片创作的出发点和归宿点。该台以纪录片为载体，把媒体品牌构建与城市形象塑造融于一体。他们创作的纪录片在中央电视台、广东电视台和香港无线电视播出，不仅成为媒体品牌标志，还成为城市文化名片。人们从中不仅可以认知一个地市媒体的综合实力，还可以感受物华天宝、人杰地灵的中山风采。

其次，中山电视台纪录片题材丰厚。中山是一代伟人孙中山的故乡，并素有“华侨之乡”“曲艺之乡”“广东四小虎”之一、“宜居城市”等美誉。民主革命文化和侨乡文化是中山最独特、最有魅力的城市亮点。中山电视台纪录片发挥题材独有优势，以“伟人故里，文化中山”的地域文化为依托，以近现代史著名人物为主要创作素材。《海外中山人》可谓是中国海外华人的奋斗史，中国电视艺术家协会秘书长王锋说：“《海外中山人》是一部海外华人移民史的影像志，是一条色彩绚丽而丰富多彩的海外华人的人物画廊。”而以阮玲玉、郑君里、吴思远等中山籍的中国电影领军人物为题材的《中山影杰》也可称得上是中国百年电影的缩影。

再次，中山电视台纪录片视野恢宏。他们拥有开阔的国际视野。《海外中山人》自2004年开播以来，已先后推出了《大洋洲篇》《北美洲篇》《亚洲篇》《中南美洲篇》和《欧洲篇》五大篇共200多集，摄制组成员足迹几乎遍及世界每个角落。中山电视台纪录片突破区域局限，已迈向全国、走向世界。视野之开阔，规模之巨大，气势之恢宏，在国内地级广电中首屈一指。

另外，中山电视台纪录片建立了颇为成熟的运作机制和紧密的营销链条。一是拥有充足的资金保障。作为城市的外宣项目，《海外中山人》《港澳中山人》和《中山人在上海》等，都得到中山市政府和社会商家的专项资金支持。二是拥有专业的创作队伍。中山电视台专门成立了一支精干的纪录片创作队伍，由经验丰富、年富力强的专业骨干担纲。三是拥有固定的播出平台。中山电视台纪录片采用了能产生期待效应和规模效应的季播形式，有利于品牌打造，广受观众欢迎。四是拥有成熟的营销模式。中山电视台纪录片除通过影像在公共平台播出外，还印制成书籍、画册和DVD等供人们阅读和收藏，以扩大覆盖面和影响力。

作为中国南派纪录片创作基地，中山电视台纪录片创作硕果累累。起步早、成规模、质量优是中山电视台纪录片的特点。纪录片创作累计10多年，内容涉及政治、经济、文化等各个领域，拥有近300集的创作量，这与国内大多城市电视台纪录片创作仍处于小打小闹、浅尝辄止的状态相比，更显得难能可贵。

更值得一提的是，中山电视台纪录片大多品位高、质量佳。《海外中山人》荣获第25届“中国电视金鹰奖纪录片类组委会特别奖”和国家广电总局“广播影视走出去工程优秀项目奖”，并入选“纪念改革开放三十年中国优秀纪录片”二十佳纪录片。《中山影杰》获第五届国际纪录片选片会“十大纪录片奖”。《味道中山》在中央电视台纪录片频道反复播出，曾连续两周夺取该频道同一时段的收视冠军，被誉为《舌尖上的中国》“中山篇”。

（二）影视剧

1. 珠三角是中国影视产品重要生产基地

国有资本、民间资本和境外资本“三轮驱动”是珠三角和长三角影视剧生产的共同模式。

成立于1956年的珠江电影制片厂是华南地区历史最早、规模最大、实力最强的综合性电影企业，至今共生产故事片200多部、电视剧80多部400多集，推出了包括《南海潮》《大浪淘沙》《七十二家房客》《跟踪追击》《海外赤子》《乡情》《雅马哈鱼档》《情满珠江》《安居》等一大批具有岭南特色的精品力作。

在浓厚的影视创作氛围的影响下，珠三角近十多年来建立了一批影视生产基地，如南海影视城、中山影视基地、南方广播影视创意基地（珠海）、江门开平赤坎影视城等。

深圳广电集团把影视精品生产与深圳卫视并列，作为提高深圳广电集团竞争力和影响力的“鸟之两翼”。集团在原深圳电影厂基础上于2007年成立深广传媒有限公司，广泛利用社会影视资源进行影视剧生产制作。近年来先后投拍影视精品150多部共1 000多集。目前集团年生产约200集电视剧，作品数量和质量位列全国城市广电前三强。集团近年来先后投入上亿元投拍数十部影视剧，《亲兄热弟》《马文的战争》分别获中国电视剧“飞天奖”，《马文的战争》获日本东京国际电视剧节特别奖；电影《夜·明》获中国电影华表奖3项提名和中宣部“五个一工程奖”。《和空姐一起的日子》《命运》《家有爹娘》《天地民心》《兵峰》5部电视剧接连在中央电视台播出，显示了深圳广电影视剧制作的强大实力。

电视媒体是影视剧生产、展示和推广的重要载体。近几年来，珠三角和长三角的城市广电均“试水”影视剧制作，并力图将其当作媒体新品牌去培育和打造。近些年来，珠三角城市广电先后推出了《电视台的故事》（东莞广电出品）、《永远的红树林》（珠海广电出品）、《孔子》（佛山广电出品）等电视剧。

东莞广电制作的20集电视连续剧《电视台的故事》被称为“国内首部以电视媒体为题材的电视连续剧”，它以东莞广电改革发展历程为创作原型，创业、爱情、亲情三线交织，张页石、杜俊泽、吕洁、刘佳、何赛飞、刘世龙等专业演员与东莞广电一众主持人联袂演出。该剧在广东数家电视台播出，并一度在新浪网电视库3万多部电视剧中点击率进入前3 000名。

无论是题材内涵、社会反响，还是投资规模、演员阵容，佛山广电联手中国孔子基金会出品的被誉为“中国首部人文圣哲大剧”的36集电视连续剧《孔子》可称为上乘之作。佛山传媒集团党委书记、管委会主任刘宁说：“孔子思想对世界和中国的发展以及对国际和平的重要性不言而喻，这些思想在我们的电视剧《孔子》里都有阐述。佛山传媒集团能拍摄《孔子》，感到非常光荣。”

《孔子》采用先境外后境内的推广营销策略，2012年在日本卫视和泰国国家电视台隆重推出，引起各方强烈反响。作为孔子诞辰2 565周年的献礼之作，该剧于2014年9月在山东卫视面向全国首播。

值得称道的是，作为一个地市传媒，佛山传媒集团积极关注国家重大历史题材影视剧，体现了媒体传承国家历史文化的社会责任和“小城办大媒体，引领城市新跨越”的媒体魄力；6 000万元的总投资也属鸿篇巨制，折射出珠三角城市广电雄厚的经济实力和强大的融资能力。《孔子》被学界称为“迄今为止（同题材）最成功的影视片”和“有实力‘走出’国门，并将会被世界接受的一部中国电视剧”，其运作经验值得同行借鉴。

2. 长三角城市广电影视剧制作凸显超卓的整体实力

相对而言，长三角影视业的底蕴、规模和影响力均胜于珠三角影视业。

上海是中国电影的摇篮和发祥地。上海电影跨越中国电影百年历史长河，在世界影坛占据一席之地。1949 年以前的中国电影史可称为上海电影史。成立于 1949 年的上海电影制片厂，是中国三大电影基地之一。

在上海电影的带动和辐射下，长三角影视产业如火如荼，除南京电影制片厂和浙江电影制片厂外，知名的影视生产基地有浙江横店影视城、宁波象山影视城、舟山射雕影视城、嘉兴南北湖影视基地、上海车墩影视城、吴江同里影视基地、无锡影视基地、无锡数字电影产业园等。

珠三角城市广电已萌发打造影视剧新品牌的意识，佛山广电、东莞广电也迈出了可喜的一步。但从影视剧制作的整体氛围、运作机制和作品质量上，长三角城市广电比珠三角城市广电更胜一筹。

首先，长三角城市广电影视剧品牌打造成为集体意识，在南京、杭州、宁波、无锡、苏州等城市广电带动下，长三角城市广电影视剧制作呈现长江后浪推前浪的发展态势。其次，长三角城市广电出品的影视剧普遍质量上乘，大多作品“上得天气，中有灵气，下接地气”，其中不乏摘取全国“五个一工程奖”“飞天奖”和“金鹰奖”的精品力作。最后，长三角城市广电影视剧制作的运作模式比较成熟，融资渠道广阔，与市场对接紧密，营销手段多样。长三角城市广电影视剧制作的集体“爆发”，是长三角深厚的区域文化的延伸和展示，是繁荣发达的区域经济的助推结果。

宁波广电影视剧出品闻名遐迩，囊括全国“五个一工程奖”“飞天奖”和“金鹰奖”等专业奖项，这是国内同行推崇的影视制作“宁波模式”的品质注解。2009 年投拍的 36 集电视剧《北风那个吹》被誉为“知青尚美文学”的开山之作，一举夺得北京卫视开播以来的收视冠军，女演员闫妮也凭剧中的出色表演把“飞天奖”和“金鹰奖”收入囊中。

宁波广电投资逾 5 000 万元制作的 32 集电视剧《向东是大海》，讲述宁波商帮的传奇故事，被称为“思想精深、艺术精湛、制作精良、可看性强的精品力作”，以每集 130 万元的高价被中央电视台收购，并勇夺全国“五个一工程奖”。宁波广电近几年来投资摄制的电视剧共 10 多部 400 多集。

无锡广电是中国广电改革的一面旗帜，在影视制作上也一马当先。作为主要出品方，无锡广电集团于 2012 年推出总投资 5 000 多万元的国内首部国安题材 30 集电视剧《誓言今生》，在中央电视台一套播出，引起了强烈的社会反响，高居同时段全国电视剧收视排名第一位，分别获全国“五个一工程奖”“飞天奖”和“金鹰奖”。无锡广电近年还陆续出品了《不肯去观音》《好“市”多多》《中年计划》《出路》等多部电影和电视剧。中国首部观音题材故事电影《不肯去观音》，在第 37 届加拿大蒙特利尔国际电影节上荣获“世界伟大电影奖”。

苏州双面绣扬名海内外。苏州广电也全力推出品牌双面绣：栏目品牌打造与影视品牌打造双管齐下。他们近几年来投拍了《京华烟云》《半路夫妻》《万历首辅张居正》等优秀电视剧，还投资制作了《康定情歌》《笛声何处》

等电影，被国家广电总局誉为中国影视艺术的“苏州现象”。

（三）影视动画

经济发达、文化繁荣的珠三角和长三角都是中国动漫业的核心区域，两区域城市广电利用得天独厚的产业优势，积极打造影视动漫及衍生品媒体品牌。

动漫业是中国文化产业中发展速度最快、最有发展前景的产业。经过近10年的培育，我国动漫业呈现从北上广发端到湘江浙崛起再到多个省市集体扩张的发展线路。目前我国共有动漫企业近5 000家，预计2014年我国动漫业总产值将达到1 000亿元。

1. 东莞广电打造影视动画品牌

相对而言，珠三角动漫产业发展具有先发优势，产业链整合、市场化运作渠道优势明显。东莞是珠三角乃至华南地区重要的动漫生产基地。作为全球著名的“制造业名城”，东莞方兴未艾的动漫业与传统制造业“擦出火花”并结对联姻。东莞市政府明确把文化创意产业列为推动地方经济发展的第九支柱产业，为此地方财政在近5年内投入50亿元专款。东莞有意将松山湖高新产业园打造成“两中心一基地”（衍生品研发交易中心、原创设计中心和创意产业基地），引进了水木动画、创造者文化、功夫龙影视、广东艾力达等一系列品牌动漫企业。

目前东莞拥有动漫原创、品牌授权和衍生品设计企业逾千家，文化产业占东莞GDP的比重已达4.8%，动漫产业成为其中的重要部分。东莞自2009年以来连年成功举办“中国国际影视动漫版权保护和贸易博览会”，形成了“北杭州、南东莞”的中国动漫展会格局。

东莞广电积极发掘和利用本地动漫的优质资源，打造媒体产品新品牌。一是开辟影视动漫剧场。与东莞知名动漫生产机构合作，组织优秀影视动漫作品展播，在提高东莞动漫作品影响力的同时，提高媒体知名度。二是设计和注册栏目动漫标志。东莞电视台旗下的少儿电视栏目《宝贝豆丁》所推出的影视动漫形象深入人心。为扩大影响，栏目组专门设计和注册了一系列“人偶”，并制作成纪念品、玩具等推向社会。三是策划组织动漫大型户外活动。与腾讯公司合作，开办《点星魔坊》“精彩童星电视大赛”，延续动漫线上品牌。

2. 无锡广电成为影视动画品牌标杆

长三角动漫产业发展属潜力型，在内容创作与技术研发、文化与资本融合、政策资源与人才资源等方面均优于珠三角。上海是中国动画电影的摇篮。2011年文化部公布的全国动漫业专项调查显示，上海、浙江、江苏进入全国动漫产值规模前10名，长三角成为全国各区域中动漫业整体实力最雄厚、产业布局最均衡的区域之一。

借助长三角“品牌集聚、区域合作、人才荟萃”的动漫产业优势，无锡向“中国动画之都”目标挺进。无锡广电应势而谋，瞄准动漫业，打造媒体新品牌。目前，无锡广电已构建起影视动画创作、制作、发行、播映、融资以及相关衍生产品生产的完整产业链。

一是构建动漫“产学研”公共技术平台。无锡广电与地方政府合作，共同投资组建占地约20万平方米、投资规模约3亿元的国家动画产业基地——太湖数码动画影视创业园。园区动漫年生产能力为4 000分钟以上，将成为动漫生产的高地。

二是构建动漫信息服务平台。以属下“大湖明珠网站”为基础，开辟东方动漫网，为国内外影视动画机构和从业人员提供信息传播和学术交流平台。

三是推出影视动画精品。近年来，国内影视动画界刮起“无锡广电旋风”。无锡广电与北京电影学院联合投资2 000万元，制作出品江苏省首部动画电影《快乐奔跑》，荣获第13届中国电影“华表奖”之“优秀动画片奖”。无锡广电还投资出品和独立制作原创三维系列动画片《木头村》，在中央电视台少儿频道黄金时段热播，并登录中国移动手机动漫平台。

总而言之，珠三角和长三角城市广电充分利用本区域动漫业迅猛发展的优势，以此为切入点建立媒体新品牌，但在具体运作和成效上呈现差异。长三角城市广电影视动画品牌打造有平台、有机制、有人才、有成果。特别是动漫“产学研”公共技术平台和信息服务平台的搭建，令长三角城市广电影视动画品牌建设基础更加牢固、步履更加坚实。而拥有一批高质量的有自主版权的原创影视动画作品，正显示了长三角城市广电影视动画品牌建设的强大实力和无限魄力。

更值得一提的是，以无锡、苏州、宁波等为代表的长三角城市广电，一个连接影视动画创作、制作、发行、播映、融资和衍生品生产等环节的完整产业链已基本成型。

第五篇

逆势而上

极重之势，其末必轻，

轻则反之也易，此势之必然者也。

——王夫之

第六章　危中寻机：城市广电产业转型

平之必陂，往之必复，自然之理势也。

——王夫之

“日中则昃，物极必反”，这是势态阴阳更替、强弱转换的自然之理。明末清初思想家王夫之认为，历史推移和万物演变始终由一种双元辩证逻辑支配着，任何趋势一出现便渐渐扩大增强，而任何趋势达到极致时也必穷尽而逆转。

福祸相依，危机共存。这是最好的时代，这是最坏的时代；这是希望之春，这是失望之冬。世间万物始终处于动态流变之中，随着客观外在条件变化和人的主观能动性的发挥，事物发展逆势就有可能向顺势转化。

对城市广电经营而言，危机是传统经营模式之危，却也是科学发展、协调发展之机。我们要深入探究城市广电传统经营模式的各种积弊，对症下药，有的放矢，寻找机遇，逆势而上，构建适应现代传媒发展新常态的经营模式和运行方式。

第一节　城市广电产业发展的现实困境

世间万物都处于一个相互依存、互为因果的大系统之中。行业发展小气候在国家经济发展大气候中生成和演变。我国在 2012 年以人均国内生产总值 6 100 美元进入中等收入偏上国家行列后，毫不例外地掉入“中等收入陷阱”。国家经济发展速度放缓直接影响传媒产业发展。

经历了 21 世纪首个 10 年的高速发展期后，伴随着国内外经济发展起伏节奏，城市广电已经触摸到传统广告经营的“天花板”，经营增长速度逐渐减缓回落，发展势态由盛转衰，直至出现目前经营的断崖式下滑。城市广电经营发展轨迹与事物势态阴阳替换规律是一脉相承的。

当前城市广电的经营困境与国内经济发展速度放缓的大环境密不可分，但其他因素也不容忽视。

一、自身因素

（一）单一经营模式限制了媒体的盈利空间

媒体的社会属性和经济属性决定了媒体存在“二次销售”现象。媒体的“二次销售”理论高度概括了媒体的传播和经营行为特征：媒体第一次销售是把有价值的信息产品卖给受众；媒体第二次销售是把受众的注意力和媒体影响力卖给广告商。大多数媒体第一次销售是难以获得利润的，利润获取主要来源于第二次销售。从这个意义上说，媒体经营既是注意力经济，又是影响力经济。

对电视传媒而言，第一次销售的是媒体载体，付费收看就是一种销售形式；第二次销售的是受众，收视率便成为电视媒体与广告商之间的“通行货币”。在经济发达的西方国家，付费收看和广告投放是大部分成熟商业类电视媒体盈利的两大模式。2009 年世界电视媒体 100 强中前 7 名广告收入及所占比重如表 6－1 所示。

表 6－1　2009 年世界电视媒体 100 强中前 7 名广告收入及所占比重

名称	电视广告收入（亿美元）	占收入比重（%）
时代华纳	184.62	68.79
美国电信	73.51	31.08
迪斯尼	71.42	31.08
NHK	46.42	92.99
新闻集团	30.56	25.67
BBC	30.10	73.24
中央电视台	15.00	69.50

在市场经济仍处于初级阶段的中国，收看电视更多被视为一种“社会福利”，国民普遍缺乏付费收看的意识。中国传媒大学广告学院院长黄升民教授说：“中国媒体经营模式单一，无论是大的、国家的权威媒体，还是小的、一些专业的杂志或专业媒体都依赖广告生存。”

据统计，媒体产业发达的国家，其纯广告收入仅占总收入的 40% 左右，而国内 90% 以上的电视媒体，其产业结构中总收入的 90% 以上来自广告。国内城市广电对广告创收的依赖程度更高。即便是经济繁荣、节目质量较高的珠三角和长三角绝大部分城市广电，传统广告收入也占年度总收入的 70% 以上。

“把所有的鸡蛋都放在一个篮子里，然后站在旁边守着，不让人踢翻篮子。”美国人际关系学大师戴尔·卡耐基的意愿只能是一厢情愿。广告盈利模式存在着经济、政策、传播等诸多不确定因素，“不要把鸡蛋放在一个篮子里”“不要吊死在一棵树上”，才是媒体经营的正道。

为此，传媒学者喻国明强调，媒体产业链条的形成对于提高媒介多点支撑的经营状态、形成多样化的产业模式，是非常重要的。所以应当把媒介的发展放置到整个社会经济的链条和社会生活的链条中去，而不应局限于广告经营或产品售卖这种单一的层面上。

（二）在境外电视频道插播广告的创收模式难以为继

珠三角城市电视台在广告经营上有别于长三角城市电视台的一大特色是：在境外电视频道上插播广告。珠三角地区收看香港电视至今已有 30 多年历史。进入 21 世纪，香港无线电视的翡翠台和明珠台、香港亚洲电视的本港台和国际台等香港电视频道先后在广东合法落地，并占据了珠三角 90% 以上的市场份额。广东广播电影电视局牵头与香港无线电视、香港亚洲电视协商并签约，珠三角城市电视台以每年支付总额近 1 亿元费用获取在上述香港电视频道合法插播广告的权利。

珠三角城市电视台在境外电视插播广告的创收模式存在较大的赢利不稳定性和政策不可预知性。一直以来，香港无线电视和香港亚洲电视对插播广告的版权费支付一直存有异议。另外，从媒体运作角度考量，在境外电视频道插播广告是一把双刃剑。

境外电视频道曾是一座“富矿”。珠三角个别城市电视台一年仅支付数百万元的广告插播分摊费，却换来了超亿元的广告创收；大部分城市电视台境外电视频道插播年收入超过年总收入的 70% 以上。境外电视频道插播广告也是一剂“毒药”。暨南大学新闻与传播学院谭天教授说：“珠三角个别城市电视台靠在香港频道插播广告而求得一时安稳。”这种被动型、依赖性的创收模式，在某种程度上消解了珠三角城市广电传媒通过提高节目质量以吸引广告投放的内生动力，也不利于节目品牌打造和媒体可持续发展。

事实上，随着香港电视在珠三角地区的影响力锐减，境外电视频道插播广告收益已不可同日而语。目前，珠三角大多数城市电视台境外电视频道插播广告的赢利不稳定性已充分显现，各台收入占比大幅下降，有的仍不足年总收入的 30% 。

二、政策因素

（一）“台网分离”令城市广电失去一个胀鼓鼓的“钱袋子”

中国广电网络体制改革肇始于 1999 年，其核心目标诉求从初始的“全省一张网”上升至现今的“全国一张网”，并作为国家发展战略由国务院直接主导和部署。珠三角和长三角这项工作起步相对稍晚于国内其他地区，进展较为迟缓，步履也较为艰难。广东和江苏至 2014 年仍未彻底完成统揽全省各市县广电网络的大业："全国一张网""越往后越难，越往上越难，越往'东'越难"。行业专家的感叹不无道理，盖因"全国一张网"涉及国家与地方之间的重大利益调整并牵涉人财物繁杂关系的"事转企"体制改革。

在"四级办广电"体制下，广电网络是中国四级财政"分灶吃饭"的缩影。各市县广电网络均由地方政府投资、各级广播电视台主管，因此成为地方政府资产和各级广播电视台重要的经济来源。从20世纪90年代开始，珠三角和长三角大部分城市广电在当地财政从全额拨款到差额拨款乃至完全"断奶"的情况下，能实现自负盈亏、自我积累和自我发展，主要依靠的是掌控在自己手里的广电网络这个"钱袋子"。

"台网分离"的结果直接触动了珠三角和长三角城市广电的"经济神经"，使它们失去了对广电网络绝对拥有的所有权、经营权和支配权，失去了一个丰厚而稳定的经济来源和自主掌控的播出渠道，原本传统广告经营与网络业务经营"两条腿"走路的创收格局被彻底打破。"因为这类电视台经过多年'台网一体'的发展甚至高速发展，都已经具有一定规模，实行'自收自支'，网络收入不仅是生存发展下去不可或缺的重要经济来源，而且是贷款的主要担保物、上市的主体概念。"①

"全省一张网"后所采取的管理模式无论是当初的"存量不变，增量分成"，还是现在的"存量保值，增量分成"，由于运作不规范、机制不完善、效益不理想等原因，饱受"劫富济贫""画饼充饥"等诟病。总之，目前"全省一张网"只能起到"以网补台"的作用，"以网养台"的美好愿景似乎遥不可及。要知道，珠三角和长三角部分城市广电50%以上的运营经费来源于广电网络。

以东莞广电为例，"台网分离"前其可从全市160多万数字电视用户的5 000多万元管理费用纯利润中获取近2 000万元收入；"台网分离"后，东莞广电网络虽然以17%的股比成为全省第一大股东，东莞广电占利润分成后的30%，但由于目前广东省广播电视网络股份有限公司至今仍处于亏损状态，"用户规模全国第一、资产过百亿、年经营收入超过50亿、跨地区跨行业经营的大型文化产业集团"的美景似乎成了空中楼阁，利润分配也变成水中明月。且原自主开发、与东莞电信公司分成的年收入近2 000万元的EPG开机广告也因"台网分离"被省网公司收去。虎门、长安、厚街、常平、清溪、樟木头等东莞镇级广电站（电视台），以前一年广告和广电网络收入而超千万元；广电网络被归并后，原本滋润的日子已一去不复返，有的不得不重新回到依赖地方财政供给的老路上去。

"青山遮不住，毕竟东流去。""全国一张网"是服务国家文化建设"大

① 姚军毅. 分合的变奏——"台网分开"变局与地市电视台的走向//广东省电视艺术家协会，广东文化传媒发展研究会. 城市电视创新之路——以东莞电视为例. 北京：中国广播电视出版社，2012.

发展、大繁荣”总体战略的创新性举措，如何在科学设计、积极推进的同时，做到统筹兼顾、群策群力，消除地方广电媒体“江晚正愁余，山深闻鹧鸪”的忧虑，解决他们在广电网络整合后的经济来源，共同营造“台网一家，肝胆相照，兴衰与共”的氛围，无疑是两全之策和双赢之举。

（二）“限广令”令城市广电雪上加霜

2011年10月，国家广电总局先后颁布《关于进一步加强广播电视广告播出管理的通知》规定，非黄金时间每集（以45分钟计）中可以插播2次商业广告，每次时长不得超过1分30秒；黄金时间（19：00至21：00）每集中可以插播1次商业广告，时长不得超过1分钟。仅过了一个月，国家广电总局颁布《〈广播电视广告播出管理办法〉的补充规定》，明确从2012年1月1日起，全国各级电视台“播出电视剧时，不得在每集中间以任何形式插播广告”。国家广电总局这两份文件被业界统称为“限广令”。

据统计，2010年中国各级电视台的广告收入约为700亿元人民币，其中约一半来自电视剧。“限广令”使各级电视台年损失接近200亿元。电视剧历来是城市电视台的主要节目样式，即便是珠三角和长三角的城市电视台，电视剧播出总时长占频道播出总时长大多超过60%，电视剧插播广告是其主要创收渠道，“限广令”的实施对城市电视台来说可谓雪上加霜。2015年珠三角和长三角部分地市电视台电视剧编制统计表如表6-2所示。

表6-2 珠三角和长三角部分地市电视台电视剧编制统计表（2015年数据）

所属区域	所属电视台	电视剧场数量	总播出时长（分钟）	总播出比例（%）
珠三角	东莞台	11	5 770	52.84
	肇庆台	8	7 685	70.38
	中山台	26	10 605	64.74
	珠海台	9	7 695	70.47
	惠州台	12	10 160	62.03
长三角	常州台	10	5 740	26.28
	镇江台	12	15 540	71.15
	绍兴台	13	14 420	88.03
	湖州台	17	14 875	54.49
	嘉兴台	13	12 810	78.21

（注：数据来源于各电视台公布的节目表）

视频网站由于广告播放自由度相对较高，因而成为“限广令”的受益方。据统计，2012年广东市场仅宝洁公司就从传统广告投放预算中抽调1亿元转向网络媒体。优酷网高管直言："'限广令'对视频网站是利好，我们将继续加大投入，并提升热点节目的广告价格，以增加收入。"价值规律决定稀缺资源的配置，伊利、拉芳等一大批电视广告品牌纷纷靠拢搜狐、优酷、土豆、爱奇艺等视频网站，积极部署广告投放阵地转移迁徙，"限广令"无疑是广告资源重新配置的一大要素。市场在资源配置中起决定性作用，这是不以人的意志为转移的。

三、市场因素

珠三角和长三角的区域经济发展和媒体经营均遭遇不同程度的"天花板效应"。

"天花板效应"原指因年龄、性别、职级等客观原因，大多数人将遇到的职位晋升的各种阻碍。1987 年美国学者莫里森在题为《打破天花板效应：女生能够进入美国大企业的高层吗?》的文章中首次使用此概念。

中国社会经济发展也出现明显的"天花板效应"。著名经济学家成思危认为，自改革开放以来，中国经济经历了几个阶段：第一阶段属于中高速发展阶段；第二阶段属于高速发展阶段，中国年均经济增速将近 10%。"我们正从高速经济发展周期进入中速发展周期，从 2013 年开始，中国经济进入了稳定增长期，增速为 7% ~8%，预计在 2019 年会达到顶峰，随后会保持6% ~7%的增速。[①]"中国经济之所以出现从高速发展周期进入稳定发展周期的变化，除了国家管理部门从科学统筹、协调发展考虑实施经济宏观调控因素外，经济发展的"天花板效应"也是一个重要因素。

作为中国经济发展最活跃的两大区域，珠三角和长三角的经济发展存在较大的差异。上海社科院世界经济研究所所长张幼文教授曾对珠三角和长三角的经济发展模式做如下比较（表 6 –3）：

表 6 –3　珠三角和长三角的经济发展模式差异表

区域	走向市场经济路径	市场发育起点	市场运行动力	市场成分结构	经济主体利益分配方式	生产主体比重
珠三角	开放主导型	特殊政策激励型	外生型	外部市场型	交易性激励	外资企业
长三角	改革主导型	自下而上探索型	内源型	内外市场并重型	生产性激励	内资企业

① 黄应来，刘熠，姚永梅，等. 成思危做客广东职工大讲堂畅谈经济民生，支招广东改革发展：广东要加大腾笼换鸟力度. 2014 –04 –03. http：//南方日报，http：//epaper. southcn. com/ nfdaily/html/ 2014 –04/03/content_ 7290071. htm.

珠三角改革开放总体属先发型，长三角总体属后发型，两区域经济发展模式差异明显，经济发展“天花板效应”的表现程度也出现一定差异。外向型经济结构为主的珠三角与世界经济市场对接较为紧密，在欧美经济市场仍处于复苏期的背景下，珠三角实施“腾笼换鸟”——产业和劳动力双转移的经济结构转型升级战略，因而经济发展“天花板效应”出现时间早于长三角，表现程度也甚于长三角。

表 6－4 东莞市与无锡市 2010 年至 2014 年 GDP 比较（单位：亿元）

城市	2010 年		2011 年		2012 年		2013 年		2014 年	
	GDP	增幅	GDP	增幅	GDP	增幅	GDP	增幅	GDP	增幅
东莞	4 246	10.3%	4 735	8%	5 010	6.1%	5 500	9.7%	5 881	7.6%
无锡	5 750	13%	6 880	11.6%	7 568	10.1%	8 070	9.3%	8 205	8.2%

（注：数据来源于《中国城市竞争力报告》）

以珠三角核心城市东莞为例。改革开放以来，东莞主要经济指标平均增幅达 18%。受 2008 年“金融风暴”影响，东莞经济增长明显放缓，2009 年至 2012 年，GDP 增速低于全国和全省平均水平，2012 年更跌至历史最低谷，GDP 增幅仅 6.1%；2010 年至 2012 年，连续三年未完成当年的预定目标，2013 年是四年来首次完成年度 7% 的增速目标，经济发展呈现出“V”字形走势。

《淮南子·说山训》云：“以小明大，见一叶落而知岁之将暮。”媒体经营是区域经济发展的“晴雨表”。区域经济发展的“天花板效应”也从媒体经营的窗口展现无余。

东莞广播电视台自 2005 年成立以来，经过宣传、经营和管理一系列大刀阔斧的改革，创造了“广东广播电视发展史上的奇迹”（广东南方广播影视传媒集团前总裁王克曼语）。2011 年 7 月，电视台自办频道黄金时段平均收视率和市场份额首次排名东莞地区首位，历史性地打破境外电视 20 多年来在东莞收视市场的垄断地位。2012 年 5 月，黄金时段平均收视率和市场份额，以 8.08% 和 32.22% 的佳绩创历史新高。2012 年广告经营总额达到历年最高值 3.4 亿元，比 2005 年的 1.5 亿元增长了一倍多。但从 2013 年起，东莞台收视和创收均出现“天花板效应”，平均收视下滑 30% 以上，创收回落 20% 左右。

四、对手因素

（一）城市广电面临中央台和省级台的经营挤压

《新约·马太福音》言：“凡有的，还要加给他，叫他有余；凡没有的，连他所有的也要夺去。”美国学者罗伯特·莫顿据此归纳为“马太效应”，即社会各领域广泛存在一个现象：强者恒强，弱者恒弱；或者说，赢家通吃。

当前，国内广电界“马太效应”愈加显现，媒体资源的“蛋糕”绝大部分被中央台和省级台瓜分殆尽，城市广电只能依靠残羹剩饭来维持生存。进入21世纪以来，国家管理部门对城市电视频道资源控制甚严，采用“一刀切”政策，只减不增。而中央台和省级台却独享政策保护，频道数量一增再增。

中央台和省级台在广告经营上也把地市电视台挤压得喘不过气来。2014年，中央台广告创收高达295亿元，湖南卫视、江苏卫视和浙江卫视分别以75亿元、50亿元和48亿元位列2014年省级卫视年广告创收前三位。中央台对2015年度广告招标总金额保密，但估计超过2014年175亿元的总额，其二维码广告标底价就达7 900万。各省卫视也纷纷举行声势浩大的2015年度广告招标会，越来越多的栏目步入“亿元俱乐部”。湖南卫视的3档品牌栏目《我是歌手3》《快乐大本营》和《偶像来了》总冠名费高达10.5亿元；江苏卫视王牌栏目《非诚勿扰》冠名费高达5亿元，《最强大脑》也有2.5亿元；浙江卫视《奔跑吧兄弟》和《爸爸回来了》分获2.16亿元和1.38亿元冠名。

与中央台和省级台广告收入逐年递增形成强烈反差的是，从2011年起，地市广电广告创收呈逐年递减态势。目前，珠三角地市广电年创收超过2亿元的仅有佛山、东莞。一些4A品牌广告大幅度减少在地市电视台播出，把广告投放目光转向覆盖面更广、性价比更低的中央和省级播出平台。

（二）新兴媒体瓜分了传统媒体的经营“蛋糕”

国内新兴媒体经营总额超越传统媒体经营总额已成为事实。中国网络广告的年增长率保持在40%以上，而电视广告的增长率在2014年下降至6%左右，低于GDP的增速。

中央电视台一直以来是中国广告创收“老大”，但从2013年起，中央电视台经营至尊地位开始动摇。2014年中国互联网企业延续神奇。市场研究机构eMarketer统计数据显示，2014年世界网络广告市场总收益为1 460亿美元，其中百度和阿里巴巴分别占4.68%和4.66%，双双击败雅虎、推特等众多美国公司，仅次于谷歌和脸谱。值得一提的是，2014年9月，阿里巴巴在美国纽约证券交易所上市。阿里巴巴每股发行价68美元，成功募集资金高达218亿美元，成为美国史上最大的直接上市（IPO）募股。

美国新媒体广告也增长迅猛，移动显示广告和移动视频广告将是增长速度最快的移动广告模式。数据表明，从2013年到2018年，美国移动显示广告和移动视频广告创收平均复合年度增长率分别将高达96%和73%。

新兴媒体凭借技术优势不断瓜分吞噬传统媒体赖以生存的经济“蛋糕”，而传统媒体则因自身力量限制甘愿将自我内容核心资源拱手相让。这种彼增此减态势呈螺旋式发展，新兴媒体彻底替代传统媒体成为经营“老大”的现实将难以幸免。

第二节　城市广电产业发展的理论认知

当前，中国广电传媒改革进入以“制度重构、整体转型”为重心的深水区。其特征主要表现在：行业定位由单一属性、功能向多种属性、功能转型；行业生存方式由财政供给向自主经营、自我发展、自负盈亏、自我积累转型；行业主体由传统事业体制向现代事业—产业体制转型；所有制结构由单一国有制向公有制为主体、多种所有制并存转型；行业管理由单一行政管理向业务管理和法制化管理转型；经营模式由单一广告经营向多种赢利模式转型；发展路径由本媒体、本行业和本区域向跨媒体、跨行业和跨区域转变；传播理念由“传者为中心”向“受者为中心”转变；行业产品由节目内容、形态和功能的单一乏味向丰富多彩转变；节目产输由制播合一向制播分离转变；员工管理由身份管理向岗位管理转变；内部分配由“大锅饭”向多劳多得和由薪酬向重要岗位、关键人才倾斜转变。

媒体产业市场并不怯懦，但瞬息万变、绚丽多彩又冷酷无情，要适应和把控产业市场，媒体要“抓住市场的手”“抓住政府的手”和“抓住自己的手”。

一、抓住市场配置资源的“看不见的手”

（一）城市广电要大胆走出“计划经济孤岛”

传播学集大成者施拉姆认为，大众传媒的主要功能可归纳为政治功能、经济功能和社会功能三大类。西方传媒学者在把大众传媒比作“社会公器”“第四种力量”“环境监测站”“社会瞭望哨”的同时，也越来越认识到大众传媒所固有的经济属性。

现代中国传媒学者对大众传媒定位的认识，也从单一的“喉舌”定位中挣脱出来，认为大众传媒拥有“三重属性”，即政治属性（舆论工具）、社会属性（“社会公器”）和经济属性（特殊产业），三者相互催生、相互依存、相互制衡。

东莞广播电视台前台长黄永贵对“事业单位、企业化管理、市场化运作”的媒体定位有独到感悟。他认为，中国新闻媒体有如一个人，“事业单位”是他的脑袋，“企业化管理”是他的身躯，“市场化运作”是他的双脚。媒体要有清醒的政治头脑和强壮的经济躯体，并善于用灵巧的双脚走市场化道路。

1979 年 1 月 28 日，上海电视台在我国电视界中率先播出了第一条商业广告（参桂养荣酒），打破了我国电视不播商业广告的“禁令”。这一具有里程碑意义的传媒事件，触发了当时国内业界和学者对媒体属性的思考。

中国加入世贸组织掀起一场思想风暴，对大众传媒经济属性（特殊产业）

的“追认”也起到了推波助澜的作用。“在中国积极‘入世’，强调与国际接轨，与市场经济同步，屡遭争议的传媒产业化开始得到正名，整合资源的媒体集团化得到行政大力推动而要求尽快做大做强的时代背景下，中国传媒当然也包括广电的改革与发展，必须突破传统禁锢，大胆与市场与社会与资本‘三大接轨’的对策思路也应运而生。”①

作为特殊产业的传媒要大胆从“计划经济孤岛”中走出来，主动融入市场，遵循市场供求规律、竞争规律、价值规律等，适时积极地优化信息产品结构，充分有效地利用有限的媒体资源，增强信息产品在市场中的竞争力与认同力。要强化媒体产业资源的发掘、释放和配置，延伸和完善媒体产业链条，开展跨媒体、跨行业和跨区域经营，实现经济增长方式从粗放型向集约型转变。

珠三角和长三角的市场经济发育早、起步快，完善和规范程度也胜于国内其他区域。30多年来在市场经济环境下耳濡目染、追风逐浪，也令珠三角和长三角城市广电具有更深厚的市场意识和产业意识。“城市广电传媒无论在政治生态、传媒生态还是市场生态中都是一个特殊的群体……长期以来自我发展的模式令其对政策导向、市场变化更加敏感，‘不争论’和‘行动在先’的思维和行为模式，也让广电传媒相对其他领域，实践超前于理论，这种超前是建立在城市背景下作为文化和市场主体的自省和自觉。”②

珠三角和长三角城市广电的发展愿景，无不体现“作为文化和市场主体的自省和自觉”。如苏州广电：“实现从单一的传媒集团向传媒主业、新媒体产业、文化产业‘三足鼎立’的传媒文化产业集团的跨越”；宁波广电：“形成传统媒体产业、新兴媒体产业、影视演艺产业和房产创收的四大支柱产业，实现产业突破性发展”；佛山广电：“把佛山传媒集团建设成为跨媒体、跨地域、跨行业、跨所有制的大型综合性文化集团”等。以上城市广电的发展愿景无不打上了市场经济的鲜明烙印，有的凸显综合型产业结构的“肉体”，有的凸显作为事业型与企业型兼备的传媒集团的“外壳”。

（二）城市广电要积极主动嵌入所在区域经济市场

英国传媒经济学家吉莉安·道尔的研究结果表明，传媒产业对国民经济有“放大效应”：在区域经济拉动下，广告不仅平行增长，而且放大性大幅增长。此理论告诉人们，传媒产业与国民经济存在着息息相关、唇齿相依的密切关系。吉莉安·道尔的“放大效应”与我国学者提出的“传媒价值定律”颇为吻合：“一家传媒的价值与经济系统和受众质量均存在显著的正相关。也就是说，一个传媒的价值取决于它所镶嵌的经济系统的特征与规模，包括这个经济系统所覆盖的区域大小、人口构成、人口规模与经济总量。一家传媒

① 朱剑飞．中国传媒改革启示录．广州：世界图书出版广东有限公司，2012．

② 严克勤．解析城市广电．北京：中国广播电视出版社，2010．

所镶嵌的经济系统规模越大，所覆盖的受众质量越高，其传媒价值也就越大。”①

珠三角和长三角均是我国古代“海上丝绸之路”的始发之地，农业社会时代是富甲天下的鱼米之乡，工业社会时代是中国综合实力最强的经济中心、亚太地区重要国际门户、全球重要的先进制造业基地，两区域经济总量相当于我国 GDP 的 30%。

珠三角濒临港澳，对接东南亚，拥有雄厚的资金优势、信息优势和人文优势；长三角地处大陆腹地，对内连通长三角经济带，对外连接日韩和其他亚太地区，市场吞吐量无与伦比。国务院于 2013 年 8 月批准设立的上海自由贸易试验区现有面积为 120.72 平方千米。覆盖珠江出海口流域、总面积达 116.2 平方千米的广东自由贸易试验区也于 2014 年 12 月经国务院批准设立。作为中国加强与全球经济市场接轨的重大经济发展战略，上海和广东自由贸易试验区建设，将构建中国与世界各国经贸合作新平台和拓展经济增长新空间，同时将带动长三角和珠三角经济发展升级转型、巩固和提升两大区域的全国经济发展领先示范地位。

作为我国改革开放先行地和第一经济大省的广东，实施创新驱动发展，在数年爬坡越坎中历经经济和社会转型升级的“阵痛”，实现产业发展“凤凰涅槃”。2014 年广东省生产总值达 6.72 亿元，人均 GDP 首次突破 1 万美元。珠三角和长三角城市广电要积极主动嵌入所在区域经济市场，借助得天独厚的区域市场经营资源，打造媒体经营新渠道、新链条和新体系，进一步提高媒体的引导力、竞争力和影响力。

珠三角和长三角城市广电要主动与资本对接。资本是市场的基础和重要元素，而珠三角和长三角是“资本绿洲”，拥有充裕的国有资本、民间资本和境外资本。仅东莞，截至 2014 年市本外币各项存款余额就超 9 000 亿元。外资银行就有 8 家，总资产达 100.04 亿元。

文化部、财政部和中国人民银行于 2014 年 3 月联手颁布《关于深入推进文化金融合作的意见》，强调文化与金融合作是我国文化产业持续快速健康发展的重要动力，标志着文化金融进入了一个崭新的时代。传媒业上市融资，有序吸纳市场资本，发挥金融、基金、股市、证券的投资融资功能。以资本为纽带，盘活国有文化资产，以产权改革推进产业化，打破地方行政“条块分割”窘境，推动传媒业做大做强。

二、抓住政府宏观调控的“看得见的手”

（一）城市广电需要得到“共同爹娘”的庇护

来源于政府的政策资源是决定性资源。一个行业的发展状况，除了与所

---

① 昝廷全，马若涵，勾博男. 传媒价值定律的实证研究. 中国传媒大学学报（自然科学版），2008（4）.

在区域地理位置、自然资源、历史资源等相匹配外，还与当地政府的扶持力度和政策措施的落实状况紧密关联。美国著名经济学家保罗·克鲁明认为：在国与国之间，区域与区域之间，城市与城市之间，任何时候都存在互相竞争，生产要素只会流向有规模经济、有优势产业群和劳工共用池的地域，而政府在关键时期的政策将会产生历史性的影响。

地方媒体要抓住国家政府职能管理部门“共同爹娘”的手。“大部制”改革将带动传媒产业发展的大提速。成立于2013年的国家新闻出版广电总局，一项重要职能就是“统筹规划新闻出版广播电影电视产业发展”，人们对这个脱胎于政府组织架构整合和政府运行机制重塑“顶层设计”的高效精干型的“共同爹娘”予以莫大期待。以署局合并为标志的“大部制”新一轮传媒改革，将有助于统筹整合媒体资源，释放传媒生产力，实现传媒产业发展多元化、规模化、集约化和品牌化。

美国经济学家钱德勒认为：“现代企业的可持续发展必须适应技术革新和市场需求变化，进行管理和运营创新，这种创新主要包括横向联合、纵向合并、区域扩张和多元化经营。”但是，在“四级办广电”、四级财政“分灶吃饭”的行业和财政体制下，城市广电毕竟属于“国家大众传播系统的低端层次和末梢环节”，管理条框的掣肘阻碍，即使发展超前的长三角苏州广电、无锡广电等，“在突破媒介壁垒、行业壁垒和区域壁垒方面还没有与其实力相适应的作为”（喻国明语），珠三角八城市电视频道相互落地也由于没有行业政策保护而被迫在若明若暗、躲躲闪闪的状态中蹒跚伏行。

“人部制”改革和国家《关于推动传统媒体和新兴媒体融合发展的指导意见》实施，为城市广电冲破各种行业地域樊篱给予政策强力支撑。如何抓住国家行政管理改革契机，部署媒体转型升级，实现链条对接、抱团取暖、融合发展，是珠三角和长三角城市广电重点破解的课题。新闻出版界转企改制硕果累累，这也将为广电传媒改革引入“深水区”提供经验借鉴和范本参照。

（二）城市广电需要得到“亲生爹娘”的荫蔽

城市广电要抓住地方政府“亲生爹娘”的手。城市广电与地方政府的关系表层是隶属关系，深层是依存关系。这种“体制内的交换机制”一方面决定媒体依赖于政府资源生存，另一方面决定政府依靠媒体窗口开展形象传播。中国传媒大学广告学院院长黄升民说：“媒介以忠实的依从关系换取国家维护资源垄断的经营体制。正是在这个垄断的空间之下，媒介才能得以发展到今天的境地。媒介对于经营政策体制的关心，一方面希望原有保护体制继续存在，同时又给予更大的生存空间：媒介经营范围扩大，资金来源增加。”①

城市广电要获取政府更多的行政资源和经济资源，首先要凸显自身不可替代的传播功能价值。2014年2月9日，东莞部分娱乐场所“涉黄”遭中央

---

① 黄升民，马涛．“媒介产业化”再思考．中国广播，2013（10）．

电视台连篇累牍式曝光，岭南文化发源地、中国近代史开篇地、华南抗日根据地、改革开放前沿地的东莞城市形象一夜之间被“黄色污水”湮没。危机公关讲求传播“时效度”，一忌过度沉稳、不言不语，“沉默的螺旋”将导致强势意见更加强势，社会舆论走势呈一边倒；二忌过激反应、急于辩解，“塔西陀陷阱”将使真相被认为是假象，城市形象将越描越黑。

在这场城市形象危机传播中，作为地方主流媒体的东莞广电及时发声、主动发声、依据发声、立体发声，紧握议程设置传播学利器，始终把控舆论走向导引权。对外利用“广东21世纪海上丝绸之路国际博览会”“中国（东莞）国际科技合作周”和“中国国际影视动漫版权保护和贸易博览会”等重大宣传平台传播东莞声音，对内配合策划“东莞市‘发现精彩’系列”“东莞最美人物评选”等活动传递东莞正能量。自觉把媒体社会责任与城市兴衰荣辱高度统一起来，是东莞广电一直以来取得当地政府政治信任和政策支持的重要原因。

人类进入21世纪后，经济的文化化和文化的经济化成为国际发展大趋势，助推文化与经济全面渗透和高度融合，同时把文化产业推上21世纪新兴支柱产业的尊贵地位，与信息产业并列成为世界经济增长的两大曙光。文化产业创造了诸多神话，资料显示，目前欧美发达国家的居民文化消费已占据社会总消费额的30%以上。美国视听产品出口总量仅次于居首位的航天航空产品出口总量，日本游戏软件产品年产值早在1993年就超过了汽车工业年产值。相比之下，我国文化产业起步较晚，其年总产值仅约占GDP总量的3%。

珠三角和长三角产业结构以制造业为主，文化产业作为友好型的朝阳产业，可以拉动珠三角和长三角制造业发展。东莞把文化产业列为国民经济发展的九大支柱产业之一。2014年，东莞60多家商业影院交出3.54亿元、增长40%的“成绩单”，年总票房位列广州和深圳之后，居广东第三；市民购书475万册，名列“非直辖城市图书消费十大城市”的第十位，也仅次于广州和深圳。但东莞文化产业总量约占GDP总量的4.8%，仍有广阔的上升空间。

珠三角和长三角城市广电能否抓住地方政府“亲生爹娘”的手，还要看其是否具备充当地方文化产业主力军的勇气和魄力。城市广电要在产业发展大潮中实现文化产业资源从“自发聚集”向“有序引导”的自觉转化。只要体现文化产业在支撑当地社会经济发展的价值存在，政府自然会向媒体伸出更有力的扶持之手。

（三）珠三角城市广电缺乏政府有力扶持

相对而言，对地方媒体的行政扶持力度，长三角政府普遍大于珠三角政府。参与2014年“珠三角—长三角媒体考察活动”的广东学者无不感慨地说：“在长三角几天的采访中，我们有一个突出印象就是当地党委、政府对广电的支持与扶持，他们把广电作为发展文化产业的龙头，给予政策、资源、资金等全方位的倾斜和优先配置，并且安排优秀的领导者在广电担当重担。”①

从经济发展路径上说，长三角为改革主导型，珠三角为开放主导型；从政策推动上说，长三角（市场开放程度高的上海除外）属政府主导型，珠三角属市场主导型。苏州、无锡、宁波、嘉州等长三角城市的政府，在政策制定、实施和监督上扮演主要角色，有效推动了当地文化体制的改革。无锡成立由市委宣传部和市财政局组成的“市属国有文化资产监督管理办公室”，对属下的《无锡日报》报业集团、无锡广电集团、无锡市文化艺术管理中心实行管人、管事、管资产相统一的管理，并给予科学、宽松、灵活的政策支持，建立“投资主体多元化、投资方式多样化、投资机制市场化、投资准入差别化”的新型文化投资融资体系。全国首家广电集团无锡广电集团年经营创收总额10多亿元，是佛山、东莞、珠海、中山、惠州等珠三角城市广电年经营创收总额的3倍至5倍。令珠三角任何一个城市羡慕不已和望尘莫及的是，无锡拥有政府统一规划和政策倾斜的文化创意产业基地（园区）22个，其中年产值超10亿元的就有7个。

由于历史渊源、人文环境等差异，珠三角的文化发展氛围稍逊于长三角，其传媒产业规模总体滞后于社会经济发展。虽然珠三角城市广电于20世纪90年代在全国率先起步，但20多年过去后，还没有建立一个科学、完善、统一的地方财政管理模式，在人、财、物的归属主体上至今仍争论不休，在地方政策支持力度上相比长三角尚有较大距离。

“在现有的体制和固有的思维制约下，城市广播电视台要选择一种全新的产业模式和发展战略需要巨大的勇气和智慧。首先需要外力的推动，政府的扶持和行政的力量不可或缺。”② 当年的“追兵”如今变成“标兵”，为何珠三角城市广电整体发展落后于长三角城市广电？缺少当地政府有力臂膀扶持和厚实脊梁靠背难道不是一大主因吗？

三、抓住握紧命运之喉的“自己的手”

自己的命运由自己主宰。法国文学家雨果说：“我宁愿靠自己的力量打开我自己的前途，而不是去祈求别人给我的帮助。”身体残疾、备受歧视的克劳狄乌斯深信“每个人都是自己命运的建筑师”，最终成为第一个出生在意大利之外的古罗马皇帝。同样，悲剧性的命运和力量造就了农民、脑瘫患者、诗人——余秀华，使她获取“中国的艾米丽·迪肯森”的美誉。

媒体产业的发展，离不开市场调节和政府扶助，更离不开媒体自身的产业观念更新和适应市场经济的体制机制完善。

（一）树立与市场接轨的产业观念

中国传媒业是尊重意识形态的特殊产业。伴随着区域改革开放的脚步，

---

① 韦聚彬．苏南广电系统生态的探寻与反思．南方电视学刊，2013（5）．

② 谭天．以升级促转型——城市广播电视发展的思考．新闻与写作，2012（7）．

珠三角城市广电最早经历市场风雨洗礼，企业观念和市场意识在他们的思想和行为里早已根深蒂固。惠州广电集团总裁朱伟思说，现在已习惯“总裁”的称谓，“台长”的称谓反倒陌生了。

佛山传媒集团创建了“一横到边，一纵到底”的“佛山模式”。四川大学新闻传播研究所所长欧阳宏生认为，在全媒体的浪潮下，“佛山传媒集团跨媒体融合的探索，堪称敢为天下先的成功典范”。时任佛山市委书记的林元和称集团成立“真是头个吃了螃蟹”，佛山传媒人敢试敢闯，破除体制障碍，做到了别人想到却做不到的事情。2008 年，佛山传媒集团作为全国唯一的地市广电媒体，被授予“全国文化体制改革先进企业”荣誉。从上可见，与区域经济社会发展相随共生的企业观念和市场意识，是珠三角城市广电迈出发展大步的重要思想基础。

长三角城市广电对传媒属性从不争辩，“宜事则事，宜企则企”，灵活变通。“企业化运作和管理成为苏南广电唯一认同的竞争工具。他们已经超越了‘事业’‘企业’之争，跳出此作茧自缚、自乱阵脚的无意义纠结，全力发展适应现代商业经济环境的传媒产业。”①

正因为长三角城市广电的务实和融通，造就了苏州广电和无锡广电“苏南广电双子星”的发展神话，令他们在产业市场上得心应手、长袖善舞，拥有其他地区城市广电难以超越的经营气量和产业视野。

（二）挣脱僵化低效的“管理枷锁”

上层建筑反作用于经济基础。长三角特别是苏南地区城市广电的产业发展水平明显高于国内其他地区，这与他们建立科学、完善的现代企业运作机制不无关系。“（苏州广电、无锡广电等）跨过了‘理解企业’的启蒙阶段，不仅建立起了完备的企业制度，而且构建了企业文化，具备了企业思维和企业习惯。得益于这种更为彻底的‘企业化’，而不仅仅是浅层的‘企业化管理’，他们在效率上和产业进程上已大大领先于业内同行。”②

“竞争和效率”是苏州广电企业化管理模式的主要核心。苏州广电先后进行了“四聘”（干部竞聘、员工竞岗、节目竞优、创收竞标）改革和“四定”（定编、定岗、定责、定酬）改革，并推行三大管理体系，即以收视收听率为核心的节目质量评估考核体系、以成本核算和利润最大化为核心的经济效益评估考核体系、以岗位工作效能为核心的员工绩效评估考核体系。引入竞争型“鲶鱼”，激活懒惰型“沙丁鱼”。“鲶鱼效应”为员工带来危机意识，提高了工作效率。苏州广电总台副台长顾强说：“干部员工变压力为动力，大大提高了工作的积极性和创造性，大家默契配合，拧成一股绳，做起事情来更

---

① 韦聚彬．苏南广电系统生态的探寻与反思．南方电视学刊，2013（5）．

② 谢江林．企业化：一个行业的艰难跋涉——我国广电媒体的企业化探索与反思．南方电视学刊，2013（5）．

有效率、更加协调。”

“资源整合”是无锡广电企业化管理模式的主要核心。包括三个层面的资源整合：一是新闻报道活动范畴中的资源整合，构建“六位（广播、电视、平面、网站、微博和微信）一体”的立体多维传播体系；二是媒体整体经营层面上的资源整合，努力实现媒体产业利润最大化；三是媒体集团化发展层面上的资源整合，强调媒体集团的综合效益。无锡广电三个层面的资源整合由局部到整体、由微观到宏观，呈梯级式提升和扩展。

“和谐协调”是常州广电企业化管理模式的主要核心。他们的做法是：岗位双选，让每个人选择最适应岗位；以岗定酬，让每一份奉献得到应有尊重；绩效透明，让每一次付出得到对等回报；人本氛围，让每一天工作成为快乐体验。

第三节　城市广电产业发展的具体路径

无论是广告经营规模还是广告经营效益，长三角特别是苏南城市广电整体上明显强于珠三角城市广电。苏州广电创造了难以复制的“苏州模式”，自2004年起经营总收入连年居全国地级市首位。至“十二五”末，总资产达到100亿元。如此经营规模和产业视野，超越了许多省级广电。

珠三角城市广电的经营水平与长三角特别是苏南城市广电相比仍存在较大差距，即便是经营效益最好的佛山广电和东莞广电，年经营总收入也只在3亿元至4亿元之间，其余城市广电年收入大多在1亿元左右。

珠三角城市广电与长三角城市广电的经营效益存在如此大的差距，原因是多方面的：一是两区域城市广电的市场意识和产业观念存在差异。珠三角城市广电虽然较早接受了市场洗礼，但或多或少存在小富即安、满足现状的思想，在文化体制改革中步履蹒跚、瞻前顾后。而长三角城市广电改革意识更浓，更能把握市场机遇，媒体管理体制和运行机制更能适应发展需要。二是两区域城市广电的广告经营平台存在数量差异。长三角城市广电用以经营的电视频道数量多则7至8个，少则3至4个，而珠三角城市广电大多只有2至3个。三是媒体经营所依托的区域市场空间存在大小差异。长三角以国有企业、乡镇企业和私营企业为经济主体，内外市场并重，市场运行动力是内生型的，企业更注重广告投放，媒体经营的市场空间因此更广阔；而珠三角则以外商独资企业、中外合资企业为经济主体，以外部市场为主导，市场运行动力是外源型的，企业广告投放的诉求就没那么强烈，媒体经营的市场空间也相对狭窄。

珠三角城市广电与长三角城市广电在媒体经营上各有特色，同时也有许多共同的路径。

一、传统广告产业：收获丰厚的“自留地”

广电媒体的传播特性决定了传统广告经营是目前广电媒体创收的主要来源。从表6－5可以看到，传统广告经营仍是国内广电媒体经营创收的主战场。

表6－5 国内部分广电媒体广告创收表

电视台（频道）	2013年广告创收	2014年广告创收
中央电视台	约285亿元	295亿元
湖南卫视	约60亿元	75亿元
江苏卫视	48亿元	50亿元
浙江卫视	36亿元	48亿元
东方卫视	24亿元	30亿元

（注：数据来源于《中国广播电影电视发展报告》）

珠三角和长三角城市广电的传统广告产业这块“自留地”具有区域的相对垄断性，耕耘了30多年，也滋养了30多年。直至今天，传统广告创收普遍占城市广电年经营创收总额的70%以上。

（一）把媒体形象经营与广告经营结合起来

媒体“皇帝女不愁嫁”的时代已经过去，“酒香也怕巷子深”“响鼓也需重槌敲”将成为媒体经营的新常态。东莞广电每年都在上海、广州和深圳召开“广告推介会”，介绍东莞的城市发展现状、媒体运行情况和广告投放资讯，加强与客户联系沟通；苏州广电则在北京设立“广告推介会”专场，并邀请专家作针对性的广告投放演讲，增强客户的投放信心。

（二）把广告产品经营、内容产品经营和渠道产品经营结合起来

广电传媒主流的经营模式主要有三种：一是广告产品经营模式，二是内容产品经营模式，三是渠道产品经营模式。珠三角和长三角城市广电巧妙地把以上三种经营模式结合起来。在内容产品经营上，实施品牌栏目打造战略，形成“节目带动广告，广告反哺节目”的良性循环。东莞广电民生新闻《今日莞事》高收视带来高创收，年经营总额最高接近3 000万元。在渠道产品经营上，推出电视购物活动。惠州广电的天天购物频道18小时播出，通过数字、模拟双网络覆盖惠州地区60万有线电视用户550万人口，取得了良好的经济效益。苏州广电最早开办电视购物，其模式被国内许多城市广电复制推广。苏州广电的“TV购”效益好、人气旺，设有“TV团购”“TV专供”“TV直销”“TV特卖”等系列，为广大用户提供了几千种价廉物美的商品。

（三）把“硬性广告”经营与“软性广告”经营结合起来

在“限广令”致使电视广告时间缩减的情况下，“软性广告”经营是一个可行之策。植入式广告是“软性广告”中的一种，即将客户的产品和标志等巧妙地融入影视剧或广电节目中，它具有真实性、隐蔽性、易接受性等特点。目前珠三角和长三角城市广电都把“软性广告”经营作为“硬性广告”经营的重要补充。

（四）把“卖时段、卖服务”与“卖创意”结合起来

当今媒体广告经营已由卖方市场演变为买方市场，经营方式已从“叫卖式诉求”向“情感式诉求”转变，因此媒体经营理念也应随之改变。以前是企业先交广告费，媒体才播广告；现在可考虑倒过来，媒体先为企业播广告，等到企业赚到钱后才交广告费。为提高客户忠诚度，珠三角和长三角城市广电深入了解和满足客户的投放诉求，根据不同行业、不同层级的客户，制定一套格式化、流程化、标准化的服务标准，千方百计为客户提供最佳的广告产品和全方位的优质服务。

二、新媒体产业：新开垦的公共“耕地”

易观国际董事长兼首席执行官于扬在2012年11月首次提出“互联网+”新概念。“互联网+”代表一种新的经济形态，其核心意义是指充分发挥互联网在生产要素配置中的优化和集成作用，将互联网的创新成果深度融合于经济社会各领域之中。

以互联网为代表的新媒体为城市广电既带来挑战，也带来机遇。无锡广电台副台长陈宏说：“新媒体全新的市场理论和盈利机制，促进广播电视行业改变以往单一的广告创收体系，增加更多更有前景的盈利手段，为城市台的商业化运作与长远发展带来更新更多的动力。”基于以上认识，珠三角和长三角城市广电都不约而同地把新媒体产业纳入媒体经营整体布局中，成为媒体产业体系的重要支柱之一，借助PC互联网和移动互联网两个新媒体平台延伸和拓展传媒产业。

珠三角和长三角城市广电自有网站建设整体起步较快。苏州广电的“名城苏州网”、无锡广电的“太湖明珠网”和东莞广电的“东莞阳光网等”已实现盈利。“名城苏州网”的特色是与实力雄厚的品牌企业合作，如与深圳华视共建苏州华视公司，开展移动电视业务；与清华同方合作打造“友友购物”；还与当地电信企业开发手机短信和宽频电视业务等。“东莞阳光网”的经营模式与“名城苏州网”类似，依托社会资源合办网站频道，经营效益按比例分成。同时以每年收取开发和维护费用的方式，与市属镇街政府和职能部门合办“阳光分网”。

（一）建立移动客户端盈利模式

苏州广电和无锡广电移动客户端创造了新媒体经营的“苏南模式”。

苏州广电属下的“无线苏州”现有资讯、直播、天气、路况、打的、智慧电力、TV购、寒山闻钟等20多个功能模块，有的模块与苏州市政府发放的“市民卡”功能连接。“无线苏州”现已建成7大成熟的商业模式，包括广告产品植入、移动电子商务、软件技术输出、电子票务分佣、手机游戏运营、VIP信息定制和运营商流量分成。目前拥有180万用户，日均访问量为2 400万人次，黄金年龄层为22至40岁的用户占88%。在不允许做广告的前提下，“无线苏州”2014年的营业收入达到600万元。

由无锡广电自主开发的“智慧无锡”现有新闻资讯、社交娱乐、生活服务等20多个功能模块。为用户提供丰富的实用信息和服务是“智慧无锡”的一大亮点，如方便用户交纳水、电、气等相关费用，为用户提供智能化远程健康监护服务，帮助用户追溯果蔬、水产从源头到餐桌的全过程等。

（二）建立电子商务盈利模式

珠三角和长三角的电子商务十分发达。2014年“双十一”淘宝公司销售总额达571亿元，广东、浙江、江苏居销售总额的前三名。两区域城市广电也因势布局，进军电子商务。

苏州广电的电子商务以购物为主，已成为当地的一大品牌，构建了线上电视购物、线下TV购系列和云媒体平台的电视商城3个销售渠道。无锡广电与批发商、物流公司合作，利用智慧无锡客户端平台，销售无锡特产水蜜桃，一个多月内共销售6 000余箱，销售额近百万元。另外，与当地商场超市合作，开展商品团购活动。

（三）建立云媒体电视和公交移动电视盈利模式

苏州广电的云媒体电视和公交移动电视开发，在珠三角和长三角城市广电中独领风骚。他们与省网公司苏州分公司合作开发云媒体电视，目前共有房产、汽车、美食、健康、家居、旅游、购物7个平台，由“看电视”升级为“用电视”。同时与国内最大的移动电视运营商华视传媒合作开发公交移动电视，现有2 000多辆公共汽车覆盖整个苏州城区，辐射11个核心商圈，实行16小时滚动播出。在广告经营上，把传统电视经营资源与云媒体电视、公交移动电视经营资源整合起来。

新媒体产业之所以称之为公共“耕地”，因为它不像传统广告产业那样具有区域的相对垄断性，且投入大、竞争激烈，大部分城市广电目前还没有找到成熟、稳定的盈利模式。

三、文化产业：采之不尽的经营“富矿”

“文化产业”概念始见于德国学者霍克海默和阿多诺于20世纪初合著的

《启蒙辩证法》，是指按照工业标准生产、再生产、储存以及分配文化产品和服务的一系列活动。文化产业核心产业集群主要包括新闻出版业、广播电视业、电影业、娱乐业、艺术业、广告业六大产业。此章节的“文化产业”，专指除广播电视业外的其他五大产业。

文化产业被誉为21世纪最有前途的“朝阳产业”，欧美发达国家均把振兴文化产业作为国家发展的重大战略，文化产值在GDP中的比重普遍为15%～18%。美国的文化产业在“二战”时已打下良好根基，目前其总产值占GDP的25%，成为仅次于军工产业的第二大经济的支柱产业。在遭受“金融风暴”后，日本和韩国确立“文化立国”战略，大力扶助文化产业发展。2013年日本和韩国的文化产值分别占GDP的18%和13%，大大高于我国3.77%的比重。

文化产业是媒体产业的重要组成已成为珠三角和长三角城市广电的一个共识。

长期分管经营的惠州广电集团副总裁王军在与笔者交谈时也感同身受：随着新媒体冲击和电视开机率下降，传统媒体再也不能死守广告经营这块领地，发展文化产业是媒体走出经营困境的不二选择。

文化产业发展离不开以下三个要素：深厚的区域文化底蕴、一定规模的经济总量和一定规模的人口总量，珠三角和长三角同时拥有以上三个要素。这两个区域的文化产业发展因此走在全国前列，两区域城市广电特别是苏南广电也成为文化产业开拓的佼佼者。

（一）珠三角城市广电文化产业前景广阔

深圳广电集团积极打造融文化博览、产品交易、大型活动、重要赛事和高峰论坛为一体的文化产业发展平台。集团成功举办中国国际新媒体影视动漫节、中国国际新媒体短片大赛金鹏奖和中国流行音乐金钟奖，并使这三个国家级、国际性节庆活动永久落户深圳。集团创建的深圳怡景国家动漫画产业基地吸引了80多家中外企业进驻，年生产动漫节目超过5 000分钟。以集团为大股东的深圳文化产权交易所发展前景良好，3年来吸引机构会员600家，实现交易总额超过130亿元，为集团文化产业发展提供了强有力的资本支持。

在国内外经济大环境疲软、国内同行经营创收遭遇“天花板效应”的大背景下，深圳广电集团年经营总创收保持两位数的增长，2012年全年经营收入近40亿元。难能可贵的是，近两年来深圳广电集团的传统广告创收总额占集团总经营创收总额的60%以下，不再过分依赖传统广告经营，初步实现从传统广电媒体向现代传媒集团的跨越。

珠海广电与省级文化企业共同投资50亿元，在珠海斗门建设占地5 000亩的珠海南方影视文化产业基地。该基地集影视拍摄制作、旅游休闲娱乐、文化创意三大板块于一体，以建设南中国影视文化产业旗舰和中国首个好莱坞式的影视文化产业小镇为目标，形成“北有怀柔、东有横店、南有斗门”

的全国影视基地新格局。该基地与广东自贸区珠海横琴片区相邻，广东自贸区短期的“虹吸效应”和长期的“溢出效应”，将为珠海南方影视文化产业基地和珠海广电文化产业带来机遇。

以动漫、婚庆、文艺馆藏、音乐剧等为龙头的东莞市文化产业也发展较快。莞产音乐剧是东莞文化产业新品牌，《蝶》《爱上邓丽君》《妈妈再爱我一次》等莞产音乐剧连获国内外大奖，并取得了良好的经济效益，其中《蝶》实现创收 6 000 多万元。音乐剧制作的规模和质量足可与北上广深一线城市媲美，国内音乐剧布局版图正为之改写。依托优越的区域文化产业发展环境，东莞广电目前已将经营视野转向文化产业，2014 年经营总创收为 2.4 亿元，其中 3 000 多万元来自广告经营外的文化节庆活动、广电专业培训等。地铁电视经营、设备场所租赁、贸易餐饮等也将是东莞广电文化产业发展的新领域。

虽然惠州广电 2014 年经营总创收只有 1.2 亿元，但其广告经营创收仅占 60%，其余 40% 来自与文化产业有关的会展经营和户外活动等。

（二）长三角城市广电文化产业发展迅猛

长三角文化产业无疑是国内发展最快的地区。苏州市和无锡市 2013 年文化产值分别占该市 GDP 的 7% 和 5%，大大高于全国的平均水平。反映在媒体经营上，苏州广电和无锡广电的文化产业发展也高歌猛进，成为行业示范和标杆。

苏州市 2014 年 GDP 达 1.35 万亿元，在全国各大中城市中高居第六位。在苏州经济发展带动下，苏州广电文化产业规划超前、布局科学、规模宏大。主要包括总投资 65 亿元的三大项目：一是现代传媒广场，将被誉为“苏州城市建设新标志、苏州广电发展新平台和苏州文化产业新载体”。由两栋超高层主体建筑及裙楼组成，总建筑面积达 32 万平方米，投资 38 亿元。除用作苏州广电总台办公新址外，还有五星级酒店、高级写字楼等。二是苏州演艺中心。二期工程建筑面积 3 万平方米，总投资 2 亿元，主要包括大型影院、多功能演艺厅等，与一期工程的大剧院共同构成苏州古城区规模最大的高档次文化休闲聚居区。三是国际影视娱乐城，被誉为“苏州不夜城、快乐大本营”。作为苏州广电最厚实的“家产”，占地 13.8 万平方米，总建筑面积 32 万平方米，投资 25 亿元，主要包括“三城”：高科技电影城、少儿职业体验城和苏州休闲娱乐城。苏州广电三大文化产业项目落成使用，苏州广电将作为“百亿企业”牢牢占据国内广电集团的第一阵营。

无锡广电的文化产业规模虽然没有苏州广电文化产业规模那么耀眼，但以文化演艺、动漫创意、餐饮经营为主线，产业多元，结构紧密，颇具特色。投资 5 亿元、总建筑面积 8 万平方米的无锡广电传媒中心成为城市地标，总投资 30 亿元的无锡数字动漫创业服务中心、无锡影视文化交流中心和地面无线数字电视等重点文化产业项目正在抓紧建设中。

苏州广电和无锡广电以“争创城市文化产业主力军”的价值体现和责任担当，主动与产业市场对接，在媒体文化产业经营上迈出了坚实的步伐。

四、知识产权输出：刚开启的产业之门

知识产权是传媒企业的无形资产。“知识产权”是指“权利人对其所创作的智力劳动成果所享有的专有权利”。对一个广电传媒企业来说，播出多少节目并不重要，拥有多少属自我知识产权的节目才重要。

知识产权是传媒企业具有排他性和不可复制性的核心资源，因之承载权利人的劳动智慧和价值观念。美国向世界推销 NBA 比赛、好莱坞大片、麦当劳食品等拥有自我知识产权产品的同时，也在向世界渗透美国价值观和显示国家民族软实力。

“中国在能够输出价值观之前，不会成为一个大国”“今天中国出口的是电视机，而不是电视节目和思想观念”。法国前总统德斯坦和英国前首相撒切尔夫人一语中的，振聋发聩。

知识产权又是传媒企业产业经营的重要资源，因之承载着产品的经济价值。2012 年韩国依靠《Nobody》《江南 Style》《蓝色生死恋》《大长今》等歌舞影视产品创造了 42 亿美元的外汇收入，而知识产权更造就韩国成为世界十大文化产业输出大国的地位。经历了从 ITV（英国独立电视台）、IPCN（英国版权代理公司）购买《中国达人秀》《中国好声音》等节目版权，并把《中国好歌曲》节目版权输入 ITV（英国独立电视台）之后，灿星文化总裁田明在一个学术论坛上不无感慨地说：“知识产权是文化传媒行业的核心资产。”

近几年来，珠三角和长三角城市广电加强了知识产权意识，并把知识产权作为一个无形资产来经营。运作方式主要有以下三类：

一是节目版权输出。如佛山广电和清远广电制作的粤语广播小说连播节目也输向珠三角其他城市。这些节目适合文化、语言、风俗等接近的珠三角其他城市受众品味。

二是影视作品版权输出。如广东电视台系列短剧《外来媳妇本地郎》播出版权卖至国内电视台和凤凰卫视欧洲台、纽约中文台以及马来西亚、印度尼西亚等东南亚国家。佛山传媒集团投资 6 000 万元制作的 35 集电视连续剧《孔子》在日本和东南亚热播后，被山东卫视以 1 亿元买断国内版权。东莞广电摄制的 20 集电视连续剧《电视台的故事》的播出版权也输向中山、江门、清远等珠三角城市。

三是技术版权输出。如苏州广电、无锡广电分别向国内其他城市广电台输出新媒体客户端“无线苏州”“智慧无锡”的技术开发维护专利。苏州广电、无锡广电的新媒体建设起步普遍比国内其他城市广电台早 5 年至 10 年，特别是新媒体客户端“无线苏州”“智慧无锡”的技术开发维护，不仅自主研发，而且运作稳定成熟。目前广东清远广电属下的“飞翔网”客户端开发维护技术就是从无锡广电引进的，而苏州广电与国内 20 多个城市广电的合作项目——“中国城市信息云平台”，就是基于苏州广电输出知识产权——“无线苏州”客户端软件开发维护技术建立起来的，这从一个侧面反映出苏南广

电的产业水平和综合实力。

“含金量”和经济价值最高的电视知识产权当数节目模式版权。英国是世界上最大的电视节目模式版权输出国，中国传媒在节目模式版权输出上则相形见绌。

五、媒体上市：媒体融资新平台

传媒集团要实现横向、纵向和混合多元发展，资金是必不可少的。对财力单薄的珠三角和长三角城市广电来说，资本运作是做大、做强媒体产业的重要手段，而上市融资是首选。

传媒学者喻国明认为，目前国内广电传媒的收入主要来源于广告时段售卖，盈利模式单一，而且广告延长线已尽极限。因此，实现经营和收入的多元化发展、增加延伸产业链的投入是必需的过程。喻国明强调：“从西方传媒的发展史来看，当市场和主体发展到一定成熟阶段时，进入资本市场是必然的选择。”迪斯尼集团通过收购皮克斯（PLXAR）、卢卡斯影业（LUCASFILM）和美国广播公司（ABC）等方式成为国际传媒大鳄的事实印证了喻国明的观点。

电视湘军的领军人物魏文彬与喻国明的看法一致：“文化企业是个托拉斯，没有实力不行。”托拉斯（Trust），是资本主义垄断组织的一种形式，成熟于欧美发达国家。通过生产企业间的收购、合并以及托管等形式，由一家公司兼并、包容、控股大量同行业企业来达到企业一体化目的。1998 年，在魏文彬力推下，电广传媒成功上市。

有关数据显示，2014 上半年广电上市公司的营业总收入为 166.18 亿元，同比增长 25.12%，总体呈现良性发展势头。“上市是传媒企业通过资本运作做大做强的首选途径。传媒企业通过上市，能够实现如下好处：一是带来资金；二是优化公司治理结构，建立现代企业管理制度；三是提高品牌价值，增加无形资产；四是有利于跨媒体、跨地域发展；五是提高传媒内部管理水平，提高激励机制。”① 国内目前近 20 家广电上市公司的良好运作状况为上述观点提供了注解。

中国传媒首家上市公司诞生在长三角。被称为“中国传媒第一股”的分众传媒、东方明珠集团于 2014 年与百视通合并组成全新产业平台和资本平台，助推 SMG 这个上千亿级别的新型媒体集团航母起航。

国内传媒上市公司目前全是中央级和省级媒体，地级市广电上市至今仍未有先例。珠三角和长三角地市级广电能否跟随东方明珠集团、百视通、浙报传媒、深圳天威、粤广传媒等的脚步，率先实现地级市广电直接上市 IPO 或买壳上市、借壳上市呢？不妨拭目以待。不管中国地级市广电首家上市公司是否诞生在珠三角或长三角，可以期待的是，地级市广电上市之日，就是

---

① 张锐. 2011 年中国传媒业资本运作分析//崔保国. 2012 年：中国传媒产业发展报告. 北京：社会科学文献出版社，2012.

地级市广电腾飞之时。

目前珠三角和长三角有实力的广电媒体正积极酝酿上市。以珠三角城市广电网络为核心资产的广东省广播电视网络股份有限公司几年前已开始部署上市；而苏州广电和无锡广电分别占股 9.69% 和 7.47% 的江苏省广电有线信息网络股份有限公司于 2014 年 5 月向社会公开发行股票招股说明书。

苏州广电属下世纪飞跃网络信息有限公司与全国 20 多个城市广电合作建设“中国城市信息云平台”项目，预计 3 年内达到 2 000 万的用户覆盖，并实现上市融资目标。届时将根据合作城市广电的业绩权重进行股权分配。无锡广电也积极开展资本运作，2010 年筹资 2 亿元，控股组建农村小额贷款公司，2011 年实现创收 5 400 万元；联合新加坡华映资本，成立投资规模达 10 亿元的无锡首家文化产业专项基金——华映文化基金。无锡广电以此为依托，力争实现所属企业上市。另外，杭州文广集团和佛山珠江传媒集团也积极筹备上市。

六、整合营销：媒体经营多渠道

“整合营销”概念是由美国市场营销学唐·舒尔茨教授于 1991 年最早提出来的，是一种对各种营销工具和手段的系统化结合，根据环境进行即时性的动态修正，以使交换双方在交互中实现价值增值的营销理念和方法。对媒体经营而言，整合营销的本质是从“以传媒为中心”到“以消费者为中心”的传播模式的战略转换，主要手段是实现两个“互动”：线上经营与线下经营互动和传统媒体经营与新兴媒体经营互动。

苏州广电的大型经营活动——“电视房展会”就是媒体线上经营与线下经营互动的整合营销范例。苏州广电整合频道和栏目传播资源，对楼盘进行多渠道、高频次的线上立体包装推介，同时策划系列线下活动，包括楼盘品牌展示、宝贝秀楼、名嘴侃楼、高峰论坛、看楼直播车、人气楼盘评选等。电视房展会自 2009 年至今已举办 4 届，每届展会都带来近1 000万元的创收。这使企业提高了知名度、楼盘提高了销售量，媒体也提高了收视率和经营效益。

常州广电举办的“西太湖国际车展”，也是传统媒体经营与新兴媒体经营互动的整合营销的成功案例。为办好车展，常州广电旗下的 3 个广播频率、4 个电视频道和《新周刊》等传统媒体倾力宣传，属下的新媒体中吴网和无线常州也紧密配合，同时穿插名车展示、模特表演等活动，使车展成为当地的一大盛事。

惠州广电的会展系列活动则是传统媒体经营与新兴媒体经营互动的整合营销范例。惠州广电成立惠州会展中心管理有限公司，全权负责惠州会展中心（该中心由惠州市政府投资兴建，总建筑面积 7 万平方米）经营管理。仅 2014 年，该中心举办各类专业会展共 50 多场，年经营总额达 1 400 万元。车展是其中一大品牌，至 2014 年已连续举办了 9 届。每逢展会活动，惠州广电旗下的广播、电视等传统媒体和东江传媒等新媒体紧密配合，极大提高了活动的知名度和影响力。

第七章　水天一色：城市广电媒体融合

今夫水，搏而跃之，可使过颡；激而行之，可使在山。是岂水之性哉？其势则然也。

——孟子

儒家既强调客观存在之势不可抗拒，同时又指出通过外力或人为干预可使势态发生逆转。孟子说：水往低处流本是自然之势，但如用力拍打水面，水可跃过额头；如拦截水流，水可滞留山顶。这本不是水的本性，是水流势态使其这样的。

传统媒体在新兴媒体的强势介入下接连丢失曾一度垄断的行业领地，发展势态如水往下流一样难以遏止。"今夫水，搏而跃之，可使过颡；激而行之，可使在山。"传统媒体发展势态能否如孟子说的那样发生逆转？

传媒演变史昭示，一种传媒的诞生并非是以另一种传媒的消亡为先决条件的。两败俱伤的负和博弈是传媒竞争的下策，互利双赢的正和博弈才是传媒竞争的上策，它既符合传媒各方共同利益，又与现代社会以共荣共享为诉求的竞合发展相吻合。

传统媒体只要变俯视为平视，摒弃傲慢与偏见，主动拥抱新兴媒体，创造"落霞与孤鹜齐飞，秋水共长天一色"的媒体融合发展的境界，就能逆转当前的发展颓势，破茧成蝶，凤凰涅槃。

第一节　北风卷地白草折：传统媒体遭遇严冬

安南于 1998 年 5 月在联合国新闻委员会上提出，在加强传统的文字和声像传播手段的同时，应利用最先进的第四媒体——互联网（Internet）。自此，"第四媒体"的概念一夜风靡全球。

一、新媒体席卷天下

倚仗功能强大的信息技术、卫星技术和网络技术，互联网在短短几年就以席卷天下、包举宇内、囊括四海之势迅猛发展。弗雷斯特研究公司发布的报告显示，2015 年全球网民数量达到 32 亿，其中中国占 6.88 亿，居世界之首。

珠三角和长三角作为中国经济最发达的地区，新媒体拥有量和普及率居国内前列。截至 2014 年 6 月，广东省网民总数达 7 075.8 万人，普及率达 66.8%；手机网民达 6 325.8 万人。近九成网民习惯用手机上网。浙江省也拥有 24 万多家网站和 3 300 多万网民，互联网普及率超过 60%，国际知名互联网企业阿里巴巴总部设在杭州。浙江已经成为中国互联网事业最繁荣发达的地区之一，这是 2014 年首届世界互联网大会选址浙江乌镇的重要因素。

中国互联网信息中心 CNNIC 调查报告显示，截至 2014 年底，中国网民中使用手机上网的人群占比提升至 85.8%。国家互联网信息办公室副主任任贤良说，以智能手机、平板电脑等为终端的移动互联网爆发式增长，是近两年来中国互联网发展最为显著的特点，中国互联网已进入移动互联网时代①。手机具备轻便性、伴随性、智能化和个性化等优点，因此网民更习惯用手机上网，以至于手机成为人们的亲密“伴侣”。美国有 55% 的女性选择宁可不化妆出门也不能忘记带手机；在忘记带现金出门和忘记带手机出门两者选其一时，有 29% 的美国受访者毫不犹豫地选择前者。

互联网技术仍在以令人咋舌的态势飞速进化中。国际权威人士称，万物相联系的新互联网时代已经到来，世界正从单一设备相连进入物物相联系的新时代。预计到 2017 年，全球互联网设备的使用依次为联网汽车、可穿戴式装置、智能电视。目前三分之一的美国家庭已在使用智能电视。

为何说传统媒体遭遇严冬呢？新兴媒体猛烈冲击致使传统媒体惊恐不安的事实是有符合逻辑的因果对应和充足的事例佐证的。

近几年来，在传媒异常发达的美国，有关传统媒体“沦陷”的噩耗接踵而至：已有 146 年历史的《西雅图邮报》于 2009 年 3 月停印，告别“纸质新闻”，成为美国首家只有网络版的大报。并称为美国三大报的《纽约时报》《华盛顿邮报》和《洛杉矶时报》，以及《新闻周刊》《时代周刊》等纸媒，为缓解经营创收大幅萎缩的压力而频频裁员。皮尤研究中心有关调查数据显示，2012 年美国报业编辑从业人数减少了 30%，全职专业雇员人数自 1978 年以来首次减少到 4 万以下。《洛杉矶时报》的东家论坛报业集团被迫向特拉华地方法院申请破产保护，成为近年来美国首个大型报业集团申请破产案件。而《纽约时报》全球副总裁安德森也无比悲观地预测，5 年后《纽约时报》就只发行网络版了。

根据以上种种迹象，联合国世界知识产权组织总干事弗朗西斯·加利预言：数字报纸将在 2040 年取代纸质报纸。当前虽然美国人仍然选择电视作为首选的消遣平台，但 18 至 34 岁的美国年轻人越来越远离电视，每天收看电视的时间低于平均水平，并有逐步下降的趋势。他们更愿意通过电脑、IPad、手机等终端获取资讯。

---

① 徐硙．中国进入移动互联网时代　手机网民达到 4.64 亿．2013－11－29．新华网，http：//news.xinhuanet.com/info/2013－11/29/c_132927023.htm.

国外越来越多的原电视“忠实观众”正转向网络、手机等新媒体获取资讯和观看视频节目。影星凯文·史派西主演的美国经典电视剧《纸牌屋》，由美国奈飞（Netflix）公司投资并在自己的流媒体平台上独家播出，第二季同步登录中国乐视TV超级电视，引起包括美国总统奥巴马在内的全球剧迷的热议和追捧，奈飞公司也受到华尔街资本追逐，市值一时暴涨23%。在国内，《纸牌屋》第二季上线当天首集点击率逼近300万人次。《纸牌屋》引发蝴蝶效应，亚马逊、微软、谷歌、苹果、英特尔等互联网大财团从《纸牌屋》的火爆得到启示，纷纷进军“互联网电视”领域。

与美剧《纸牌屋》的走俏异曲同工的是，韩剧《来自星星的你》热播中国视频网站，在爱奇艺、PPS双平台播出两周，点击量即突破2 300万人次。中国视频网站成为韩剧撑开中国大陆电视市场的新通道，也由此提早了韩剧在中国大陆的“复苏”周期。《纸牌屋》和《来自星星的你》风靡全球，这告诉人们一个事实，传统电视“蛋糕”正快速被互联网吞噬和瓜分。数据显示，全球消费者每周观看流媒体视频的人数几乎与观看广播电视节目的人数相当，比重为75%。

“电视灭亡论”把美欧电视人推向悲观的深渊。美国奈飞公司CEO哈斯廷斯曾发表一篇长达11页的文章，说网络电视将在未来数十年内全面取代广播电视。哈斯廷斯在墨西哥城发表演讲时强调，传统的广播电视服务将于2030年消亡。不幸的是，有50位电视专家懊丧地认同哈斯廷斯的“电视灭亡论”。

美国商业网站《商业内幕》首席执行官兼总编辑亨利·布洛杰特也与哈斯廷斯一唱一和，他宣称：“如今互联网将绕过所有这一切，传统电视的未来就是没有未来。”

英国的传统电视也如伦敦的天空，笼罩在浓浓的雾霾之中。英国广播受众研究委员会于2015年4月公布的数据显示，英国传统电视收视率下降最高达22%。伯恩斯坦研究公司的高级分析师托德·云格尔表示，这种下降令人警惕，而且前所未有。他认为，电视正在经历一场“结构性的”变革，从广告支持的电视公司转向流视频服务。他警告说：“我不认为那些观众还会回来。”

二、中国传统媒体的天空布满雾霾

正当部分人认为境外传媒雾霾不可能越过太平洋向中国蔓延的时候，发生在家门口活生生的事实却令他们目瞪口呆：《2013年中国视听新媒体发展报告》数据显示，2013年北京地区电视机开机率从3年前的70%下降至30%，40岁以上的消费者成为收看电视的主流人群。在2013年最后一天，上海报业集团旗下的《新闻晚报》头版以“致读者信”的方式刊登“讣告”：“亲爱的读者，请允许我们向即将进入2014年的你道别。从明天开始，《新闻晚报》将休刊。”这份有14年创刊历程的纸媒已走到生命尽头。

与珠三角近邻的香港电视圈现状也令电视人心寒。曾垄断珠三角电视市场20多年的香港电视“两虎”之一的亚洲电视（ATV）已穷途末路。因收视不佳和财政困难，这家曾出品《陈真》《霍元甲》《大地恩情》等著名电视剧的香港成立最早的电视台最终告别传媒舞台。

在新媒体的冲击下，中国电视观众结构呈现“两低一高”（低收入、低学历、高年龄）趋势。更忧心的是，不仅年轻观众电视消费量急剧减少，原来电视的“忠实观众”——中老年观众也开始被互联网分流，其收看电视的时间不再增加甚至回落。

传统媒体阵地接连失守，着实令传媒人惶恐不安。李咏、崔永元、柴静、李小萌、郎永淳、段暄等一批“大腕”纷纷离开央视；曾“高大上”的广播电视编导、播音与主持艺术专业被国家教育部列入2014年15个低就业率的高校本科专业之一，这与传统媒体日薄西山的现状不无关系。央视“名嘴”白岩松曾在厦门大学EMBA名家论坛上“实话实说”地规劝一名有志于从事新闻行业的大学生：“新闻并不是一个养家糊口的好行当。你要想找个好工作，千万不要去中央电视台！”

在中国，每周观看流媒体视频的用户比例已经远远超出观看传统广播电视节目的用户比例。电视机顶盒用户可以在电视上观看流媒体视频内容，同时，搜狐视频、优酷视频等订阅式视频点播服务，更助推了人们网络煲剧的热情。

前央视记者柴静于2015年2月在网络上推出了自费拍摄的关于雾霾深度调查纪录片《穹顶之下》，仅半天就在腾讯、乐视、优酷等国内商业网站点播下载量达1.55亿次，手机上也频频被“刷屏”，成为2015年度国内首个传播最广、影响最大的现象级视频。《穹顶之下》在朝野两个维度引发强烈关注和热议，国家环保部部长陈吉宁也专门发短信点赞。

题材重大、制作精良，这是《穹顶之下》热播的主要因素。但不可忽视的是，传播渠道——网络，是燃爆“柴静核弹”的主要引信。《穹顶之下》引发的传播现象再次告诉人们，网络视频是当今最重要的大众聚焦平台和社会舆论策源地。

“因位列国家大众传播系统的低端层次和末梢环节，初始并未纳入国家广电传媒产业化宏观布局而长期处在自我积累滚动发展状态”，中国地市广电媒体一直存在“内容资源稀薄、人才资源短缺、行政资源匮乏、市场空间狭隘”等原发性不足①。而在新媒体冲击下，城市广电的先天缺憾被放大和加剧，以致陷入“自产自销、自娱自乐、自生自灭”的尴尬而困惑的生存境地。

以珠三角的东莞电视台为例，该台21个自办栏目2013年收视率和市场份额与2012年相比均出现较大幅度的下降，平均降幅分别达到44.85%和

---

① 朱剑飞．城市广电锐意进取的新标杆与新起点//广东省电视艺术家协会，广东文化传媒发展研究会．城市电视创新之路　以东莞电视为例．北京：中国广播电视出版社，2012.

38.85%，有的栏目降幅分别接近60%。东莞电视台2012年和2013年自办栏目收视情况和市场份额情况详见表7-1。

表7-1 2012年和2013年自办栏目收视率比较

栏目	2012年收视率（%）	2013年收视率（%）	对比（%）
《精彩推介》	1.63	0.68	-58.28
《新闻夜总汇》	0.45	0.19	-57.78
《百姓关注》	0.59	0.31	-47.46
《车天车地》	3.20	1.69	-47.19
《平安东莞》	0.62	0.35	-43.55
《体育莞》	0.35	0.20	-42.86
《精彩900》	2.42	1.40	-42.15
《生活大莞家》	3.02	1.89	-37.42
《家园故事汇》	2.58	1.65	-36.05
《档案》	0.29	0.20	-31.03
《今日莞事》	2.37	1.65	-30.38
《宝贝豆丁》	0.20	0.14	-30.00
《芳菲文化馆》	2.40	1.87	-22.08
《莞邑联播》	0.22	0.20	-9.09
《东莞新闻》	0.93	0.91	-2.15
《新闻午餐》	0.56	0.62	10.71
《精彩星动向》	—	0.87	—
《东莞早早睇》	—	0.14	—
《品牌东莞》	—	0.39	—
《追梦》	—	0.19	—
《百姓养生》	—	0.14	—
平均	1.36	0.75	-44.85

［注：数据来源于央视—索福瑞媒介研究（CSM）］

表7－2　2012年和2013年自办栏目市场份额比较

栏目	2012年占有率（%）	2013年占有率（%）	对比（%）
《精彩推介》	5.67	2.49	－56.08
《体育莞》	1.81	0.85	－53.04
《新闻夜总汇》	3.11	1.61	－48.23
《车天车地》	10.83	5.98	－44.78
《百姓关注》	1.97	1.18	－40.10
《精彩900》	9.28	5.77	－37.82
《平安东莞》	2.01	1.25	－37.81
《生活大莞家》	10.86	7.09	－34.71
《宝贝豆丁》	1.40	0.92	－34.29
《家园故事汇》	9.51	6.46	－32.07
《今日莞事》	7.76	5.47	－29.51
《莞邑联播》	0.88	0.69	－21.59
《档案》	1.00	0.81	－19.00
《芳菲文化馆》	13.59	11.17	－17.81
《东莞新闻》	3.37	3.08	－8.61
《新闻午餐》	3.10	3.55	14.52
《品牌东莞》	—	1.42	—
《百姓养生》	—	1.95	—
《精彩星动向》	—	4.13	—
《追梦》		0.69	—
《东莞早早睇》	—	2.43	—
平均	5.38	3.29	－38.85

［注：数据来源于央视—索福瑞媒介研究（CSM）］

三、传媒生态发生颠覆性变化

当前，传媒生态已发生了裂变式、颠覆性和系统性的变化，而由信息技术、卫星技术和网络技术催生造就的媒体新生态将以一种难复从前的态势延续下去。传统媒体的界限已渐趋模糊，传媒业、电信业和IT业正快速融合和互联互通，以互联网特别是以社交媒体为主导的传媒市场正向人们敞开大门。

在“大传播、大受众、大平台、大市场”的语境中，现代传媒生态环境出现以下深刻变化。

（一）媒体形态：从边界清晰到边界模糊

新媒体出现之前，广播、电视和报纸等传统媒体功能单一，边界分明，往往囿于自己的一亩三分地而不越雷池半步。网络造就了一个无疆弗界，主客体身份模糊，充满弹性和不确定性的特殊空间。新媒体强大的交互性和聚合力量，消解了媒体行业、国家、社群、产业、传授之间的边界。媒体融合从自发到自觉，全媒体成为各类单一媒体形态上的共同追求。为提高信息利用率和信息传播速度、广度和深度，媒体在生产信息产品时往往实行一次采集，多种生成，多元传播。

《芝加哥论坛报》前主编杰克·富勒指出："每一种媒介都有自身的优势与劣势，它也会将这些强加在所携带的信息上。新媒介通常并不会消灭旧媒介，他们只是将旧媒介推到它们具有相对优势的领域。"杰克·富勒的媒介"相对优势"理论，强调面临当今多媒介共存的媒体生态新环境，发掘"相对优势领域"是传统媒体与新兴媒体共同的市场竞争法则。

（二）信息传播：从单向传播到双向传播

在信息短缺时代，人们获取信息的渠道十分有限，主流媒体通过对信息资源和传播渠道的垄断而拥有至高无上的地位。而传统媒体的信息传播是单向流动的，传播模式和结构限于"点到面"，受众往往只是信息的被动消费者或接收者。传统媒体高度同质化的传播，受众没有信息自主选择的余地，被迫取消自我，取消了独立意见的表达权。

互联网技术引发信息大爆炸，信息不再成为稀缺资源，受众可以自主选择海量信息，传统媒体原本的话语地位遭到解构进而崩塌。互联网时代为信息的个性化、双向性传播打开了技术通道，开创了反馈互动的"点到点"传播新模式。特别是随着手机、笔记本电脑等个性化移动终端的普及和微博、微信社交平台的出现，催生了"自媒体"时代的到来。人人都是记者、主持人和评论员，可以自由发送新闻、图片和言论，可以与网络上的任何一个信息终端进行实时的意见交流。受众参与了信息传播的筛选、编码、传播、解码和反馈的全过程，创造出一种新的"个体化的公共媒介"，建立了"技术化的人际传播结构"，历史性地提供了异质化信息的全球化传播，这是新兴媒体给人类信息传播领域带来的卓越贡献。

（三）信息消费：从完整化和静止化到碎片化和移动化

快节奏、高压力的现代生活使人们过往相对完整的时间变得支离破碎。互联网技术把人类带入了一个"泛信息"时代，信息借用各种传播平台呈现，令人目不暇接。互联网技术肢解了整个社会，使得城市"社区化"、社交"圈子化"、信息"海量化"、阅读"碎片化"、时间"零碎化"、购买"网络化"。美国经济学家、诺贝尔奖获得者赫伯特·西蒙曾说：信息消耗的是接收者的注意力。因此，信息的聚敛必然意味着注意力匮乏。在“泛信息”语境下，人们只能利用零碎的时间，通过搜索引擎、新闻网站、即时通信、微博和微信等多种方式获取海量信息，其消费过程注定是浮光掠影和快餐化、碎片式的，而缺乏耐性正是现代社会“低头族”的一大通病。如何对信息进行有机整合，如何提高信息传播的个性化和吸引力，如何减少人们吸纳信息的成本，这是现代传媒共同面临的课题。

移动化是现代社会发展的趋势，也是现代人类生存现状的真实写照。随着各种移动终端的普及，越来越多的资讯正在通过微信、微博、新闻客户端等移动媒体平台进行传播，移动阅读成为人们时间碎片化状态下的重要阅读形式。2015 年中国移动阅读活跃用户达到 6.5 亿，移动阅读市场收入规模达到 103.2 亿元。移动阅读成为媒体战略布局的必争之地，为此国内各大媒体如腾讯、新浪、网易、澎湃新闻等纷纷推出个性化的移动新闻客户端。

（四）媒体地位：从独尊到共荣

广播、电视和报纸等传统媒体在其发展史上都曾垄断信息发布权，并因此独享至高无上的媒体地位。新兴媒体强势崛起，从根本上打破了这一竞争格局。当互联网进入“Web2.0 时代”——个人媒体时代的时候，每个人都是信息与语话发布的中心，传统媒体也因此渐渐失去了昔日光环。公众不再把传统媒体作为日常信源和重大新闻信源，也不再把它作为对重大新闻事件的新闻背景和解释。“新媒介技术的出现不仅仅是一种时尚、一个新领域，更重要的是它颠覆了传统主流媒体长期以来所构建的单一视听模式与价值观念，致使传统主流媒体在当今中国现实语境下的地位正在沦陷。”①

在传播领域看来，2008 年 6 月 20 日，胡锦涛以国家领导人身份通过人民网与网友在线交流，以及胡锦涛以个人身份在人民网微博注册的举动，都告知人们一个事实：当今新兴媒体与传统媒体已平起平坐、难分尊卑。中央电视台《新闻联播》结束语“更多新闻资讯请关注央视微信、微博和新闻客户端”也有力地诠释了这一现实。

（五）经营渠道：从平台聚集到平台分散

传统媒体以往在广告规模、经营影响力和消费者关注度上占据绝对优势，其中电视媒体更是处于垄断地位，商家广告投放首选电视媒体。随着互联网的高速发展，网络媒体的营销价值已经得到广告主的高度认可，传统媒体广告被新兴媒体蚕食瓜分，甚至超越的局面已不可逆转。

在互联网技术发达的美国，2013 年互联网广告收入为 428 亿美元，广播电视广告收入仅为 401 亿美元。美国互联网广告收入总量首度超越广播电视

---

① 牟传珩. 中国传统主流媒体地位正在沦陷. 2007-08-01. http://www.360doc.com/content/07/0803/10/16239_650618.shtml.

广告收入总量而成为一个标志性事件被记入世界媒体发展史册。

而在中国，《传媒蓝皮书：中国传媒产业发展报告（2015）》数据显示，2014 年中国传媒产业总值达 11 361.8 亿元，首次超过万亿元大关。网络广告收入首次超过电视广告，收入规模超过 1 500 亿元。报业经营出现“断崖式”下滑，下降幅度更是达到 15%。

第二节 怒斥光明消逝：传统媒体拒绝“温柔走进良夜”

一、“灭灯”和“转椅”

“灭灯”和“转椅”是流行于欧美的真人秀节目中两个相互排斥的标志性模式元素和仪式性节目符号，“灭灯”意味着否定和淘汰，“转椅”意味着肯定和晋级。在新兴媒体迅猛发展的媒体新生态下，传统媒体是出局还是入局，是“灭灯”还是“转椅”？这个关乎传统媒体生死存亡的严峻课题横亘在学者和从业者面前。

“不要温柔地走进那个良夜，老年应当在日暮时燃烧咆哮。怒斥，怒斥光明的消逝。”这是英国诗人狄兰·托马斯对死神将人类带离人间所表达的愤慨。传统媒体也许正步入暮年，但不意味着走向死亡。严冬过后是春天，落日明天有朝阳。传统媒体不应在逆境中歇斯底里地咆哮和怒斥，也不应在强大的对手面前自暴自弃，甘愿沦陷和泯灭；传统媒体要有迈过严冬、穿越星际的信心和勇气，要有与新兴媒体互通互联、共荣同辱的胸怀和气魄。传统媒体枯木逢春、浴火重生，需经漫长的严冬凌虐和炽热的烈火煎熬。

2014 年被誉为中国“媒体融合”元年，《关于推动传统媒体和新兴媒体融合发展的指导意见》的颁布实施，意味着“媒体融合”首次被行业呼吁上升至国家发展战略层面。习近平强调，推动传统媒体和新兴媒体融合发展，要遵循新闻传播规律和新兴媒体发展规律，强化互联网思维，坚持传统媒体和新兴媒体优势互补、一体发展，坚持先进技术为支撑、内容建设为根本，推动传统媒体和新兴媒体在内容、渠道、平台、经营、管理等方面的深度融合，着力打造一批形态多样、手段先进、具有竞争力的新型主流媒体，建成几家拥有强大实力和传播力、公信力、影响力的新型媒体集团，形成立体多样、融合发展的现代传播体系。《人民日报》发表题为“拥抱融合，传统媒体才有明天”的人民时评：面对新兴媒体，与其欲拒还迎，莫如开怀拥抱！

美国马萨诸塞州理工大学教授浦尔在 20 世纪末首先提出“媒体融合”（Media Convergence）概念，认为未来信息传播将在互联网技术支持下，达到多媒体信息之间相互叠加、高度融合、自由转换的传播状态——超媒体时代。“媒体融合”是信息传输通道多元化下的新作业模式，是把报纸、电视台、电台等传统媒体，与互联网、手机、手持智能终端等新兴媒体传播通道有效结合起来，实现资源共享，进行集中处理，以衍生出不同形式的信息产品，然后通过不同的平台传播给受众的过程。从2005年开始，有“美国记者的摇篮”美誉的美国密苏里新闻学院就增设了“媒体融合”的本科专业，对该领域进行重点研究。

如果说“媒体融合”是媒体的行动实践，“互联网思维”则是它的理论指南和行动纲领。百度百科对“互联网思维”的定义是：“互联网思维，就是在（移动）互联网、大数据、云计算等科技不断发展的背景下，对市场、对用户、对产品、对企业价值链乃至对整个商业生态进行重新审视的思考方式。”有学者将互联网思维归纳为9个层面，即用户思维、简约思维、极致思维、迭代思维、流量思维、社会化思维、大数据思维、平台思维和跨界思维。也有研究者根据互联网思维提出电视媒体“价值木桶八板模型”，即受众规模、受众构成、内容优势、时段优势、平台优势、区位市场、营销能力和品牌张力。

在新兴媒体呈现裂变式发展态势、传统媒体苦苦寻求传播模式、商业模式和价值链条鼎革重构的21世纪，“媒体融合”和“互联网思维”成为行业热词和社会流行语，并在传媒圈激起重重的变革浪潮。

传媒学者喻国明认为，媒体融合最重要的是要遵循“互联网逻辑”。他强调，“互联网逻辑”的关键词有二：一是“连接”。连接是互联网的本质，互联网就是对于一切社会要素、市场要素和一切可能的价值要素的关联整合的过程。互联网带来的所有改变、新游戏规则的创造，都来自于对过去一盘散沙式的社会市场价值要素和功能资源的连接之后所产生的新态势和新格局。互联网逻辑带来的所有价值、变化、压力和游戏规则的改变，都来自于连接连通、互联互通之中。二是“开放”。面对互联网趋势性、潮流性的改变，无论个人还是机构，只有开放自己，才能与世界进行关联和连接，否则就会成为价值孤岛。我们要进行资源开放，整合上中下游、供应链、价值链，与更广泛的社会资源、业界资源进行开放，实现更大范围内的跨界整合和解决方案构建。①

有学者指出，传统媒体要与新兴的“四媒”（指社交媒体、自媒体、政务媒体和数据媒体）融合，要跨越空间、瓦解时间、重塑关系和创新服务，要结合互联网思维、大数据思维、用户思维、版权思维和底线思维，从内容走向服务，从传统媒体本位走向新媒体本位。

二、默多克的金钥匙和BBC的Web2.0宣言书

自从新兴媒体为传统媒体敲响生存警钟的那一天起，传统媒体就从未停止过在理论思维和实践路径上与新兴媒体进行互联互通的探求摸索。

---

① 中国社会科学院新闻与传播研究所．新媒体蓝皮书：中国新媒体发展报告No.5（2014）．北京：社会科学文献出版社，2014.

互联网等新兴媒体萌芽、起步、成熟于欧美发达国家，最早接受互联网风暴洗礼的国际传媒大亨们先知先觉地认识到：传统媒体的根本出路在于，摒弃傲慢与偏见，放下身段，主动牵手和拥抱新兴媒体。

全球传媒帝国新闻集团的掌舵人默多克虽年逾八旬，但对行业的敏感性、洞察力和判断力丝毫没有减弱。默多克从人们疯狂拥向3D、IMAX影院，如痴如醉地感受数字化声画体验的现实景况中深知：旗下电影公司20世纪福克斯出品的鸿篇巨制《阿凡达》，赚取大叠大叠美钞是次要的，获取以用户终端体验为导向的新媒体娱乐业运营模式的金钥匙才是最重要的。

新闻集团拥有的《泰晤士报》《纽约邮报》以及20世纪福克斯电影公司等优质传统媒体资产已不能满足默多克继续垄断世界传媒业市场的勃勃野心，他频频放出兼并收购等多个撒手锏，大刀阔斧地向网络领域进军。最令默多克魂牵梦绕的，是如何将新闻集团的现有网络资产打造成娱乐版Google——一个链接所有电脑游戏、电影、音乐和在线聊天的一站式商铺。新闻集团首席数字官Jonanthan F. Miller表示，要主动与谷歌公司展开对话和合作，并强调方便携带的移动终端的发展决定了数字媒体发展的速度。

占据全球数字广播和数字电视传播科技制高点的广电巨头英国广播公司（BBC），不愧是一艘具有近百年创业史的国际传媒航母，在领航国际传媒界媒体融合变革中，BBC显示出与众不同的缜密理论思维、长远战略部署和宽广行业视野。早在2005年，当一些传媒人还在傲气冲天地跷起二郎腿睥睨漠视互联网的时候，BBC就制订了被视为BBC进军web 2.0宣言书的“创造性的未来计划”，提出了媒体融合的“三大理念”：一是“导航”（find），旨在开发在线检索功能，为用户提供人性化的搜索代理服务；二是“点播”（play），引导用户利用播放器软件下载和观看BBC电视台和广播台的所有节目；三是“共享”（share），鼓励用户在BBC网站上建立自己的博客，并将自己的视频、音频播客发布到BBC站点上。在信息产品制作和发布上，BBC按照“360度全平台”传播理念，推行公司机构重组，建立“超级编辑部”，实现采编一体化，并以内容品质为核心，打造全媒体产业链。

BBC还积极实施“移动为先”的发展战略，制定“四屏”（即电视、手机、平板电脑和电脑）的产品研发规划。BBC抓住伦敦奥运的难得机遇，在家门口向英国和全世界展示了“数字奥运”的无穷魅力，人们通过数字电视、互动电视、桌面电脑、平板电脑、手机、BBC互动播放器等媒体平台，共收看了由BBC提供的时长为2 500多个小时的奥运盛宴。

三、长三角的千亿级广电帝国和珠三角的广电航母

在作为中国传媒布局重要板块的长三角和珠三角，媒体融合也被当作一个重大战略命题放在显要位置，顶层设计和分步推进各显其招。

上海一直是中国传媒改革的示范区。上海市委书记韩正作出的“上海要在新媒体领域有所作为”的指示，成为长三角特别是上海媒体融合的进军

号角。

上海文广 SMG 高层意识到，目前上海文广 SMG 属下的子公司在相互争夺集团仅有的资源，集团整合资源、划定界线的能力在弱化，同时各类公司小而全、自行发展，主业不突出。以上两种现象导致上海文广 SMG 核心竞争力在丧失和被肢解。因此，推行宏观上的机构平台整合和资产平台整合，是上海文广 SMG 媒体融合和新一轮变革的重中之重，其目标指向是成为中国文化传媒行业传统媒体与新兴媒体融合发展的典范，建造堪与迪士尼、时代华纳、NBC 环球等全球传媒巨擘比肩平坐的千亿级“广电帝国”。

上海文广 SMG 机构平台整合和资产平台整合方案如期实施。一是机构平台整合：重组上海大、小文广。上海文化广播影视集团(“大文广”) 与上海东方传媒集团有限公司（“小文广”）于2014 年3 月挂牌整合。二是资产平台整合：重组百视通与东方明珠。除百视通与东方明珠两大上市公司合并外，还将注入上海文广旗下弘毅投资的尚世影业、电视购物行业龙头东方购物等资产。三是融资平台整合：推动上海文广集体上市。百视通与东方明珠合并后，也将作为重要的融资平台，实现文广集团整体上市，全面推动文化产业市场化。

上海纸媒的媒体融合思路除了机构平台整合外，更侧重于传播内容和技术上的革新。正当人们因《新闻晚报》休刊而对传统纸媒是否走向穷途末路忧心忡忡的时候，2014 年 7 月长三角传媒圈冷寂郁闷的长空响起一声春雷：以“立志成为中国第一时政品牌”为终极追求的上海报业集团新媒体产品——澎湃新闻横空出世！澎湃新闻的脱胎问世震撼了整个国内传媒圈，澎湃新闻苹果手机客户端当天的下载量急剧飙升至同类第二位，仅次于腾讯新闻客户端的下载总量。

上海报业集团由解放日报报业集团和文汇新民联合报业集团整合重组而成，成立当初被视为“一个标志性的改革事件”（传媒界权威、复旦大学教授李良荣语）。上海报业集团掌门人裘新当年是复旦大学新闻系的高才生，曾任上海广播电视台台长、东方传媒集团有限公司总裁，见证和亲历了上海传媒业的变革，洞悉国内外现代传媒发展的风云变幻。裘新认为，“融合”是此涨彼涨而不是此长彼消的关系。它避免了传统媒体和新媒体“你死我活”的关系，从彼此替代变成彼此融合、共赢①。

按照裘新的构思，澎湃新闻媒体定位为“专注时政与思想的媒体开放平台”，用户定位为“都市中高端人群”，实现路径为“互联网技术创新与新闻价值传承的结合”。现有网页、Wap、App 客户端等一系列新媒体平台，推出了“中国政库”“中南海”“打虎记”“人事风向”“一号专案”“舆论场”“知食分子”等有影响力的微信公共账号。澎湃新闻被称作“时政类报纸新媒

---

① 喻国明. 互联网逻辑与传媒产业发展关键. 南方电视学刊，2014（3）.

体融合的上海模式”①，成为国内传统媒体与新兴媒体融合发展的试验田和风向标。

珠三角媒体融合的声势虽然没有长三角那么浩大，但因珠三角政治、经济、文化的特殊地位，推进媒体融合的系列变革仍引起国内同行的密切关注。

珠三角广电传媒领袖张惠建曾入选“中国十大传媒创新人物”，他担任南方广播影视传媒集团总裁时开创了以联合发展为特征的广电改革“南方模式”，经历与境外电视的艰苦抗衡，重新夺回了广东“天空”的控制权。肩挑打造全国一流文化“航母”的重担，张惠建上任广东广播电视台首任台长。面对长三角黎瑞刚和裘新气吞山河、咄咄逼人的气势，张惠建显示出广东人特有的低调、淡定和务实。广东广播电视台的成立，实质是广东散而不整的媒体平台资源的一次大整合，而手握 9 个广播频率、13 个电视频道、10 个有线数字付费电视频道和较成熟的新媒体平台等优质资源，张惠建增强了重返国内第一阵营、建设收入过百亿的现代传媒集团的信心和底气。

张惠建关于媒体发展的“蓝海战略”理论引发国内传媒圈的极大关注。新媒体战略和“走出去”战略是张惠建“蓝海战略”的两大支点，其核心理论就是媒体融合。“媒介融合已经成为传媒产业发展的必然方向，是每一个参与竞争者的必然选择，传统媒体要想立于不败之地就必须走媒介融合之路。”发展新媒体产业，积极推出媒体融合，是张惠建实现广东广电重返国内第一阵营目标的主要路径②。

实施媒体融合，必须打好新媒体的坚实根基。早在 2004 年，原南方广播影视传媒集团就在国内广电界率先开展新媒体业务，成立运营主体——新媒体公司，业务上涵盖了 IPTV、互联网电视、手机电视、地铁电视、车载移动电视、网络视频、户外媒体、增值业务以及新媒体内容加工制作等多个领域。2014 年 5 月 IPTV 正式放号运营，凸显直播内容、高清内容、港澳内容、本地粤语内容等四大优势。手机电视与三大运营商合作，先后推出“悦 TV”“翼 TV”等多个手机电视产品。互联网电视与创维、海尔等电视机厂商合作生产互联网电视一体机，并开创“直通好莱坞”收费运营模式。

张惠建媒体融合的另一思路是实施跨媒体、跨行业、跨区域的资源整合。按照此思路，他们先后与海外的新闻集团、维亚康姆等国际大型传媒集团，国内的新华社广东分社、羊城晚报报业集团、南方日报报业集团等传媒机构，签署了战略合作协议和开展实质性项目合作，并在广东的广州、珠海、梅州等地建立了广播影视中心、影视文化产业基地、客家文化产业基地和国家音乐产业基地。

珠三角另一城市深圳是目前全国四大一线城市之一，又是国家首批“三

---

① 魏武挥．裘新首次详解，上海报业集团三大新媒体图谋．2014－03－01．http：//www.tmtpost.com/96231.html.

② 朱春阳、张亮宇．澎湃新闻：时政类报纸新媒体融合的上海模式．中国报业，2014（15）．

网融合”的试点城市，有雄厚的信息流、人才流、资金流和技术流，这为深圳广电媒体融合创造了优良的硬件和软件。深圳广电目标很清晰，即借助媒体融合和资本运作，实现由传统媒体向新媒体、地方级媒体向全国性媒体的跨越，努力打造珠三角百亿广电集团。为此，深圳广电一方面将原有的IPTV、中国时刻网、地铁公交电视整合成时刻传媒公司，负责新媒体业务的开发。2014年重磅推出“时刻摇摇乐”项目，在全城掀起一轮百万级用户的“摇摇风潮”。另一方面将深圳广电牵头的全国城市网络电视台打造成全国性的新媒体平台，将自己的新媒体资源和其优质资源注入进去，探索新型的商业模式。值得关注的是，深圳广电于2014年9月与华为集团、索贝公司携手，共同开发国内首个全国性的电视制播云平台，将引领全国高清化与云计算市场进入一个新时代。

具有强大的资本运作能力，具有用户量巨大的互联网平台，具有把信息入口转换为场景入口的能力，这些都是推进媒体融合不可缺少的关键要素。珠三角和长三角思想观念开放、经济实力雄厚、媒体市场化程度高，媒体融合行动更快捷、措施更到位、效果更明显。

第三节 秋水共长天一色：城市广电媒体融合走在路上

纵观国内，珠三角和长三角媒体融合氛围浓郁、一马当先、成效显著。在省级媒体带动和影响下，两区域城市广电全面进入媒体融合的探索实践。苏南地区的苏州和无锡更是先行先试，创造了可供同行借鉴的媒体融合运作模式。

一、寻求决定媒体发展半径的现代传媒思维方式

互联网以强大技术穿越星际和时空，瞬间强势闯入静谧的媒介“藕塘”，“惊起一滩鸥鹭”。“客”为何物？“我”将何处去？互联网对媒介的冲击，首先是对思想观念和思维方式的冲击。

在苏州市举办的2014年中国视听传媒发展论坛上，国家新闻出版广电总局副局长田进的演讲令来自珠三角和长三角城市广电的与会者印象尤深：“广电媒体融合发展新媒体要注重顶层设计，定位为‘一把手工程’。树立一体化理念，实现技术、内容、渠道、平台、体制机制、经营管理等各方面融合，广电媒体与新媒体发展要‘并行并重’”。

“一把手工程”和“并行并重”高屋建瓴地阐明了媒体融合的重要性和紧迫性。珠海广播电视台台长郭琳不无感慨地说：“我台目前经营收入大部分来自于传统广播电视广告，占我台总收入的87%，产业结构和盈利模式单一，导致我台抗风险能力极低，一旦广播电视广告下滑，立即掉进入不敷出的困境。在目前的大环境下，如果不努力实现转型，难以抑制下滑的趋势。所以，

与新媒体融合势在必行。①”常州广播电视台副台长许建俊也深有同感：“城市台越来越难以守住原有领地，受众份额日渐看窄。这种情况下，城市台加快媒体融合形势更为迫切。”

思想是行动的指南，思路决定出路，思维方式决定发展半径。珠三角和长三角城市广电在媒体融合的具体操作上各有各的运作模式。

苏州广电——强化用户思维，推进六大转变。苏州广电领导层流行一句话：“决策的成功是最大的成功，决策的失败是最大的失败。”作为中国城市无线互联网传播平台的标杆典范和中国新媒体创新榜十强，苏州广电媒体融合无论是思维理念还是运作模式都显得成熟理性和自成体系。他们始终坚持“内容为王、渠道制胜、终端至上”的原则，把用户思维当作核心理念，要求遵循“发现需求，满足需求，创造需求，引领需求”的16字方针，努力实现六大转变：单一媒介向多元渠道转变，强调多维平台综合传播；线性单向传播向实时互动传播转变，强调信息传播的参与体验；大众传播向大众应用转变，强调信息的实用价值；媒介思维向用户思维转变，强调满足用户需求；内容服务向产品服务转变，强调信息传播适销对路；广告模式向产业模式转变，强调打造媒体新型产业链条。苏州广电提出了媒体融合的“四维路向”：一是媒体与媒体之间融合；二是媒体与产业之间融合；三是媒体与资本之间融合；四是区域媒体之间融合。

无锡广电——追求“化学反应”，实现转型升级。强调媒体融合要避免物质组合层面上的简单捏合，实现信息一次采集、多种生成、多元发布，构建广播、电视、平面媒体、网站、微博、手机“六位一体”的传播新模式，最终实现媒体融合的“化学反应”。无锡广电集团总裁严克勤要求瞄准“主阵地、主力军、主平台”的定位，以“融”为核心推动转型发展：融入——融入时代潮流和发展大势，把握广电传媒的新任务、新要求；融合——整合资源，聚合优势，裂变发展，催生新的传媒业态和发展模式；融洽——以新型的文化观为基础，建构以人为本、富有内涵的全新媒体文化②。国家新闻出版广电总局局长蔡赴朝评价无锡广电集团媒体融合工作：“非常有示范引领意义。”

东莞广电——强化互联网思维，实现渠道融合。他山之石，可以攻玉。东莞广电领导层频频率队到珠三角和长三角取经学习，探讨媒体融合之良策。中央刚颁布《关于推动传统媒体和新兴媒体融合发展的指导意见》，他们就邀请高校专家在本台理论研讨平台“媒体论坛”上讲解媒体融合的前沿理论，并牵头策划珠三角城市台媒体融合交流会。他们认识到，要培养以连接、开放、分享为特征的互联网思维，跳出传统媒体的本位主义，摆脱陈旧观念的思想束缚，真正树立不融合发展就会丧失话语权和被边缘化的危机意识。在媒体融合的具体路径上，他们强调传播渠道融合，利用现有的东莞电台、东

---

① 周豫．广东广播电视台成立 以重返广电第一阵营为目标．南方日报，2014－04－24．

② 崔忠芳．融合让区域媒体流动新的血液．中国广播影视，2014（10）．

莞电视台、东莞阳光网和东莞阳光台客户端构成的强势媒体矩阵，打破过去各媒体之间单打独斗、各自为政的封闭割裂局面，努力整合线上线下资源，连接不同介质和终端，洞穿媒体与媒体、媒体与网络、线上与线下、媒体与受众之间的阻隔和障碍，实现媒体、用户、广告商等各取所需、互利共赢。

珠海广电——构建新媒体平台，推进融合发展。建起了以珠海网、珠海网手机客户端和互动门户网站为代表的互联网新媒体平台，覆盖电脑、电视和手机三屏，包含图文门户、互动社区、电子商务、网络电视、手机客户端和多个应用频道。

二、构建与媒体融合生产力能量迸发相匹配的组织体系

中央电视台推出的10集纪录片《公司的力量》走红国内各领域管理界。影片梳理公司起源、发展、演变、创新的历史，探讨公司组织与经济制度、思想文化、科技创造、社会生活等诸多层面之间的相互推动和影响，告诉人们一个理念——“公司的出现是人类的成就”，组织结构无可比拟的凝聚力量，让它产生无边弗界的强大经济动力。

互联网技术带来了生产力能量的大释放。政治经济学告诉我们，生产力发展必须有与之相适应的生产关系相配套，同时必须建立科学完善的组织结构、传播体系和管理体系，才能保障生产力能量最大限度地迸发。有学者指出，国有传统媒体在过去20年互联网发展史上之所以没有出现拥有强大话语权、能与国际传媒大鳄分庭抗礼的传媒集团，其中主要原因是陈旧落后的体制机制束缚了生产力发展。因此，推进媒体融合离不开体制机制的设计和重构。

积极加快媒体集团化运作，要从宏观组织结构上推进媒体融合。传媒集团不只是一个媒介外壳，它是连接传媒内部各种关系、整合传媒各种资源的组织纽带。珠三角和长三角城市广电纷纷竖起了传媒集团旗帜。绍兴广电集团与绍兴广电总台实行“事业法人 + 企业法人”的一台两制模式。集团负责人表示，成立绍兴广电集团，是推动媒体融合发展的决策使然，也是绍兴广电体制改革的路径选择。今后，集团将统筹推进属下“声、屏、报、网”联动发展。

推进媒体融合需要有一个专责部门统筹实施，因此中观的组织结构——新媒体中心（公司）应运而生。审视珠三角和长三角城市广电的新媒体中心（公司）设置，大概有两大类型：一种类型是将新媒体中心（公司）作为一个专责部门，与新闻中心分别独立运作。如东莞广电新媒体中心，由台里的精兵强将组成，下设东莞阳光网、新媒体开发部、电商开发部、技术开发部，全面负责东莞阳光网的规划、设计和运营，负责东莞阳光台以及本台官方微博、微信等新媒体平台的开发、维护、信息发布以及经营等相关工作。在内设机构排列上，新媒体中心与新闻中心是两个平衡部门。另一种类型是将新媒体中心（公司）与新闻中心合并为新媒体新闻中心，珠三角的江门广电和

清远广电等都采用这种类型。

中国传媒大学副校长、博士生导师胡正荣认为，媒体组织结构应与“内容、渠道、平台、经营、管理一体化”的媒体融合理念相吻合，现代广电媒体的内部架构要进行全媒体改造，不应再按媒体划分（图7－1），而应按业务流程划分（图7－2）。江苏广播电视总台目前建立了500多人的全媒体新闻联动平台，利用全媒体演播室和全媒体内容服务平台来支撑运作，这种架构模式体现了媒体融合的先进理念。

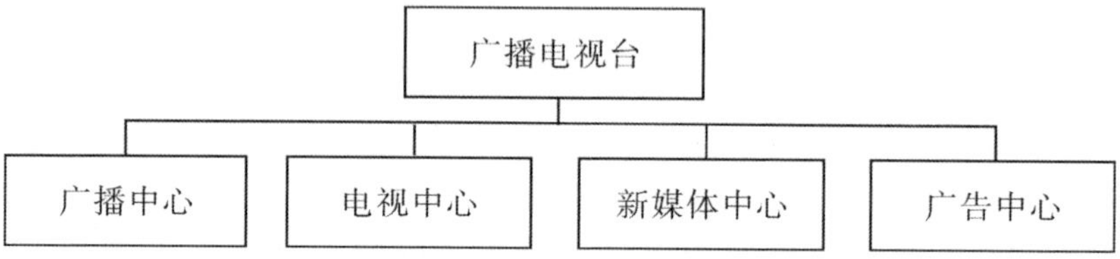

图7－1 按媒体划分的传统广电媒体的内部架构

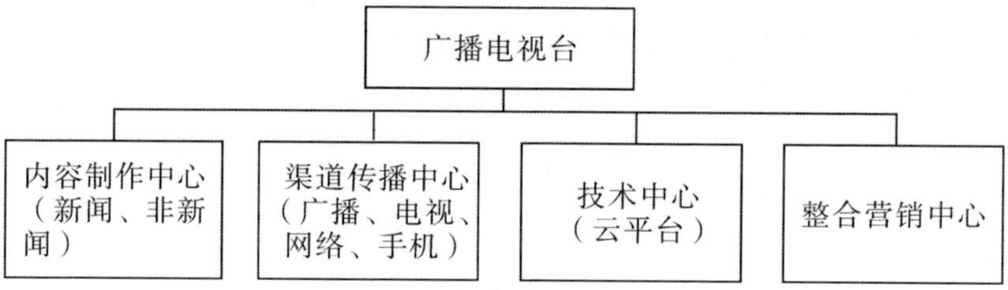

图7－2 按业务流程划分的现代广电媒体的内部架构

诚然，传统媒体泾渭分明、职能固定、工作内容单一的组织结构容易造成部门间壁垒阻隔、信息流通不畅和高投入低效率等陋习。早在2000年格雷格戴克时代，BBC就尝试建立全媒体组织运营架构。BBC目前的视频、音频与音乐、新闻和北部中心团队，都是通过打破以往按照频道和职能界定结构的方式组建而成的。在新闻采编团队构建上，BBC推倒以往独立存在的广播、电视和网站新闻运作平台，整合为一个世界最先进的、全新类型的跨平台多媒体新闻中心。目前珠三角江门广电和清远广电新媒体新闻中心的组建模式，或多或少是从BBC适应媒体融合需要的组织结构设置理念中得到启示的。

三、构建契合融媒体时代一体化的信息生产流程

一体化是互联网思维的核心要义。媒体融合就是“秋水共长天一色”，分不清你我。因此，媒体转型一定要树立一体化发展观念，通过流程优化、平台再造，打通信息生产的“采、编、播、存、用”各个环节，推进各种媒介资源、生产要素的有效整合，推进信息内容、技术应用、平台终端、管理手段的共融互通，最终实现从“媒体结合”到“媒体融合”的转变，从“物理

反应”到“化学反应”的升华。

分类信息产品传播平台整合是媒体内容生产流程一体化的微观体现。就新闻信息产品生产而言，媒体融合时代一体化和范式化的新闻生产流程文本是“第一时间到达事件第一现场—微博微信发布简明新闻—持续跟进网络刷新—广播滚动及时连线—电视游动字幕、视频连线—专题深度报道以及事件的多角度链接—平面媒体的深度解读—信息反馈后续跟进”。这种标准化和理想化的生产流程，有助于实现新闻生产从粗放单一向高效集约转变，从封闭独立向开放多元转变。而实现这两个“转变”的前提是，新闻生产组织架构从“垂直型线性流程组织”进化为以“信息集成中心”为核心的“交互型流程组织”。

BBC在新闻生产流程设计上作出了国际性示范，他们组建跨平台多媒体新闻中心，统领电视新闻、网络新闻和广播新闻三个编辑区域，各编辑区域根据媒介特性从新闻采集平台提取新闻素材，随后按照受众个性化需求进行差异化编辑，最后分别选择在广播、电视、网络、手机、互动电视等多个终端上播发。

BBC一体化的内容生产流程构建理念广为世界媒体同行所效尤和借鉴。地处珠三角腹地、连续创造广告收入约20年全国第一神话的中国内地第一家报业集团——广州日报报业集团，也采用BBC式的新闻生产流程。在2014年12月1日创刊62周年的当日，广州日报报业集团跨越纸媒和新媒体的新闻统筹平台——中央编辑部正式运作，将把新闻生产带入“滚动采集、滚动发布；统一指挥、统一把关；多元呈现、多媒传播”的融合发展新时代。

“网台一体”是媒体更高层面的生产流程一体化。这里所指的“网”仅包含媒体属下的各类官网。近几年来，珠三角和长三角城市广电不惜重本打造“官网”（表7－3）。

表7－3 珠三角和长三角部分地市广电官网一览表

所属区域	所属媒体	官网名称	创办时间
珠三角	东莞广电	东莞阳光网	2005年
	佛山广电	广佛都市网	2009年
	中山广电	中山声屏网	2012年
	珠海广电	珠海网	2010年
	惠州广电	东江传媒网	2011年
	广州广电	广视网	2003年
	深圳广电	中国时刻网	2010年

（续上表）

所属区域	所属媒体	官网名称	创办时间
长三角	苏州广电	名城苏州网	2000 年
		中国苏州网	2003 年
		苏州广电网	2011 年
	无锡广电	太湖明珠网	2001 年
	宁波广电	宁波广电网	2003 年
	常州广电	中吴网	2004 年
	嘉兴广电	嘉兴人网	2003 年
	杭州文广	杭州文广网	2005 年
	南京广电	南京网络电视台	2012 年

长三角城市广电官网上线普遍早于珠三角城市广电官网，其运作也更趋成熟。苏州广电总台同时拥有名城苏州网、中国苏州网和苏州广电网 3 家功能各异的官网，显示出其强大气势和深厚底蕴。

经历“竞争—联动—融合”三个阶段，目前珠三角和长三角城市广电已实现“网台一体”。一体化的内容生产流程也大大提高节目的竞争力和营销活动的影响力。

东莞广电 2007 年就展现了媒体融合一体化宣传的强大威力。当年他们主办首场商业演出《红莓东莞开》——俄罗斯军队亚历山大红旗歌舞团大型经典晚会，面向中老年人特定观众群体，精心设置“怀旧”主题，演出预告在广播、电视、报纸和网站反复刊发，《红莓花儿开》《莫斯科郊外的晚上》《山楂树》等苏联经典名曲高密度地在电台播出，同时策划亚历山大红旗歌舞团演职人员和在莞经商的俄罗斯商人参观东莞广电直播室等活动。全媒体、多维度、互动式的传播方式，令演出当晚产生万人空巷、一票难求的轰动效应。

目前东莞广电建立了较为成熟的“网台一体”的生产体系。《东莞新闻》《今日莞事》等新闻栏目通过在线调查、微信二维码等形式与受众互动，开发视频、文字和图片上传，制作具有亲和力、感染力的节目内容；节目内容在东莞阳光网和东莞阳光台客户端同步直播。构建微博、微信、移动客户端、手机网等立体式发布平台，强化媒体产品生产制作流程效率，提高媒体产品的二次传播力和叠加传播效果。

东莞阳光网是珠三角城市广电最早创建的媒体网站，跻身广东省十大国家级重点新闻网站行列，曾获得“全国地方网站十大最具价值品牌”“中国地方门户十佳品牌”“全国地方网站最佳本土传播力品牌”等国家级奖项，目前拥有 30 多个专业频道和 20 多个分网、一个 Wap 网站、一个 App 客户端、两个官方微博、一个微信公众号，活跃会员超过 160 万。东莞阳光网与东莞广播电视台的内容生产平台进行无缝对接。《东莞新闻》《今日莞事》等电视名牌栏目每周网上点击量接近10万人次。2013年9月，台网联动报道强台风“天兔”袭莞，东莞阳光网当天创下了489万人次的历史最高点击量。

佛山广电开办逾10年的品牌栏目《小强热线》建立拥有微信、微博、APP、网站等传播平台的新媒体小组，现有粉丝达20万人，日均活跃粉丝10万人。融媒体传播模式，扩大了这档珠三角城市广电中开办时间最长的民生新闻栏目的影响力。

珠海广电新媒体平台以珠海网、珠海网手机客户端和互动门户网站为核心，覆盖电脑、电视和手机三屏，包含图文门户、互动社区、电子商务、网络电视、手机客户端和多个应用频道。珠海网络电视台通过“台网捆绑”模式，使珠海台两套电视节目、3套广播节目实现了实时网络直播、点播，并具有7天时移回看、搜索、评论等功能。

长三角城市广电特别是苏州广电和无锡广电积极吸收国外媒体融合的先进经验，在国内城市广电中率先构建起统一指挥调度的多媒体新闻采编平台，建立了“前期采集一体化、终端播出多样化”的全媒体运行流程，统筹使用各类平台和渠道，连接不同介质和终端，实现新闻一次采集、多种生成、多元传播。

目前无锡广电已实现全台网、媒资网、新闻网、播出网全面互联互通，采编人员通过内部网络可随时进行新闻资讯的浏览调用。他们的目标很明确：“把无锡广电全媒体新闻中心做成集团乃至城市的‘新闻通讯社’、区域性强势媒体集群，不仅仅提供单一的新闻资讯，而是建设多媒体的、一体化的、个性定制的、专业到位的媒体服务体系。”无锡广电于2013年5月开办大型全媒体政民服务节目《政风面对面》，采用广播、电视、平面媒体、网站、微博和手机“六位一体”的融合传播模式，开播首月即吸引近3万市民参与互动和1 100万人次收听收看。

常州广电首次举办车展就大获成功，他们举办的“中国常州西太湖国际车展”共有70多个商家参展，其规模、档次和影响均胜于常州地区类似车展，这也是常州广电旗下全媒体的深度合作联动的结果。

四、建造与现代人“移动生活”相匹配的移动客户端

《世界上最远的距离》这样写道：“世界上最遥远的距离，不是生与死，而是我就站在你面前，你却不知道我爱你；世界上最遥远的距离，不是我就站在你面前，你却不知道我爱你，而是明明知道彼此相爱，却不能在一起！”从某个意义层面上说，互联网技术瓦解了社会结构，肢解了信息躯壳，分割了时间整体，改变了阅读模式。在公共场合，无论是饭桌旁、公交上、会场中，“低头族”到处可见。人们借用泰戈尔诗句调侃说：“世界上最遥远的距离，不是生离死别，而是我就站在你身边，你却在低头玩手机。”

世界第二大移动媒体广告公司在中国一项调查数据显示，受访人群一天

24 小时消耗在阅读手机的时间就占了 104 分钟。移动化阅读成为现代人特别是年轻一代获取信息的重要途径。随着手机、笔记本电脑、平板电脑、POS 机、车载电脑等移动终端的不断普及，现代人在生活快节奏和时间碎片化的状态下，移动化阅读演变为人们最主要的阅读模式的趋势将不可逆转。正因为如此，由中广互联发起的“2013 年度视频行业十大新闻”评选，“以与移动互联网‘亲密接触’为代表的电视台全媒体发展初见端倪”得以入选。

当前，互联网发达的欧美国家正加紧对移动客户端新产品的研发和技术改良。国际传媒机构如 BBC 等也积极实施“移动为先”发展战略，制定“四屏”（即电视、手机、平板电脑和电脑）的产品研发规划。美国当今最具影响力的新闻博客网站赫芬顿邮报（The Huffington Post）于 2012 年 6 月推出移动客户端 Huffpost，共有英语、法语、德语、日语等 6 种语言版本，大受用户推崇。

在中国，省级广电媒体也纷纷推出自己的移动客户端，如东方卫视的“哇啦”、浙江卫视的“蓝朋友”、广东广播电视台的“荔枝台”、湖南卫视的“芒果 TV”和“呼啦”、北京卫视的“摇乐摇”等。

珠三角城市广电移动客户端研发上线比长三角城市广电晚 3 至 5 年。东莞广电的“东莞阳光台”、中山广电的“智慧中山”、清远广电的“无线清远”、江门广电的“邑网通”和肇庆广电的“肇庆手机台”等珠三角城市广电的移动客户端都是近两年来上线运行的。

为了弥补技术开发的“短板”和降低移动客户端运作时间成本，珠三角大多数城市广电的移动客户端采用“拿来主义”策略，与江苏、山东等媒体移动客户端或互联网技术开发公司合作。如“无线清远”与南京厚建软件公司联姻，“邑网通”与“无线苏州”携手，“肇庆手机台”与“山东手机台”结盟等。

借助当地政府的行政力量，主动与当地“智慧城市”建设同频共振是珠三角城市广电移动客户端的共同选择。清远市委市政府专门发文要求各市县和直属部门、“两新”组织等下载“无线清远”软件，并要求主动与“无线清远”对接，把“无线清远”纳入“智慧清远”的总体建设框架之内。江门市政府明确把“邑网通”作为江门市政民生和金融唯一的门户 App。

长三角拥有超凡的前沿意识、雄厚的经济实力和卓越的科技力量，国内城市广电移动客户端发展最快、整体水平最高的荣耀无可争辩地落在长三角城市广电身上。特别是地处经济大省、科技大省、人才大省的苏南地区，显示出令人振奋的发展趋势。“无线苏州”于 2011 年 12 月 31 日在国内地市率先横空出世，仅隔一年“无线无锡”正式运营，“无线常州”也随后于 2013 年 3 月诞生。苏南地区城市广电的移动客户端在产品定位上的共同特点是，打造一个以新闻资讯、社交娱乐、生活服务为一体的具有广播电视特色的无线应用客户端，为广大手机用户实现“移动资讯”“移动政务”“移动商务”“移动娱乐”“移动服务”提供了便捷，将适应现代人时尚追求的“移动生活”活生生地呈现给大众。

目前国内地市级广电上线时间最早、技术最先进、运作最成熟的移动客户端无疑是苏州广电推出的“无线苏州”。苏州现拥有 1 300 万常住人口、700 多万网民、8 万多家备案网站，互联网普及率高达 70% 以上，手机网民即时通信使用率为 90% 以上，“无线苏州”拥有无比优越的外部环境。与湖南卫视移动客户端“芒果 TV”依靠高成本优质视频吸引用户的主要定位不同的是，“无线苏州”走本土化、服务化和差异化的路子，以“四大平台”即新闻资讯平台、公共服务平台、社交娱乐平台和电子商务平台为定位。特别是以公共服务平台作为核心平台，设置了公交地铁查询、家庭水电气查询、违章查询、出租车预约、交通事故快速理赔、汽车电影票务和电商销售等 20 多项与市民生活息息相关的服务性功能应用。

城市广电更接地气、更有条件获取当地政府部门及当地机构的各类资源，这是省级媒体难以比拟和望尘莫及的。强化本土化服务，提高产品黏性度，然后再通过新闻线索爆料、与栏目互动等形式反哺广播电视的业务，这是“无线苏州”提供给同行的成功经验和深刻启示，也是当前城市广电推进媒体融合的一条可行路径。

值得一提的是，“无线苏州”始终按照平台化、大数据化、互联网化的原则去设计，技术先进超前，运营成熟稳定，且运营时间普遍比竞争对手早 3 至 5 年，这使“无线苏州”占据广阔的市场空间。短短两年内，“无线苏州”下载用户累计达到 180 万人次，日均访问量为 2 400 万人次。在不允许做广告的前提下，“无线苏州”2014 年的营业收入达到 600 万元；建成 7 大商业模式：广告产品植入、移动电子商务、软件技术输出、电子票务分佣、手机游戏运营、VIP 信息定制和运营商流量分成。目前“无线苏州”已与全国 20 多家城市媒体和省级媒体开展区域移动客户端建设，建立了东北中心、华北中心、西南中心、西北中心和华东中心。苏州广电目前正紧锣密鼓地规划建设中国城市信息云平台，预计 3 年后将达到 2 000 万用户的覆盖，可望实现上市融资的目标。

苏州广播电视总台总工程师郭昌雄曾表示，推出“无线苏州”的两大目的：一是守，守住传统媒体阵地；二是攻，在互联网领地攻城略地。同时，将完成传统媒体和新媒体之间的引流和反哺。从“无线苏州”目前运行效果来看，实现苏州广电互联网发展远景目标已有坚实的现实基础。

作为“中国城市无线互联网传播平台的标杆典范和中国新媒体创新榜十强”，“无线苏州”在短短 3 年内，其样板模式走出苏州、复制全国，实现产品输出—技术输出—知识产权输出的有形资产输出到无形资产输出的重大飞跃，创造了“苏州速度”、“苏州奇迹”和“苏州品质”，这是苏州广电在媒体融合实践中最炫目耀眼之处，也是苏州广电作为一个行业范本值得业界和学者去深究剖析的最有价值之处。

五、呼唤决定现代传媒竞争成败的全能型和跨界型全媒体人才

人才匮乏是制约城市广电媒体融合发展的重要因素。无论在珠三角还是长三角，城市广电受平台局限，始终难以改变吸引人才的结构性缺陷，以致长久以来缺乏全媒体复合型人才，特别是缺乏媒体融合背景下具有丰富实践经验的传播策划和经营管理人才。人才匮乏的短板只能靠有效机制去调节和弥补。

东莞在建设智慧城市上不遗余力，3 年间共投入 200 亿元推动十大重点工程，同时每年投入 10 亿元打造“人才型城市”，以改变目前仅有 3.6 万高级职称人才的数量不足。为了摆脱人才储备不足的掣肘，近几年来东莞广电通过“主持人大赛”、公开招考等方式向全国招纳英才。他们意识到，主持人是广电媒体特有的核心资源，是媒体品牌的载体。他们每年举行广播电视“双十佳主持人”评选，并通过印制台历、挂历和组织户外演出等方式，对优秀主持人进行线上与线下相结合的包装推介。

向来倡导“大事不缺席”理念、媒体发展拥有国际视野的佛山广电一直舍得投资培养高素质人才。他们在选派业务骨干到国外学习的同时，定期举办高级理论研讨活动，向采编播一线人员传授媒体前沿理论和成功实践案例。以“密苏里新闻学院奖”享誉全球新闻界的美国密苏里新闻学院知名专家曾应邀到佛山广电举办媒体融合战略战术高级研讨班。密苏里新闻学院未来传播技术中心主任迈克尔·麦金则对佛山广电重视人才培养和媒体融合所取得的成效表示赞赏：“在中国谈媒体融合，如果绕过佛山传媒集团肯定是一大失误。”

全媒体时代呼唤具备突破传统媒体界限思维和拥有采编播百般武艺的全媒体记者。密苏里新闻学院教授史蒂芬·奎恩博士认为，目前国际传媒集团都十分注重培养全媒体记者，传媒高校也开设了全媒体记者培养的专门课程。

无锡广电不愧是屡开国内行业先河的全国首家城市广电集团，具有令同行叹服的行业敏感性、前瞻性和开创性。经过专业培训和严格考核，一支拥有 40 多人的全国城市广电首支全媒体采编团队于 2012 年 5 月在无锡广电集团诞生。全媒体记者集广播、电视、报纸、网络、移动等媒介的采编播制传综合素质于一身，在无锡“两会”直播、伦敦奥运等系列重大采访活动中，熟练运用手机、摄像机、录音机等设备，将新闻第一时间传递到广播、电视、网络、报纸、微博等播出平台，实现全媒体的梯次滚动发布，显示了全媒体记者的风姿和实力。

全媒体时代也呼唤在广播、电视和网络主持岗位上均能得心应手、灵活流转的全媒体主持人。珠三角和长三角城市广电都注重全媒体主持人的培养，对广播、电视和网络主持人资源进行统一调配，模糊主持人媒体属性边界，鼓励主持人“跨界”发展。如无锡广电实行新闻类节目主持人跨媒体主持、广播节目主持人跨频率竞争上岗和电视节目主持人跨频道竞争上岗，同时鼓

励主持人在报纸杂志上开设专栏，并建立集日常工作、理论研讨和新人培训等功能于一体的名主持人（记者）工作室。几年来，苏州广电和东莞广电分别成功培养出华迅、老毕和方亮、燕清、嘉辉等一批“跨界型”全媒体主持人，而这种媒体融合背景下吸引人才、留住人才、用好人才的有效办法，在全台形成浓厚的干事创业良好氛围。

媒体融合并不是传统媒体与新兴媒体物理层面的简单叠加，也不是把新媒体当作传统媒体的“附属品”，它是一项涉及观念知识更新、体制机制改革、生产流程再造、技术升级换代和人员结构调整等系统性工程，因此媒体融合不可能毕其功于一役。当前要克服媒体融合过程中出现的畏难情绪和惰性心理，要认识到这项工作的长期性、复杂性和艰巨性。要摒弃视媒体融合为把传统媒体的内容简单移植到微博、微信或客户端、APP进行二次传播的认识和操作误区，避免出现合而不融的“两张皮”现象。

资金保障是媒体融合顺利推进的关键性因素。当前正是传统媒体发展的“低谷期”，而媒体融合项目拓展和技术平台建设等需要资金和政策扶持，因此当地政府的行政扶持和财政保障显得尤为重要。城市广电要紧紧抓住“亲生爹娘的手”，争取获得政府统筹的如土地、景区、会展中心等各种稀缺资源，特别是要主动融入当地智慧城市建设之中，争取获得政府部门掌控的各种大数据资源，把媒体客户端端口与政府公共服务端口紧密对接起来，这是“无线苏州”和“智慧无锡”成功的重要举措。

第六篇

乘势而为

古之所谓英雄者，非以其耀智勇，据形势，如斯而已也。

——陈亮

第八章　待时趁势：深圳广播先锋之路

虽有智慧，不如乘势；虽有镃基，不如待时。

——孟子

新媒介生态环境下传统媒体报纸和广播截然不同的生存际遇让人想起“一半海水一半火焰”和“半江瑟瑟半江红”的名句。当前，广播“面朝大海、春暖花开”式的顺势与报纸“如临深渊、冬寒冰封”式的逆势形成鲜明对照。

对于广播媒体当前的发展现状，华语广播界权威人士的判断几趋一致。中央人民广播电台台长王求说：“历史已经证明，我们广播人拥有绝处逢生、力挽狂澜的能力。”美国鹰龙传媒公司董事长苏彦韬也说：“作为最老资格的广电媒体，广播不仅没有随着电视、互联网的崛起而式微，反而以其独特的魅力，从其顽强的生命力中再度焕发了历久弥新的光芒。①”

广播媒体何以能绝处逢生、历久弥新呢？苏彦韬的答案是：缘于广播人的情怀，缘于广播人的求新，缘于广播人所处的时代。苏彦韬特别强调，今天的广播人是幸运和快乐的，因为我们遇上了好时代，一个广播创新融合的时代、一个新媒体遇见新经济的时代、一个广播唱响“一带一路”的时代。

一个行业的兴衰荣枯既有主观因素，又有客观因素。“虽有智慧，不如乘势；虽有镃基，不如待时。”孟子的“乘势待时”与杜甫的“好雨知时节，当春乃发生”及苏彦韬的“遇上好时代”意旨是一致的，就是说，时势拯救了广播。

深圳广播是中国现代城市广播发展的缩影。“媒介即隐喻。”深圳广播30年嬗变留下了城市广播兴衰更替、势数轮回的运行轨迹，也昭示了媒介生态中潮涨潮落、风卷云舒的行业演变自然法则。

笔者对深圳广播电影电视集团副总编辑李静作了专访，试图回顾珠三角和长三角城市广播的昨天、今天和明天，记录中国现代城市广播的沉落与奋起、光荣与梦想，梳理中国城市广电在融媒体时代的坚守与摒弃、激浊与扬清。

文化枯荣与城市兴败相依相伴、同频共振。从南中国一个边陲渔村，到今天世界瞩目的现代化国际化创新型城市，深圳创造了世界工业化、城市化、现代化史上的奇迹。深圳广播真实记录和诠释了深圳这座城市的崛起和繁荣。

---

① 宁黎黎．聚全球华语广播人　话广播生存之道．中国广播，2015（7）．

伴随着城市沧海桑田的裂变发展，深圳广播仅用了短短 30 年，就从一个简陋的广播站发展为现今中国广播第一方阵中的标杆范本之一，演绎了中国现代城市广播跨越式发展的精彩，成为深圳“创新型智慧型力量型主流城市文化”的缩影和活化石。

李静作为深圳广播腾飞的亲历者和见证者，在回顾深圳广播 30 年的发展历程时，不免感慨万千。

李静：每一个深圳广播人，都难以忘怀那段激情燃烧的艰苦创业岁月。1986 年 10 月 12 日，当改革开放的滚滚春雷在深圳上空响起，深圳广播也应运而生。从无到有，从小到大，从弱到强，深圳广播 30 年实现了跨越式发展。深圳广播是在十分艰难的条件下起步的，当时遇到的最大困难是广播频率资源匮乏。深圳与港澳一河之隔，共享一片天空，那时香港几家电台已经把优质的广播频点占用了，我们只能在别人两个频点之间的小缝缝里开辟一个可用频点。深圳广播可以说是从夹缝中求生存。

20 世纪 80 年代中期，包括深圳电台在内的珠三角城市电台都面临着广播三座“大山”的挤压。第一座“大山”是香港电台和商业电台等几家境外电台。香港电台和商业电台鼎盛期曾一度占据珠三角地区逾七成的市场份额，他们的开放性新闻报道视角和“劲歌金曲”等各种流行音乐对土生土长的广东人来说具有强烈的新鲜感和诱惑力，收听香港电台是当时珠三角年轻人的一种时尚。笔者在广州读大学时边吃饭边听香港电台的情景至今仍记忆犹新。第二座“大山”是珠江经济台、音乐之声、城市之声等广东系列台。与深圳电台同年成立的珠江经济台开启了以“大板块、直播化、主持人、电话热线”为特征的“珠江模式”，广东城乡特别是高校瞬间掀起猛烈的“珠江旋风”，嘉欣、谢亮、赵彦红、林小溪等新一代广播主持人成为广东年轻学生追捧的偶像。第三座“大山”是中央人民广播电台。中老年听众对中央人民广播电台的《新闻和报纸摘要》《体育节目》等情有独钟，而全国范围无条件全覆盖的行政指令让中央人民广播电台拥有无可比拟的竞争优势。

深圳广播在三座“大山”重重挤压中突围而出，在仅有 3 个主频率的劣势下，创造了接近六成的市场占有率、位居覆盖深圳上空逾 70 家电台的首位和年创收逾 5 亿元的中国城市广播跨越式发展的神话，完成了从一个简陋的广播站向中国广播第一方阵飞跃的史诗般的完美蜕变。每一位深圳广播人都为其回肠荡气感心动耳、引以为豪。

第一节　致力提高现代城市广播的文化竞争力

城市是人类文化的存在载体，抽象枯燥的城市因文化的涌动流变而变得具象生色。美国社会学家刘易斯·芒福德说：“城市的主要功能是化力为行，化能量为文化，化死的东西为活的艺术形象和音标，化生物的繁衍为社会创造力。”金融型城市美国的纽约，宗教型城市以色列的耶路撒冷，教育型城市英国的牛津，创新型城市中国的深圳等世界著名城市都以其独特的文化魅力为世人所认知和铭记。

深圳广播躯体打上深圳城市文化的鲜明烙印。深圳广播人自觉把媒体荣辱与城市文化兴衰紧密结合在一起，自觉把媒体文化竞争力作为城市文化软实力的重要构件，自觉把满足广大受众高层次文化需求作为媒体的永恒追求。强烈的社会责任和高度的文化自觉，是造就“深圳广播现象”的强大内生力。

李静认为，现代城市广播的文化竞争力主要包含文化吸引力、文化运营力和文化传播力三个层面。文化吸引力是指由于具有比较宽广深厚的文化内涵而对受众所形成的吸引力；文化运营力是指运作、经营传媒及各种文化活动的能力；文化传播力是指传媒满足受众较高层次的精神文化需求的能力和运用新媒体技术实现多平台呈现的能力。

李静：文化竞争力是国家软实力之根本，更是广播的命脉。对于广播来说，文化竞争力是提升品质的力量，是拉抬市场的力量，也是我们实现自己价值、有益于社会与人群的力量。广播文化的竞争力内涵可归结为一句话：只有努力做“聪明”的广播、“智慧”的广播，实现广播内在的高品质要求，才能给受众带来启示，激发共鸣，留下回味，才能让广播可听、可信、可爱。

李静关于提高现代城市广播的文化竞争力的命题是基于广东复杂多变的意识形态发展现状和舆论传播环境提出来的。广东是中国对外交往的前沿窗口，中西思想文化和意识观念在这里对接交汇和激烈碰撞，西方价值标准、生活方式、伦理道德等借助便利的水陆交通经人际传播直接进入，或借助数字化、网络化技术经大众传播间接渗透。同时，广东又是中国唯一的媒介开放省份，除包括凤凰卫视、澳亚卫视、香港无线、亚洲电视等在内的 8 个境外电视频道在广东城乡合法落地外，香港电台和香港商业电台等境外频率可有效覆盖珠三角大部分区域，而香港大公报、紫荆杂志等境外平面媒体也在珠三角重要城市设置办事机构。

既要遵守世贸组织有关文化交流的国家承诺，又要确保国家文化环境安全，这考验着国家宣传文化管理部门的政治智慧。为此，国家相继出台一系列有针对性的措施，如南方电视台于 2001 年 7 月 1 日横空出世，开创广东省同时拥有两家省级电视台（指广东电视台和南方电视台）的先例，这是国家广电部门为扭转广东电视军团在境外电视传媒挤压下出现的“外强我弱”不利局面而作出的战略部署。

提高广播文化竞争力命题也契合媒体社会责任和行业职守。文化传统“是一个国家和民族全部的文化积淀之所在，同时也是解释一个国家和民族的文化身份，显示文化个性的依据，是一个国家和民族自尊和自信的精神归宿①。”作为传播载体的广播电视，应自觉把文化传统发扬光大作为媒体始终

① 胡智锋，孔令顺．电视媒体的文化责任．传媒，2007（10）．

不渝的行业操守，这是英国传播学家丹尼斯·麦奎尔把“社会责任至上”归纳为公共广电媒体七大特征之一的主要原因。

国内外许多著名媒体、频道和节目，如日本外务省制作的节目《日本风情画》、台湾纪录片《八千里路云和月》、中国中央电视台栏目《百家讲坛》、凤凰卫视栏目《世纪大讲堂》和美国电视频道“国家地理频道”等，都因不遗余力地传承本国家和本民族的文化而赢得人们的尊敬和喜爱。

一、秉持“内容为王”是夯实广播文化吸引力的关键

世界最大的传媒集团之一维亚康姆公司创始人萨姆纳·雷石东说：“传媒企业的基石必须而且绝对必须是内容，内容就是一切！”传媒运营法宝“内容为王”就是从萨姆纳·雷石东这一论断归纳出来的。在 Web3.0 时代，内容生产高度多元，信息爆炸以致出现过剩。尽管传媒业界和学界针对信息多屏呈现、用户“移位式”读取已上升为主要信息消费行为等传播新动态，从不同的视角提出诸如“渠道为王”“技术为王”“广告为王”“客户为王”等观点，但“内容为王”始终被普遍尊奉为颠扑不破的行业圭臬。

李静：夯实广播文化吸引力，关键是落实“内容为王”。深圳广播遵循打造具有文化竞争力的这一基本思路，积极让文化的因子灌注于每一条新闻、每一个节目、每一场活动、每一项工作之中，较好地传承了社会文化，发掘了城市文化，打造出多种原创文化品牌，牢牢占据深圳本地广播市场领跑者的地位。深圳电台的目标是用文化提升广播，即在“内容为王”时代，实现广播内在的高品质要求，满足受众较高层次的精神文化需求。

湖北卫视从 2012 年起，摆脱收视排名长期在中游徘徊的尴尬，连续 5 年进入全国卫视前十名的第一阵营，被誉为“二线卫视崛起的标本”。湖北卫视或多或少留存了深圳卫视的基因，因为湖北广播电视台现任台长王茂亮就是深圳广电集团原总裁。湖北广播电视台总编辑雷刚把湖北卫视的华丽转身归功为“内容制胜”。他说，多屏发展的趋势下，一定是渠道过剩、优质内容为王的时代；原创的优质内容、权威的信息越稀缺，价值就越显突出，传统媒体的权威性、公信力、内容优势就越发明显①。

珠三角和长三角城市广播界也把“内容为王”视为现代广播逆势而上的重大法宝，与共和国同龄的上海广播以年创收总额超过 6 亿元的佳绩向同行宣布：中国现代城市广播不但没有在新媒体冲击下走向衰亡，反倒乘载城市化大步推进的快车而焕发蓬勃生机。真是春风又绿江南岸，野火烧不尽，春风吹又生！

上海交通广播 FM 105.7 总监阳阳强调：车主关心的事情，包括他们的衣食住行、时尚观等，都是我们未来要特别关注之处。广播本身就有着自身的

---

① 中商情报网. 湖北广电 2015 年上半年利润增长 25%：权威内容为王. 2015 - 11 - 30. http://www.askci.com/news/chanye/2015/11/30/1447493s74.shtml.

优势，便是丰富的资源，所以上海交通广播力求“内容为王”。按照阳阳的设想，上海交通广播从三维度打造节目内容：一是强化新闻资讯，为听众提供涵盖民生新闻、交通新闻、热点信息甚至包括花边娱乐新闻和世界各地的奇闻异事等海量资讯；二是强化交通专业资讯，从不同角度去关注汽车，关注有车一族、爱车一族和驾车一族；三是强化生活服务资讯，推出包括亲子、旅游甚至是纯音乐等内容①。

落实“内容为王”，满足受众需求，核心是提高主持人的专业性。社会越是发展，受众越是细分，对主持人的专业性需求越高。主持人的专业性越高，节目的价值就越大。为此李静倡导深圳广播主持人要有个人风格和独立个性，在特定领域有超于常人的观点和思想，要敢于表达自己的独到见解，而不是人云亦云。要善于把自己来自生活的体验、感悟融入节目中。

二、打造本土原创音乐是提升广播文化运营力的主要途径

音乐是人类共通的语言，正如俄罗斯艺术家谢洛夫所说，音乐语言的真正活动范围就像其他艺术的活动范围一样是没有界限的。原创音乐崇尚创新、彰显个性，与广东改革开放浓厚氛围和国内民族音乐与流行音乐融合的行业发展趋势相吻合，打造广东原创音乐，是塑造广东广播媒体品牌、提高广播文化竞争力的重要切入点。香港被誉为“亚洲音乐之都”，欧美日韩流行音乐在此风靡一时。20 世纪 80 年代香港几家电台的共同撒手锏之一就是频繁插播流行音乐和组织各种音乐竞赛活动。如何收复广播收听失地，把听众从境外电台中抢回来呢？由广东电台、深圳电台和广州电台为主力的广东广播军团的共同策略是：顺势而为，针锋相对，打造广东原创音乐！

广东电台于 1991 年 1 月成立国内首家专业音乐电台——音乐之声，推出国内首个华语原创流行音乐排行榜——《音乐先锋榜》，并精心打造“看得见的广播”，先后推出了“广州国际音响唱片展”“柏林除夕音乐会”“维也纳新音乐会”“音乐先锋榜颁奖典礼”等品牌音乐活动。

李静：现代广播，不仅是做节目，更是“运作”节目；不仅是做广播，更是“经营”广播。做好广播运营，是打造广播文化竞争力的关键所在。

毕业于中国传媒大学新闻系文艺编辑专业，曾连续 3 年担任中央人民广播电台《新年钟声晚会》总编导，先后荣获“星光奖”、中宣部“五个一工程”奖、中国新闻奖和“中国广播影视大奖”等履历，使李静逐渐成长为国内广播界的专才和帅才，也为她后来策划组织深圳广播多个影响深远、文化含量高的品牌活动——“鹏城歌飞扬”“经典诗文朗诵会”“深圳有爱”和“全球华文广播娱乐联盟”等打下坚实根基。

作为深圳“文化立市”重点项目的原创音乐平台“鹏城歌飞扬”，以发掘具有浓厚地域特色的原创音乐为纽带，以为深圳这座移民城市的年轻人进

---

① 本刊编辑部. 阳阳　重塑交通广播的优雅气质. 声屏世界 · 广告人，2014（3）.

行心灵沟通和本土音乐人的成长搭建舞台为宗旨。“鹏城歌飞扬”自创办以来，发现和推出了深圳原创音乐作品7 000多件，其中包括《春天的故事》《走进新时代》《月亮之上》和《坐着火车去拉萨》等影响全国的精品力作，陈楚生、周笔畅、姚贝娜、凤凰传奇等一大批著名音乐人也得到深圳电台力捧，或从深圳电台起步走向全国乐坛。“鹏城歌飞扬”品牌走出深圳，唱响全国，迈向世界。它与全国卫星音乐广播协作网合作，向全国20多个城市同步转播；先后两次走出国门，分别在世界顶级艺术殿堂悉尼歌剧院和美国洛杉矶帕萨蒂娜剧院举行专场演唱会，向世界推介深圳的创新型智慧型力量型主流城市文化和目前中国最具影响力的原创音乐活动品牌。

“鹏城歌飞扬”不仅实现了深圳广播“打造本土原创文化，让广播文化融入城市文化”的战略构想，而且极大提升了深圳广电集团在全国同行的知名度和影响力。深圳市委常委、宣传部长王京生认为，“鹏城歌飞扬”不仅对城市音乐发展产生了重要的影响力，增强了深圳的文化软实力，而且让深圳的音乐乃至艺术、创意响彻中国，一批批歌手、词曲作家等新生力量走向全国舞台。这些都是“鹏城歌飞扬”对深圳这个移民城市的反哺和回馈。

三、寓教于乐是强化广播文化传播力的重要手段

美国纽约大学教授尼尔·波兹曼有一名言：“有两种方法可以让文化精神枯萎，一种是让文化成为一个监狱，另一种就是把文化变成一场娱乐至死的舞台。”如何让民族文化熠熠生辉、历久弥新、世代传承呢？这是每一个有职业良知的媒体人都要认真思考的课题。

李静：怎么才能满足受众的精神文化追求？今天的受众听广播，他们为什么要听？他们要听什么？我们有必要重新界定“娱乐”的定义。我们所追求的“娱乐”，不是“娱乐至死”的娱乐，也不是廉价的“逗乐”，更不是给大家带来浅表性感受的“愚乐”。我们的传播，鼓舞与激发受众，与其产生共鸣，引领大家共建精神家园与和谐社会。这应该才是“娱乐”本身的真正含义。

当前广播人必须正视这个问题：在泛娱乐化、泛功利化时代，广播传媒是随波逐流、迎合低俗媚俗庸俗恶俗，还是守土有责、弘扬媒体道义职操？早在20世纪后半叶，美国纽约大学教授尼尔·波兹曼在其媒介生态学专著《娱乐至死》中，就已经对以电视蒸蒸日上为特征的电子信息环境下美国文化急剧演变进行过发人深省的探究和哀悼：电视总是以幼稚肤浅的娱乐面孔出现，印刷时代的高品级思维在弱化消解。一切文化内容都心甘情愿地成为娱乐的附庸，而且毫无怨言，甚至无声无息，“其结果是我们成了一个娱乐至死的物种”。尼尔·波兹曼的推论振聋发聩：“如果一个民族分心于繁杂琐事，如果文化生活被重新定义为娱乐的周而复始，如果严肃的公众对话变成了幼稚的婴儿语言，总之人民蜕化为被动的受众，而一切公共事务形同杂耍，那么这个民族就会发现自己危在旦夕，文化灭亡的命运就在劫难逃！”

尼尔·波兹曼的警世预言并非危言耸听。Web 3.0 时代信息传播越加全球化、网络化、数字化和智能化，电子媒介过度娱乐的雾霾也笼罩着世界每一个角落。而幼稚肤浅甚至庸俗恶俗的娱乐指示牌画上了隐形微小的骷髅标志，正引导人们走向由各式鲜花和良好祝愿铺就的地狱之路。在中国，丑化英雄、戏说历史、颠覆经典、标榜自我、盲目西化等沦为某类人群趋之若鹜的社会时尚。长此下去，公民审美力淡化、社会思考力固化、民族文化力蜕化、国家生命力弱化的社会发展趋势将不可避免。

古今中外都十分重视艺术的教化作用，“寓教于乐”被一致认为是艺术创作的重要准则。古罗马诗人、文艺理论家贺拉斯强调：“一首诗仅仅具有美是不够的，还必须有魅力”，“诗人的愿望应该是给人益处和乐趣，他写的东西应该给人以快感，同时对生活有帮助”。贺拉斯的诗论与中国古代文学家荀子、曹丕、韩愈提出的“文以明道”“文以载道”“文以贯道”的文论以及习近平提出的“文艺不能当市场的奴隶，不要沾染了铜臭气”的艺论是一脉相承的，都申明各种艺术样式必须遵循思想内容和艺术技巧完美结合的创作原则。

如何坚持广播寓教于乐，发挥民族艺术鼓舞人心、激励斗志、凝聚力量的社会功效，珠三角和长三角城市广播作了许多有益尝试。苏州综合广播秉承“听众的需求就是我们的坚守”的媒体理念，虽然频率整体架构、节目内容和形式、主持采编队伍都发生了很大变化，但《广播书场》——一档以传播苏州优秀传统文化“苏州评弹”为内容的节目，从频率诞生那天起，60 多年来一直坚守至今。《广播书场》节目在坚持线上播出的同时，还衍生出“1080 评弹讲堂”和“评弹名家演唱会”等线下活动，与受众一起“品味弹唱艺术，感受评弹魅力”，使被誉为苏州地方文化“三朵花”（昆曲、评弹和苏剧）之一的苏州评弹深深植根于苏州广大城乡。

李静：传统媒体应乘势而上，增加自身的文化竞争力。深圳广播事业必须以高度的文化自觉和文化自信参与这一伟大的历史进程，为听众奉献富含文化的节目内容，为文化强市的建设作出贡献。

深圳电台以“全球华人广播娱乐联盟”（由近 300 家华人电台和娱乐机构组成）为平台，开展各种公益活动。在 2008 年中国汶川地震期间，该联盟组织了两场境外赈灾义演——加拿大专场和马来西亚专场，共募集义款 2 700 万元。为发挥广播声音的独特魅力，深圳广播和扬州广播分别策划“经典诗文朗诵会”和“经典诵读进校园”活动，既为广大市民和在校学生奉献民族艺术瑰宝，也有效提升了媒体的社会知名度和受众美誉度。

第二节　积极打造媒体融合时代的“先锋广播”

“大王宜悉举淮南之众，身为先锋。”（《汉纪·高祖纪二》）“先锋”一词原指行军或作战时的先遣将领或先头部队，后泛指起先导作用者。“先锋”也是世界著名的音响品牌，起源于日本企业家松本望于1938年创建的以“让更多的人听到更感动的声音”为诉求的企业——先锋集团。

也许正是由于“先锋”品牌与音响的渊源关系，国内许多城市广播频率都不约而同地把“先锋”作为媒体的标志或追求，如深圳电台先锋898、新疆电台先锋961、珠海电台先锋951和江阴电台先锋106等。

深圳电台先锋898（新闻广播）以“新闻先锋、财经先锋、体育先锋、生活先锋”为频率宗旨，全力凸显“深圳声音”和“深圳速度”，努力打造深圳上空最具本土特色、最具公信力的专业新闻广播。在笔者看来，“先锋”不只是深圳电台的新闻频率定位，也是整个深圳广播的媒体定位，更是全体深圳广播人的职业定位。

一、担当媒体观念转变的“先锋”

有眼界才有境界，有思路才有出路。信念改变思维，思维改变心态，心态改变行动。深圳是一个思想开放、意识超前、文化流动的国际性都市，从“时间就是金钱，效率就是生命”到“空谈误国，实干兴邦”，深圳无时无处不显示出“观念的力量”。正是这种开拓创新、兼容务实的意识和胸怀，缔造了深圳经济社会文化发展的世界神奇。

广播电视报纸等传统媒体面朝大海、春暖花开的媒介生态环境因移动互联网和大数据、云计算的出现而变得寒风骤起、冰封雪盖。本已时运不济、命途多舛，并早从“广老大”沦落为“广老三”的传统广播又将面临怎样的行业洗劫？辗转于北京和深圳广播界，见惯行业风卷尘沙、云化雨落的李静既有现实的紧迫感和危机感，也有多年从事文艺编辑沉淀下来的从容淡定和浪漫主义情怀。

李静：今天我们已经处于一个席卷全球的数字化多媒体时代，这是一番风云际会，对我们来说既是一个严峻的考验，其实也有“金风玉露一相逢，便胜却人间无数”的浪漫。为什么说是一种浪漫呢？因为浪漫就是融合和碰撞所产生的无限美好和无限可能的东西，所以我们这一代广播人就有续写奇迹的使命感和责任感。面对新挑战，我们应该汲取古人的智慧。我们的先贤说过，有容乃大，和实生物。而广播在数字化多媒体时代的发展思路，也可以说是有“融”乃大，“合”实生物。就是不管什么样的新技术、新平台、新手段，广播人应该以海纳百川、万物皆为我所用的姿态来迎接它。

在李静看来，所谓有“融”乃大，是指新媒体发展给传统媒体带来了传播的新平台、影响受众的新手段，总结起来就是发展的新机遇。所谓“合”实生物，则是指广播发展的新路径，包括打造新型业务团队、创新运作方式、构建新技术平台、探索新经营模式等。

在新媒体重新定义媒介生态环境的当下，业界和学界对传统媒体的未来众说纷纭。目睹当前传统纸媒奄奄一息、苟延残喘的困境，有学者预测至

2030年报纸纸质版将会被电子版完全替代，而电视与报纸只有3至5年的时间差，报纸的今天就是电视的明天。一些更悲观的言论说，传统媒体的未来就是没有未来。

长期处于弱势地位的传统广播未来前景会如何呢？对这话题，包括李静在内的众多广播人则显得少了些许失落而平添了不少自信。在笔者看来，广播人这种自信来源于中国城市化进程加速推进，以及移动收听重要载体私人汽车大幅激增的社会现实背景，来源于中国城市广播早在20世纪80年代就借助热线电话与听众全方位互动的这种与生俱来的媒体融合的强大基因，来源于中国城市广播人长期在逆境下谋生存求发展的这种破釜沉舟、凤凰涅槃的坚韧意志。

暨南大学新闻与传播学院申启武教授强调："媒介融合并不意味着传播广播的消亡。生产方式和运营模式的改变并不意味着传统广播本质属性的改变，与新媒体的深度融合也是为了维护传统广播的媒体形象，拓展传统广播的功能和优势，而不是传统广播功能和优势的丧失。"[①] 李静很认同申启武的观点。李静认为，媒体融合并不是让广播淹没甚至消失于网络世界，而是如何通过"取自网络"与"呈现于网络"来强化传统广播的核心竞争力，张扬广播人的激情和活力，永葆广播的媒体价值。

随着手机的普及和私人汽车的增加，现代城市广播受众的媒介接触习惯和信息消费理念已发生根本性改变。广播信息传播移动性、随意性和碎片化的特征吻合车载移动收听环境，驾车人士也就成了现代城市广播最稳定的收听人群。赛立信媒体研究调查数据显示，珠三角和长三角车载收听的广播受众大多是高学历、高收入、高消费的族群。而作为广播受众的庞大族群，新生代农民工有近5成受过高中以上教育，素质明显高于上一代农民工。广东省社会科学院教授丁力表示："现在的年轻人（指新生代农民工），尤其是'90后'，更乐于选择一份有技术含量的工作甚而成为白领，对在城市生活有更多的期望。"在受众素质普遍提高和信息消费选择性加大的背景下，现代城市广播受众已从"信息接受者"向"信息使用者"转变。

媒介新生态下信息内容生产与消费的界限已趋模糊，内容生产已从"精英制造"转变为"大众制造"，由社会、媒体和公众共同生成的海量内容更适合广大受众的消费需求。现代城市广播受众更加追求个性独立和人格自由，信息消费的年轻化、自主性和娱乐偏好趋向更加明显，信息传媒平台更趋于"四屏"（即电视、手机、平板电脑和电脑）合一，21世纪初期农民工长时间固定收听某个广播频率的剪影只能收藏在时代的记忆中。这也是珠三角城市广播曾风靡一时的晚间谈话节目如深圳电台的《夜空不寂寞》、东莞电台的《城市的天空》、佛山电台的《今夜情为证》等高收听率难以为继的主要原因。

---

① 申启武. 传统广播的"变"与"不变". 南方广播研究，2015（1）.

李静显然洞察到以上变化。李静认为，打造媒体融合时代的“先锋广播”，观念转变和理念先行是根本。全媒体环境下各种新技术层出不穷，城市广播应当把握受众本位这一基本运作规律，应当充分把握以人为本的这一根本理念。受众在哪里，媒体就应该在哪里；受众在哪里，用户就应该在哪里；用户在哪里，市场就应该在哪里。李静强调，数字化和多媒体时代最重要的重构与重建来自于媒体人的观念，提高城市广播的用户意识和市场意识，是做“聪明智慧的广播”的关键所在。

改革创新是深圳的根、深圳的魂。深圳 PCT（专利合作条约）国际专利申请量连续 10 多年雄居全国各大中城市之首，每万人发明专利拥有量也位列全国各大中城市首位。深圳市原副市长张思平曾说：“深圳这座城市因改革而生、因创新而强，以先行先试为己任，以改革创新作为立市之本、发展之机、活力之源。”深圳人难忘这一刻：当地时间 2015 年 3 月 10 日，在“世界的十字路口”——美国纽约时代广场的大屏幕上，一则写着“MAKE WITH SHENZHEN（与深圳共同创造）”的深圳“创客之城”巨幅广告粉墨登场，向世界宣示深圳“创客之都”“创新之城”的城市禀性。

改革创新是深圳广播的根，也是深圳广播的魂。

李静：腾讯董事会主席马化腾在主题为“链接一切”的演讲中说：“在移动互联网大潮面前，每一个企业家都应有‘归零’的心态。这是一个不断快跑的时代，没有所谓的终极彼岸，过去无论多么成功的企业，如果没有拥有持续创新的基因，没有面向未来的敬畏和恐惧，一定会倒在历史的尘埃里。”这让我想起著名的“阿比创之问”：数字化和社交媒体时代，广播是否依然能够保留媒体消费中的核心人群，并且在数字化过程中扩展发展机遇？答案关键要看我们如何在创新中实现“弯道超车”。

二、担当新媒体平台建设的“先锋”

现代城市广播的传播方式已发生颠覆性变革，从过去“B2C”模式（从“节目形式”到“寻找话题”再到“节目播放”）演变为现在的“C2B2C”模式（从“寻找话题”到“节目形式”到“台网联动”再到“社会化传播”）。因此，传统广播要在媒体融合中实现“弯道超车”，就必须对传播方式进行革命性的改革。“传统广播要融入新媒体，微博、微信、客户端一个都不能少”。深圳广播除要求每档节目开通新浪、腾讯微博认证账号和新闻客户端及微信公众账号外，还对广播编播体系和营销体系改革进行深入探讨和大胆尝试。

（一）采编流程再造和节目轮盘式编排

广播新闻生产流程再造，特别是编辑部的重构与重建，应是现代城市广播机制改革的重心。李静认为，要强化新闻主编的主导功能、编辑部的统筹功能和主持人的核心功能，尤其要按照信息集散中心、新闻决策中心、运作流程中心的功能定位，推动传统编辑部实现四方面的功能转变：不再局限于稿件编辑，而是具备策划选题和组织采访的能力；不再局限于新闻编辑，而是具备运作节目和统筹全局的能力；不再局限于被动收发，而是具备及时反应和实时指挥的能力；不再局限于传统广播，而是具备网络采集和网络分发的能力。

李静：若要做好移动互联网时代的广播媒体，必须对大工业化时代的行政化管理进行机制创新，按照媒体融合理念带动广播管理架构的重组和内容生产流程的再造。

当前，珠三角和长三角城市广电都按“中央厨房”的理念创建全媒体新闻中心。深圳广电全媒体新闻中心是一个扁平化、开放式、全融合的新闻生产运作平台，改变传统媒体“单一渠道采集、封闭式生产、点对面单向传播”的运作模式，向“全媒体汇聚、共平台生产、多渠道分发”的新型制播方式转变。无锡广电全媒体新闻中心整合广播电视、平面媒体和网站的新闻板块，并纳入微博微信和移动客户端等社交新媒体，传统媒体和新媒体“六位一体”，人员集中、资源集约、管理统一。

创新兼容的岭南文化培植了广东广播界敢为行业之先和勇逐时代之潮的独特禀性。20 世纪 80 年代，广东广播高擎“珠江模式”大旗，谱写了南中国城市广播的华丽篇章，从境外广播手中夺回了传播话语权和舆论制高点。广东广播界又是一个敢于破旧立新、敢于否定自我、敢于与时俱进的行业群体，时刻捕捉广播时势变化，特别是根据现代城市广播受众年轻化、平台移动化、消费碎片化和偏好娱乐化等趋势，不断调整城市广播的战略思路和运作方式。

广播节目“大版块”设置曾是“珠江模式”的重要标志之一。但在现代广播移动收听为主和城市生活节奏加快及“广播”已向“窄播”转换的传播背景下，节目模块不明晰、节奏拖沓、对象性不强的“大版块”设置明显已不适应现代城市广播的新常态。

广东电台原台长白玲曾对广东广播如何继承和弘扬“珠江模式”进行思考。她说“模式一旦形成，就可能成为进一步创新的栓结。在市场经济深入人心，传媒竞争格局出现新的变化之后，这一模式原有的一些内涵显然已经过时。广东电台要发展，就必须跨越自己创造的模式”。

作为对广播节目“大版块”设置模式的彻底颠覆，一种以“时效第一、内容为王、滚动更新、实时互动”为理念的“轮盘式”新闻编排模式在国内外城市广播中应运而生，并成为现代城市广播新闻编播的标准范式。新闻“轮盘式”编排，克服了新闻“大版块”编排出现的信息堆积、块状分割、对象模糊等积弊，大大提高了信息容量和传播功效，更能吻合现代城市广播移动收听为主、交互性强和碎片化传播的发展趋势。

目前中央电台中国之声、江苏电台新闻广播、上海东方新闻广播和深圳新闻广播等都尝试“轮盘式”新闻编排。福建泉州电台在地级城市广播中率先推出新闻“轮盘”——《泉新闻》，每半小时一个“轮盘”，滚动播出本地新闻和国内外资讯，并随时插播重大新闻和突发性新闻。深圳广播新闻频率《898早新闻》“轮盘式”编排注重与受众全方位互动，在传播新闻资讯的同时设置公众话题，引领听众有所思、有所想、有所悟、有所得。

李静：“广播仅仅为听众提供信息流，还不足以寻找和谋求新的增长点。广播必须深度介入社区的活动和听众的生活，融入进去并发挥效用，对听众的行为能够发生某种实质性的影响，这样广播才有销售自己的基础。”

基于对现代城市广播深度介入理念的认知，李静强调深圳广播要努力打造与微博微信等网络工具相结合的、贯穿听众一天工作生活的、最大化地覆盖本地听众全部需求的信息流，实现与市民生活无缝对接，强化广播本土性和服务性，全力开办“有深度的广播”“有厚度的广播”“有态度的广播”和“有温度的广播”。

（二）粉丝经济发掘与O2O模式构建

美国自媒体营销泰斗迈克尔·哈耶特说，成功必须拥有两个战略资产，即让人欲罢不能的产品和有效平台。他在畅销书《平台》中说：“与传统的剧院舞台不同，今天的平台并非木头水泥的构造体，也未矗立于芳草萋萋的山谷间，而是由人所搭建而成的，他们是你接触到的种种社会关系：一面之交者、相熟者、粉丝等等。”

“粉丝”是城市广播的无形资产和潜在用户。早在20世纪90年代，英国学者西尔斯（Matt Hills）就观察到“粉丝经济”的存在：在从“广播”到“窄播”的媒介工业转型中，忠实的粉丝变成了最有吸引力的消费者。“粉丝经济”更是细化衍生出以体育、艺术、饮食等各种粉丝圈子为核心的“圈子经济”。城市广播如何发掘和利用粉丝用户情绪资本，在粉丝社区中推动媒介产品消费呢？设计产品和打造平台是关键。

深圳广播经营的产品定位和平台构建体现了粉丝经济的核心理念。深圳交通广播瞄准运动、膳食和健康领域，推出“优伴”系列产品“优伴手环”和“优伴健康秤”，为粉丝用户提供实时的健康监测信息。由智能硬件、移动终端APP和后台云服务构建一个链接媒介与粉丝用户的综合健康管理平台，形成以软件生态圈、硬件生态圈、内容服务商生态圈和粉丝用户生态圈组成的相互交织融合的大生态系统。

深圳广播人从推出“优伴”系列产品的实践中得到了启迪：“媒体因为公信力从而在提供信息服务方面具有天然的优势，用户消费媒体的方式切实地发生了根本变化，智能产品设计与生产必须面向市场，以用户为核心。这一理念套用到传统广播上，就是广播内容的生产也必须由用户进行反推，像设计产品一样进行内容的市场细分和内容定位。”①

---

① 潘迪．内容、渠道、平台、服务、账号，一个都不能少——深圳交通广播的一次跨界试验．中国广播，2015（10）．

“粉丝经济”理论还告诉我们，庞大的粉丝队伍不仅是媒介线上信息产品的固定消费群体，而且是媒介线下营销产品的忠实售卖对象。线上传播与线下营销无缝链接是对“粉丝经济”能量发掘的最大化。

新媒体在短短 20 年就走过了三个发展阶段，即从最初的内容集成媒体 Web 1.0 时代过渡到社交媒体 Web 2.0 时代，现在又进入了场景媒体 Web 3.0 时代。媒体融合的信息环境为用户信息消费行为创造了崭新的媒介场景，形成了一个参与度高、互动性强的开放式信息系统。中国传媒大学副校长胡正荣指出，在场景媒体 Web 3.0 时代，“如果仅仅靠一个广电加客户端和社交已经远远不够了，可能更多要做到从线上到线下（O2O）、基于位置的服务（LBS），这个技术的支撑需要靠大数据、云计算之外的物联网、人工智能技术”①。

李静认为，城市广播盈利模式不仅仅是线上的传统广告，可以利用运营商业机构资源，转换成服务类的“软性产品”售卖，从而产生新的盈利模式——线上与线下链接的 O2O 营销模式。O2O（Online to Offline）概念最早来源于美国，意为“线上至线下”。现代城市广播 O2O 营销模式是指发挥广播媒体的诚信权威品牌，充分利用互联网跨地域、无边界、海量信息、海量用户的优势，通过团购打折、提供信息、服务预订等方式，把线上粉丝用户引流到线下实体销售平台和服务平台上，实现线上营销和线上购买带动线下经营和线下消费。

为提高城市广播的资源吸附力、风险抵抗力和市场竞争力，珠三角和长三角城市广播积极探索 O2O 营销模式。如无锡电台围绕汽车产业做文章，利用广播在移动人群中的号召力，策划组织了中国（无锡）国际汽车博览会、无锡广电结婚产业博览会、车友嘉年华等活动，并与二手车平台商合作，向广大受众推广汽车帮买服务。东莞电台《莞饮莞食》线上推荐东莞各地美食，线下组织食客到实体餐馆现场体验，与餐饮商家联合推出各种消费优惠活动。深圳广播《e 交通》打造综合性的智慧城市交通信息传播平台，用户可通过手机等终端设备实时查询路况和上传路况图片，同时享受金融、保险、汽车、饮食等服务。深圳广播和浙江广播还与软件开发商合作，推出“车主宝典”，以“线上与线下交联，线上是节目，线下是项目”的延伸法则，将广播直播室、交警指挥中心、节目短信平台、人工呼叫中心和车主手机串联在一起，为驾车人士打造一个流动的、一站式、全天候、多领域的服务平台。“杭州西湖之声”通过打造平台产业链建立新的盈利模式。他们帮助商家把粉丝用户引流到实体售卖店，并尝试主导或合作开发广播基于地理位置的服务（LBS），通过与 LBS 的签到软件合作互享粉丝流动，同时借助“微信听广告、落地有折扣”等模式开发新媒体的盈利渠道。

“粉丝经济”理论昭示，现代城市广播庞大粉丝用户的背后是一座采之不

---

① 胡正荣. 体制创新是媒介融合的关键. 中国广播，2015（2）.

尽的经营富矿，而O2O营销模式在媒介与粉丝之间架设起富矿开采的通道。现代城市广播的未知比已知更引起李静的关注和思考。她强调："城市广播的蓝海战略是什么？是广阔无垠的发展空间，但需要你去探索、思考、总结、开拓。走在别人后面，你看到的永远是他人走过溅起的浪花，看不到那真正深蓝色的海洋。"

三、担当与世界接轨的"先锋"

中国在汉唐时期向世界展示了开放包容自信的盛世景象，但宋代以来中国逐渐闭关自守，感觉"非我族类，其心必异"。深圳与香港咫尺之遥却似远隔万里千山。在深圳边界，当香港落马洲山顶上的游人带着好奇的目光远眺荒芜的深圳渔村的时候，深圳乃至整个中国都被阻隔在世界之外。

中国的改革开放政策打开了中国紧闭了1 000多年的国门。深圳自诞生的那天起，就承担着中国融入世界、消弭隔膜、缩短距离的历史使命。经过30多年的发展，当深圳明星企业华为公司的产品和解决方案已应用于全球170多个国家的时候，当另一个明星企业腾讯公司的品牌产品QQ和微信的全球活跃用户数量超过12亿的时候，当国际大体联主席基里安在意大利都灵皇家歌剧院公布深圳为世界大学生运动会主办城市的那一刻，每一个深圳人都真切地体会到："深圳，与世界没有距离！"

深圳广播人意识到，要实现"深圳广播与世界没有距离"，就必须紧跟行业发展潮流，时刻与时势演变同步；而深圳广播人要拥有丰富的历练和阅历，就必须向书本学、向国内外同行学。

李静：我们要办"终身学习的广播"。媒体不断发展，广播人就要不断学习，尤其在新媒体技术的运用上，我们必须是"先锋战士"。中国古语说，一个成功之人，必须做到两条，一要读万卷书，二要行万里路。后来西方人加了一条，就是要阅人无数。在行业高度发展的今天，深圳广播人必须有丰富的历练和阅历，做到十八般武艺样样精通。

他山之石，可以攻玉。为推进学习型媒体建设，近些年来深圳电台与欧美同行建立了互访和培训机制。深圳广播许多先进理念和超前实践都是从欧美同行中，如全美共同广播NPR、美国广播公司ABC、英国广播公司BBC等吸取借鉴过来的。

李静不仅要求属下掌握采、写、编、播、传等现代广播综合技能，成为全媒体复合型人才，而且身体力行、率先垂范。拥有开阔的国际视野、超前的行业意识和强烈的广播情怀，这是李静留给同仁的共同印象。作为全国"百优"广播电视理论人才称号的获得者，李静的理论文章或即席演讲常常不经意地冒出一些外文和专业用语。

中国传媒大学副校长胡正荣认为在全媒体背景下媒体名称也发生了变化，Radio（广播）变成Audio（音频），Television（电视）变成Video（视频），Media（媒体）变成Platform（平台）。对此，李静也深有感触：在美国同行中听到两个如雷贯耳的词语，一个叫 Podcasting（音频定制），一个叫 Vodcasting（视频定制）。她强调，未来年轻听众收听音频都是通过移动终端来实现的，可能会摒弃传统的收音机和半导体。如果不占领移动终端平台，今后我们的听众可能会遗忘我们将近百年的广播媒体的历史。

李静：汽车拯救了广播，使得广播成为“移动媒体”，但汽车也能抛弃广播。互联网巨头一旦进入车载音频市场，以交通广播为代表的低成本、高利润、安居一方的日子还能有多久？传统电台行业或将被车载智能操作系统渐渐取代。

广播终端收听变革始终离不开“通过移动互联网接收音频”这个终极方向。一旦手机、平板电脑等移动终端进入广播“最后一个领地”——车厢，或汽车直播与互联网勾连环绕，传统车载收音机将面临淘汰，现代广播当前“移动市场”占领的优势将被消弭瓦解。

为适应现代城市广播网络化、社交化、移动化、全媒体化的发展趋势，深圳电台从更高层次推进台网互动和台网合一。规定新上线的广播节目和大型活动必须借助两个以上的媒体平台来实行资源整合，同时积极推进《民心桥》《亲爱的相亲们》等现有广播品牌节目向电视和网络移植，《美味乐翻天》节目还实现了广播、网络、杂志、语音服务（114 查询台）和图书 5 种传播方式。

目前国内一些大城市如北京、上海等已推出网络电台。于 2011 年上线的北京广播网菠萝台，强化“收听”与“互动”功能，首次将游戏概念引入网络收听，并搭建起用户在线音频编辑系统。上海广播旗下的阿基米德 FM 于 2014 年开始运作，为用户提供 24 小时不间断高品质音频产品，同时提供线上直播互动、听众评论等功能。

为紧随国内外网络广播发展的时势，借鉴美国 Pandora（潘多拉）网站音乐广播的成功经验，深圳音乐频率针对网络用户开发了碎片化播出的新型网络音乐电台——Good FM，以“2 分钟点评 +4 分钟歌曲的 6 分钟节目”的模式，既可在线收听，也可下载定制。深圳广播未来将通过“蜻蜓 FM”等客户端，向用户直接推送人性化和个性化更强、指向性和对象性更突出的“私人定制式”的音频产品。

李静：数字化全媒体时代给传媒业带来更多可能性，我想对广播媒体来说是如虎添翼。只要有“融”乃大，“合”实生物，我们这一代广播人就一定能继续书写属于我们自己的传奇。未来不是可预见的，也不是被预见的，而是被创造的；而创造未来奇迹的人将是聪明智慧而执着坚韧的广播人！

在深圳广播即将走过 30 年历程之际，李静从兼任深圳电台台长转为兼任深圳电视台台长。20 多年的魂牵梦绕和呕心沥血，给她留下挥之不去的广播情结和独到的个人体悟：我们“瞻前顾后”，不能不说我们的“运”与“势”。“顾后”，深圳广播是应“运”而生，这个“运”就是改革开放；“瞻前”，深圳广播更要乘“势”而上，这个“势”就是创新开拓！

第九章　顺天应势：东莞广电经营媒体之道

善战者，求之于势，不责于人，故能择人而任势。

——孙子

“势”是一种自然存在。古论对“势”的自然之道作如下阐述：“如机发矢直，涧曲湍回，自然之趣也”，“譬激水不漪，槁木无阴，自然之势也”(刘勰《文心雕龙·定势》)。“势”的理论特征就是自然。

顺天应势就是要遵循“势”的自然之道或自然法则，这正是老子“无为而治”的理论核心。“无为”并不是不为，而是不妄为，是要遵循客观世界的规律，尊重人的个性，做到有所为有所不为。

老子“无为而治”与孙子的势论是一脉相通的。孙子强调两军对垒的最高准则是以“势”取胜。认为善战者追求形成有利于己的自然之“势”，而不是过多苛求士兵，因而能够量才用人，选择人才去适应和利用已形成的自然之“势”。

“肯取势者可为人先，能谋势者必有所成，会用势者可得天下。”东莞广电在短短10年间从一个珠三角默默无闻的弱势媒体发展为经营总额达3.2亿元的强势媒体，“创造了广东广播电视发展史上的奇迹”，这是东莞广电抓住经济发达地区城市广电迅猛发展的良好机遇，在传媒生态演变中缜密审势、主动取势、积极谋势、善于乘势的结果。

拥有1 700多年郡县史的东莞地处珠江口东岸，濒临港澳，位于珠三角腹地的“广州—深圳经济走廊”之间，是岭南文化发源地、中国近代史开篇地、抗日救国根据地、改革开放先行地和转型升级示范地。从2005年3月18日挂牌成立以来，东莞广播电视台趁天时地利人和的良好态势，抓住国内经济发达地区城市广电迅猛发展的难得机遇，创新务实，十年磨一剑，创造了令社会关注、同行瞩目的业绩，成就了国内城市广电跨越式发展的“东莞现象”。

事业方面：东莞广播电视台形成了以东莞电台、东莞电视台、东莞阳光网和东莞阳光台移动客户端为主体的传统媒体与新兴媒体协调发展的传播态势，成为综合实力稳居珠三角城市广电第一梯队的地方强势媒体。东莞电台三个频率占据东莞地区近7成的市场份额，收听率连年位居东莞地区首位；东莞电视台两个频道全天时段和黄金时段的收视率和市场份额长期位居东莞地区130多个数字电视频道之首，彻底改变境外电视20多年来垄断东莞收视市场的竞争格局；日最高浏览量达894万人次的东莞阳光网跻身全国重点新闻网站行列，网站 IP 用户和日均浏览量等综合指标的最高排名为全国地区分类网站第五名和全省第一名，成为“东莞第一门户”网站；东莞阳光台移动客户端推出 1 年多就发展用户 30 多万。

产业方面：东莞广播电视台建立了“五轮驱动、多元经营”的经营创收模式。2011 年是经营效益最好的一年，当年经营创收总额达 9.03 亿元。其中广播电视经营创收从 2004 年的 1.5 亿元增加到 2011 年的 3.2 亿元，增长 1.13 倍；网络经营创收从 2004 年的 5 000 万元增长到 2011 年的 5.83 亿元。以东莞广播电视台为参股方成立的东莞广电网络传媒发展股份公司，以占 17.1% 的股份成为广东省广播电视网络股份有限公司的最大股东。2011 年，公司实现利润 7 450 万元，盈利水平名列全省第一。

办公和技术设备方面：投资近 7 亿多元兴建的总建筑面积为 7.4 万平方米的东莞广播电视中心成为东莞城市标志性建筑，全台办公总面积增长 6.4 倍。拥有 5 个广播直播间、13 个电视演播厅，包括 1 个 1 000 平方米的演播大厅、2 个 400 平方米的演播室。投资约 1.5 亿元的省内地市级首个全高清电视播出系统和大型开放式全高清新闻演播室，布局和设备都走在国内地级电视台前列。拥有价值近 3 000 万元的 14 信道高清直播车和价值 1 200 万元的 12 信道模拟电视直播车各一台，同时拥有数字电视卫星车和广播直播车等一批技术先进的广播电视直播设备。

传媒巨匠欧阳常林在掌管湖南卫视时，舞动“经营媒体”的旗帜，创造了收视和份额名列全国近 40 家卫视首位、年广告创收总额大幅增长的媒体发展神话。

“经营”是经济学用语，意为“策划并管理”。这个原本用于企业管理的概念被移植到媒体管理、城市管理等各个行业领域，其内涵和外延也得以丰富和拓展。在当前国内文化体制改革如火如荼之际，“经营媒体”策略越加为媒体业内人士所关注和推崇。

“媒体经营”与“经营媒体”是两个内涵和外延都有差异的概念。“媒体经营”限于渠道开拓、广告定价、广告吸纳、客户服务等经营方面的战术层面；“经营媒体”涉及媒体宣传管理、经营创收、体制机制、队伍建设等各方面的战略层面。

所谓“经营媒体”，就是遵循媒体宣传规律和资本市场法则，对媒体内外的宣传资源、产业资源、人力资源、技术资源和资本资源等进行有效集聚、重组和整合，建立合理完善的媒体产品生产流程，以优质适销的媒体产品和个性化的媒体品牌占领市场，从而实现媒体政治属性和产业属性有机融汇、相得益彰，不断提高媒体公信力、影响力和竞争力，推动媒体全面协调可持续发展。可见，“经营媒体”涉及资源利用、产品设定、流程控制、质量把控、市场开拓、队伍建设等媒体生产经营等各个环节。

东莞是全国文化体制改革的先行城市之一。东莞广电以“经营媒体”策略为先导，高举创新发展大旗，媒体事业和产业取得了显著成绩，媒体面貌发生了翻天覆地的变化。

国家和省市有关领导对东莞广播电视台取得的成绩予以高度评价。时任国家广电总局副局长胡占凡说："东莞广播电视台已经给全国广播电视事业发展描绘了一个美好愿景。"南方广播影视传媒集团原总裁王克曼和南方广播影视传媒集团原党委书记白玲分别认为，"东莞广播电视台创造了广东广播电视发展史上的奇迹"，"东莞广播电视台是南方广播影视传媒集团的一面旗帜"。东莞市委常委、宣传部部长潘新潮也说："如果说东莞是中国改革开放精彩而生动的缩影，那么东莞广播电视台就是东莞改革开放精彩而生动的缩影。""愿景""奇迹"和"旗帜"的背后是科学的"经营媒体"策略。

第一节　核、合、和：东莞广电跨越式发展"三重唱"

一、核：动力核心

"核"即核心，这里指动力核心。东莞广电跨越式发展得益于拥有改革创新的动力核心。

每年筹备召开"创新发展研讨会"，这是东莞广电每个农历新年后的首个重要活动。东莞广电的每一项举措、每一个脚步，都打下了创新驱动发展的鲜明烙印。

创新始终是推动一个国家、一个民族向前发展的重要力量。东莞广电遵循现代媒体生产力与生产关系相互适应的媒体发展规律，以敢想敢闯敢试的改革气魄为依托，实现媒体管理体制和运行机制的不断创新。

"经营媒体"必须理顺媒体内部的各种关系，建立和完善科学的媒体管理体制和运行机制。媒体改革发展历史证明，现代媒体生产力迅猛发展，必须有与之相配套、相适应的新型生产关系作支撑。东莞广电历史嬗变和跨越式发展中迸发出来的强大媒体生产力背后，是保障现代媒体生产力潜能充分释放、媒体主体活力充分呈现的现代媒体生产关系。

东莞广电科学的媒体管理体制和运行机制的建立和新型的媒体生产关系的构建，是东莞广电在境内外媒体上挤下压的四面楚歌中突围和广东文化体制改革大潮涌动、方兴未艾的大背景下展开的。境外媒体借助 20 多年来在珠三角地区培育的收视惯性，形成无坚不摧的行业冲击波，包括东莞广电在内的珠三角城市广电在坚守中谋求突破，创新驱动发展是核心战略。

流程管理被誉为现代企业管理的"第三次革命"。创新发展，意味着在破立相济中前行，意味着在肯定与否定替代中穿越。东莞广电以敢想敢闯敢试的改革气魄，实现媒体生产管理的流程再造，把媒体改革引向调整生产模式、改革人事制度、革新分配模式、优化生产和经营方式等生产关系变革的"深水区"。

（一）栏目和项目生产机制的破与立

摒弃栏目和项目设置取舍单凭“长官意志”的陈规陋习，遵循栏目生产客观规律和项目设置市场规则，推行栏目策划方案招标和经营项目方案招标。

东莞广电栏目创意来源于员工。台里根据栏目设置需要向全台公布广播电视栏目策划招标方案，广泛动员员工积极参与。通过策划方案陈述、样片评审等环节，由台编委和业界专家组成的“评委团”对策划方案的栏目定位、节目形态、收视人群、创收目标、制作团队等进行综合评议，择优选用最佳策划方案。策划方案中标者原则上成为栏目制片人，拥有节目生产、人员调配、薪酬分配等自主权。新开栏目在三个月的培育期后进行收视和创收经营考核，未达标的将受到“黄牌”警示，连续半年不达标的将作撤并处理。

2005 年 11 月，东莞台首次实行电视栏目策划方案招标，除《东莞新闻》外，其余 20 多个自办栏目全部“休眠”。11 个具有较强本土性、互动性、创新性的栏目从 40 多个策划方案中脱颖而出。其中以“倾全台之力，打造在东莞有绝对收视的电视栏目”目标而推出的民生新闻栏目《今日莞事》一炮打响，创下月最高收视率 22.24%、市场份额 43.28% 的神话。2006 年东莞电视台两个频道的总平均收视率和市场份额分别是 2005 年的 3.3 倍和 3.2 倍，升幅名列广东南方广播影视传媒集团属下的 21 个城市台之首。超越垄断东莞收视市场 20 多年的香港无线电视，也由过去的“偶然”变成现在的“必然”。

继栏目策划方案招标之后，东莞广电于 2015 年以价高者得的原则把专题片制作、“东莞最美产品发布会”等经营性项目向全台公开招标。如果说栏目策划方案招标是为了培育信息产品的“包工头”，那么经营项目招标则是为了培育面向媒体市场的“经理”。

推行栏目策划方案和经营项目公开招标，克服了以往单凭“长官意志”决定栏目去留和经营项目取舍的随意性，鼓励栏目以节目生产规律和受众市场规律为指引不断推陈出新，营造大众创业的生动活泼的经营环境，员工积极性和创造性也得以充分调动。

（二）人事任免制度的破与立

摒弃干部选用论资排辈的陈规陋习，遵循优胜劣汰规律和能上能下原则，推行中层干部竞争上岗。

论资排辈、因人设岗甚至任人唯亲，这是干部选用的陈习和“顽疾”，这影响了优秀人才成长和高素质干部队伍建设。媒体生产关系重构和再造必须围绕媒体生产关系的主体——媒体从业人员展开，多途径广纳各方英才，多手段调动其积极性，从根本上解放和提高媒体生产力，这是媒体生产关系调整的出发点和归宿点。

东莞广电人事制度改革，以推行中层干部竞争上岗为主要抓手。遵照“按需设岗、公开招聘、竞争上岗、择优选用”的原则，2006 年 7 月首次实行中层干部竞争上岗，打破身份限制的条框，凡是本台签约员工，无论是干部还是职工，都可以报名参加竞争上岗。全台共有104人报名竞岗，经过资格审查、笔试、演讲答辩、民主测评、组织考察四个步骤，最后包括多名播音员、摄像员等普通员工在内的41人走上中层干部岗位。任职公示期间，全台没有收到一宗任何形式的投诉。另外，干部任用采取行政职务与行政级别两分开，既解决部分资历深但年纪大或个人健康状况欠佳等员工的政治待遇，又为部分资历浅但能力强的员工提供用武之地。

东莞广电公平公正公开的人事制度改革，构建了“能者上、平者下、庸者让”的优秀人才脱颖而出的用人新机制，营造了创业干事的良好氛围，培养了一支高素质的干部队伍，这是东莞广电创新发展的重要成果。

（三）薪酬分配制度的破与立

摒弃薪酬分配“准大锅饭”的陈规陋习，真正体现“按劳分配、以岗定酬”的原则，推行“薪酬与集体创收挂钩、薪酬与个人绩效挂钩”的薪酬分配制度。

当前国内大多媒体沿袭计划经济时代事业单位的工资体系，薪酬结构复杂，模式单一，违背市场规律，且收入与付出不成正比，在影响集体财力积累和可持续发展的同时，湮没和扼杀了员工的工作主动性和创造性。

2006年1月，东莞台推行薪酬分配改革“两挂钩”，即员工薪酬与全台经营创收挂钩，员工薪酬与个人绩效挂钩。其具体做法是“三步曲”：第一步，确定全台当月总分配额度和各部门当月分配总额度。全台当月薪酬分配的总额度占当月全台经营总收入的35%；第二步，确定员工个人和部门的薪酬分配额度，把薪酬分配额度统一划至各部门；第三步，各部门根据员工个人绩效进行二次分配。“薪酬与集体创收挂钩”，实行员工变“股东”，把个人收益与集体效益联系在一起；“薪酬与个人绩效挂钩”，把个人收入与自身贡献结合起来。

东莞台薪酬分配“两挂钩”的做法，既凸显了集体效益在薪酬分配中的决定性地位，体现了与市场价值取向相适应的分配模式，又遵循个人要素参与分配的原则，体现责任与权利相统一和薪酬向优秀人才、关键岗位倾斜的分配理念。

二、合：资源整合和媒体融合

“合”有两层意义，一是指媒体内外的资源整合，二是指传统媒体与新兴媒体的融合发展。

（一）资源整合

遵循资源整合利用推动媒体发展规律，以媒体内部和外部资源整合为依托，实现媒体运作效能最大化和跨媒体、跨行业、跨地域发展。

整合就是生产力。媒体竞争实质是对资源的争夺和利用。“一个电视台的市场地位，不仅取决于其所拥有资源的数量和质量，更取决于其对资源的整合能力和利用效率。”① 因此，“经营媒体”不仅要善于发掘和利用内部资源，而且要善于发现和聚集外部资源，这是媒体生存发展的关键。

1. 内部资源整合：构建迅速反应机制，形成宣传合力，提高运营效能

东莞广播电视台在成立之初就注意避免“有规模无效益”和简单化合并等问题，努力通过内部资源整合，实现从广播电视合并的“物理反应”中引发提高媒体运作效能的“化学反应”。

（1）组织结构资源整合：变“宝塔状”为“扁平状”，构建现代媒体迅速反应机制。东莞广电把优化组织架构、削减管理层级作为宏观资源整合的重心。灵活运用“加法”和“减法”，取消了电视台和电台的原行政管理架构，成立相应部门替代其职能，并成立行政、宣传、技术和经营的统一管理部门。改变组织管理传统的“层级结构”，组织架构形态从“宝塔状”变为“扁平状”，尽可能减小联通链条，缩短管理半径，形成上下迅速沟通、及时反应的运作机制，以提高媒体管理效率和营运效能。

（2）宣传资源整合：广播电视网站报刊联动，形成大规模、立体式、全覆盖的宣传合力。东莞广电改变“两台合并”前电台和电视台单兵作战的局面，充分发挥集广播、电视、网站、报刊于一体的资源聚集效应，形成具有广电特色的立体式、全方位宣传态势。特别是东莞电台、东莞电视台与东莞阳光网之间的宣传资源整合和相互联动，既丰富了网站音频视频内容，又提高了广播、电视传播时效和覆盖面。东莞台整合人力、设备等资源，成立跨媒体的新闻中心，统一负责广播电视网站的新闻产品采制和播出，既避免了人力、设备资源的耗费，又提高了工作效率和产品质量。

（3）项目运作资源整合：组成利益共同体，以矩阵式管理实现项目运作效益最大化。东莞广电内部资源整合还体现在微观项目运作中。对一些时效性强、牵涉面广的重大活动，如重大宣传战役、大型会议和大型演出等，实行项目化运作。项目组从各部门抽调人员组成临时机构，高效、灵活地调度组织精兵强将协同作战，共同完成项目风险评估、成本管理、进程管理等各项工作。任务完成后人员回到各自部门。项目化运作的矩阵式管理模式，充分体现媒体内部资源整合的效益。

2. 外部资源整合：开门办广电、联合做节目、合作搞经营

东莞广电顺应现代媒体“竞合时代”资源共享、价值链接、联合发展的趋势，整合媒体节目、智力、传输和经营等资源，构建媒体传播大格局，迈上了跨媒体、跨行业、跨地域发展的路子。

（1）区域资源整合：实行珠三角媒体跨区域合作。为建立跨区域广电媒

---

① 赵德全，李岭涛，罗霆．地面突围 中国电视省级地面频道．北京：中国广播电视出版社，2007．

体联盟，东莞广播电视台与深圳广播电影电视集团、惠州广播电视传媒集团签署三方战略合作协议，在新闻宣传和节目交换、影视剧购买与生产、新媒体业务、内容库建设、频道运营、广告营销、人员培训交流等八个方面开展深度合作。通过媒体资源整合和合理利用，互惠互利、优势互补，全面提高三地广电媒体的竞争力和影响力。东莞广电还与佛山、中山、珠海、惠州等珠三角城市广电联手，实行电视主频道相互落地，扩大了电视信号的覆盖范围。

（2）节目资源整合：实行制播分离。与各地实力雄厚的传媒公司合作，借助别人垄断性节目资源开办栏目。制播分离是电视媒体整合社会资源、推进产业化运作的重要标志。东莞广电与香港无线（TVB）和其他影视制作公司合作、采用制播分离方式推出了《十全十美》《家园》《快乐运动会》《精彩900》《精彩星动向》等电视栏目，有效降低栏目运作成本、提高栏目制作水平。

东莞广电移植东莞经济社会起步阶段采用的“借船出海”发展模式，与广东电视台合办《魅力东莞》栏目，并联合摄制大型纪录片《相约多瑙河》。节目在北美洲、欧洲、东南亚等地区播出，覆盖10多个国家数百万海外华人，同时与新疆电视台合办《南海潮》栏目，通过卫星传输，节目覆盖中国大陆及周边8个国家。

（3）智力资源整合：实行“借力、借脑”。东莞广电成立由业界和学界精英组成的专家团队，邀请他们参加“宣传质量评估会”和“媒体论坛”，借助他们的丰富经验和前沿理论，指导节目生产和精品创优。同时成立由社会各界受众组成的“社会监测员”队伍，监督节目质量，撰写监评意见。此外，重视与受众交流互动，广泛开展“假如我是台长”征文、网上建言献策和广播电视栏目“进社区”等活动，积极听取受众的意见和建议。

（4）经营资源整合：实行联手经营。与实力雄厚的经营实体合作，利用对方人才优势、资产优势、品牌优势，开展联合经营，弥补己方经营劣势，同时扩大经营渠道。

（二）媒体融合

顺应全媒体时代传统媒体与新兴媒体融合发展趋势，以东莞电台、东莞电视台、东莞阳光网和东莞阳光台移动客户端四大平台为依托，实现媒体传播平台融通互动和媒体综合实力的不断提升。“经营媒体”是注重宏观视野下系统构建的媒体管理策略。现代战争是高科技支撑下的海陆空各军兵种协同作战和各式尖端武器综合使用的战争。现代传媒竞争亦然，在互联网迅猛崛起的背景下，全媒体时代——一个借助文字、声像、网络等介质或载体来立体化展示信息内容的新传播形态已经到来。

为适应“全媒体时代”传播主体多元化和融合化、传播管道延伸化和符号化等趋势，国内外著名的传统媒体在固守原有领地的同时，纷纷拓展新的传媒领域。东莞广电紧紧把握全媒体时代行业发展脉搏，致力于打造集广播、电视、网站、报刊于一体的，传统媒体与新兴媒体融合发展的城市综合性强势媒体。

1. 巩固传统媒体阵地

东莞电台：占据东莞地区近7成的市场份额，收听率稳居东莞地区首位。东莞电台三个频道——FM 100.8 新闻综合频道、FM 107.5 交通频道和 FM 100.4 音乐频道共设近50个栏目，全天24小时播出，信号覆盖东莞和周边城市2 000多万人口。拥有《东莞早晨》《市民热线》《城市的声音》《今晚多声道》《真音乐真生活》《新新生活》《莞饮莞食》等一大批听众喜爱的新闻资讯类和服务类栏目。

虽然广播收听市场的蛋糕在电视特别是互联网、手机等媒体大肆蚕食下加速萎缩，但在东莞汽车保有量2015年突破170万辆所衍生的庞大听众群的强力支撑下，东莞电台以近7成的市场份额和收听率稳居东莞地区首位，这个卓越表现，在东莞地区收听市场中占据绝对优势；同时在国内宏观经济不景气的大环境下，东莞电台广告收入保持稳步上升势头，最高年创收总额达5 100万元，在珠三角城市电台中名列前茅。

东莞电视台：两个频道全天时段和黄金时段收视率和市场份额长期位居东莞地区130多个数字电视频道之首。东莞电视台拥有新闻综合频道和公共频道，全天总播出时长超过36小时，为观众提供精彩的新闻、娱乐及资讯节目。现有自办栏目20多个，自办节目总时长平均每天接近10小时。

新闻类自办栏目以其特有的权威性和本土性，及时传达当地党和政府的声音，真实反映社情民意，正确开展舆论监督。《东莞新闻》以时政新闻为主，注重权威性；《今日莞事》关注民生，强调服务性和互动性；《平安东莞》以深度报道为主线，注重思想性；《方亮说事》用百姓语言评点百姓身边事，注重贴近性。非新闻类自办栏目《生活大莞家》《家园故事汇》《芳菲文化馆》《车车世界》等兼具教育、休闲、娱乐、服务等功能于一体，几乎覆盖所有年龄段，深受当地观众喜爱。

东莞电视台自2006年收视率和市场份额首次超越香港无线电视后，境外电视频道20多年垄断东莞收视市场的竞争格局因此被彻底改变。央视—索福瑞媒介研究（CSM）数据显示，2012年5月东莞电视台黄金时段收视率达8.08%，市场份额达32.22%，均创历史新高。伦敦奥运会期间，在央视各频道高密度现场直播的冲击下，仍然难以撼动东莞电视台黄金时段收视率和市场份额高居东莞地区首位的收视强势。

2. 开辟新媒体平台

东莞阳光网：跻身全国重点新闻网站行列，网站IP用户和日均浏览量等综合指标的最高排名为全国地区分类网站第五名和全省第一名，成为唯一跻身中国十大地方门户网站的地级市网站。

东莞阳光网作为东莞第一门户网站，立足本土，面向全国，放眼世界，汇集东莞最权威的新闻动态和最全面的生活资讯，设有新闻、社区、房产、旅游、文化、体育等20多个专业频道，为网友提供多种媒体服务。

阳光无处不在，阳光无微不至，阳光五彩缤纷。按照“做强新闻、做全服务、做精频道、做大活动”的思路，于2005年重新规划整合上线的东莞阳光网迅速发展壮大，丰富的资讯内容和强大的互动功能受到网民热捧。“看东莞新闻，就上东莞阳光网”成为东莞市民的一种生活习惯。东莞阳光网日最高浏览量接近900万人次，日均浏览量达450万人次，注册用户超过160万。中国网站排名最新数据显示，东莞阳光网IP用户和日均浏览量等综合指标的最高排名为全国地区分类网站第五名和全省第一名。中央网络安全和信息化领导小组公布的“中国新闻网站传播力2015年8月榜”数据显示，东莞阳光网“两微”（微信和微博综合）和微信传播力均居全国第十一位——在全国范围内紧随新华网，位列广东首位。东莞阳光网获得国务院新闻办公室颁发的“中华人民共和国互联网新闻信息服务许可证”，成为目前广东省获取全国新闻网站资质的十大网络媒体之一，取得该许可证的地市网络媒体广东省仅两家。

当前移动互联网的微应用大行其道，微传播急剧改变着传播生态格局。为适应国内新媒体进一步呈现移动化、融合化和社会化的发展趋势，东莞广电近年来先后推出了手机Wap网站、官方微博、微信公众账号、东莞阳光网微网站、东莞阳光台移动客户端等新媒体平台，主动抢占互联网舆论制高点。

东莞阳光台移动客户端与传统媒体平台紧密对接，实现移动收视、移动收听和互动共享。其通过与东莞阳光网、手机阳光网和多个业务网络对接，囊括东莞电台、东莞电视台、东莞阳光网及《精彩一周》周刊四大媒体资源，集新闻阅读、在线收听（看）、视频点播、社交互动于一体，基本具备移动电视、移动电台、互动共享等流行的移动互联网服务功能。该平台除了目前主要推广的新闻、电台、视频三大板块以外，还设有问政、报料、便民等服务栏目，将群众与政府之间的沟通桥梁进一步延伸到了移动互联网。东莞阳光台移动客户端仅上线一年半就发展30多万用户。

三、和：共享发展和文化引领

“和”即和谐，旨在创造人才成长、成果共享和媒体文化建设氛围。庄子说：“与人和者，谓之人乐；与天和者，谓之天乐。”“和”是阴阳二气矛盾统一，是生成万物的内在依据或存在状态，是万物之美所以产生的哲学根据。

（一）共享发展

注重媒体发展成果共享，以建立各种共享机制为依托，实现媒体员工权益的广泛性、公开性和公平性。

社会发展的终极目的是使每个社会成员拥有共同的权益。中国政府强调的“发展为了人民，发展依靠人民，发展成果由人民共享”的思想与恩格斯倡导的“所有人共同享受大家创造出来的福利”“使社会全体成员的才能得到全面的发展”的理念是一脉相承的。广大员工是媒体发展的见证者、亲历者，也应是发展成果的共享者。东莞广电管理层把“放权让利”“成果共享”作为矢志不渝的发展理念。

东莞广电建立和完善“成果共享”的五大机制：一是政治成果共享，建立员工晋升提拔公平机制，强调“有为则有位”“机会面前，人人平等”。学识和才干是员工晋升提拔的主要衡量标准，公平竞争是主要选拔手段。二是分配成果共享，建立员工收入分配公开机制。每月全台的经营收入总额和部门分配额度公开透明，部门员工二次分配也严格遵守绩效标准，并得到部门全体员工认可。既摒弃分配“大锅饭”，也杜绝不合理的“收入差距”。三是福利成果共享，建立员工公共福利保障机制。制定员工最低生活保障线标准，完善医疗、住房等公共福利制度。四是环境成果共享，建立员工办公环境保障机制。投资近7亿元兴建总建筑面积为7.4万平方米的东莞广播电视中心，全台办公总面积扩大近6.4倍，办公环境和条件大为改善。五是教育成果共享，建立员工公共教育保障机制。制订员工终身教育工作计划，每位员工都有机会参加各种学历进修或技能培训，并享受在职教育补贴。

东莞广电“成果共享”理念不仅惠予全体员工，还推及社会。东莞广电以结对帮扶、对口援助等方式，捐款捐物帮助东莞贫困村（社区）和西藏林芝电视台、新疆图木舒克广电台等改善生活和工作条件。“成果共享”理念的施行，对内凝聚人心、调动积极性，对外体现社会责任、树立媒体形象。

（二）文化引领

发挥媒体企业文化的统领凝聚作用，以“八有”精神和“精彩”意念为依托，实现媒体灵魂与员工核心价值观的有机融合。

人是一切社会活动的主体。“经营媒体”必须统一全体媒体人员意志，形成核心价值观，培植媒体企业文化。

媒体企业文化是指媒体在长期宣传和经营活动中，形成具有本媒体特色的精神财富和意识形态。它包括文化观念、价值观念、媒体精神、道德规范、行为准则、历史传统、媒体制度、文化环境、媒体产品等。其中价值观念是媒体企业文化的核心。

有学者指出：“深谙如何开拓新局面的企业，并不是都把钱投放到研究开发领域中，而是培养一套能够接受新思想、敢于改革、勇担风险、能承受失败的公司行为风范和企业伦理”；“在媒介规模放大，特别是走向集团化的过程中，必须领先文化向新闻媒介注入统一的观念、信仰、哲学，凝结出新闻媒介的精神和灵魂”①。

基于此，国内外成功的企业、高校和媒体等都把文化建设作为一项重要

---

① 刘洁，王兵. 人力资源竞争：新闻竞争取胜之道. 新闻前哨，2001（3）.

的战略性工作。如美国麦当劳的企业精神是“质量、服务、清洁、价值”，中山大学校训是“博学、审问、慎思、明辨、笃行”，凤凰卫视立台宗旨是“拉近全球华人的距离、向世界发出华人的声音”等，这些理念都是所在企业、高校和媒体全体成员普遍认可和共同遵循的价值观念和行为规范。

东莞广电在媒体企业文化建设中确立了“八有”精神，即“有规有矩、有分有寸、有始有终、有情有义”。“有规有矩”着眼于“法”；“有分有寸”着眼于“度”；“有始有终”着眼于“忠”；“有情有义”着眼于“德”。“八有”精神体现了以人为本的科学发展观、实事求是的思想路线和辩证唯物主义的方法论。

东莞广电在媒体企业文化建设中还树立了“精彩”理念。即“追求精彩，创造精彩，奉献精彩”。“精彩”是东莞媒体品牌的核心追求、标志符号和品格特征，强调通过优质的媒体产品生产和为大众接受的媒体品牌打造，提高媒体影响力和美誉度。

东莞广电以“八有”精神和“精彩”理念为主要内容的媒体企业文化体现了东莞广电人如下价值观念：

一是追求引导舆论、守望环境、服务社群的媒体责任。二是恪守开拓进取、奋发有为、精益求精的职业操守。三是遵循诚实守信、风险共担、互利共赢的经营思想。四是践行厚德务实、施爱行善、扶危济困的社会公德。五是倡导重德守信、自省自律、淡泊名利的个人道德。六是遵守维护大局、精诚合作、博采众长的集体观念。

东莞广电媒体企业文化建设在员工中构建起共同的价值准则和道德规范，对推动媒体各项事业发展起到不可替代的作用。它是东莞广电长期以来自觉服务当地社会经济发展大局、牢固把握正确舆论导向的灵魂；是东莞广电在广东文化体制改革大潮中锐意创新、先行先试，“创造南方广播电视发展史上的奇迹”和“成为南方广播影视传媒集团的一面旗帜”的支柱；是东莞广电面对严峻传媒生态环境不折不挠、从容应对，敢于从境内外媒体的围追堵截中实现突围的基石；是东莞广电克服国家宏观经济大气候和广电行业政策因素影响和制约，开源挖潜、灵活经营，实现媒体创收连年增长的动力；是东莞广电 660 多名员工为共同目标团结协作，心往一处想、劲往一处使，实现政通人和、以人为本、成果共享的纲领。

第二节 黏度、高度、热度、亮度、宽度、厚度：东莞广电跨越式发展“六音度”

一、咬定本土不放松：构建有情感黏度的媒体

遵循媒体本土化生存发展规律，以生产“莞味”浓郁的媒体产品为依托，

培养和巩固受众忠诚度和黏合度，实现本土受众市场的覆盖和把控。

经营媒体必须立足本土，“咬定本土不放松”。相对于国家级和省级广电台而言，城市广电的最大优势是地域贴近性。城市广电可利用此优势衍生的“时间差”迅速反应，也可利用与受众的“零距离”，建立媒体与受众的紧密联系，并根据当地受众的欣赏习惯和审美情趣，生产蕴含本区域自然和人文元素的媒体产品，不断占领和巩固本区域受众市场。

国内外媒体都把占领地方市场当作摧城拔寨、扩大受众覆盖面的重要手段。美国《纽约时报》已调整“全国性大报”战略思路，强调“我们要回到纽约去”，在纽约 1 800 万人口中建立忠实读者群。广东平面媒体《南方日报》《羊城晚报》和《广州日报》也纷纷开辟地方专版，意欲与地方媒体分一杯羹。

地处珠三角经济圈核心地带的东莞，不仅是国内外商家必争之地，也是境内外传媒眼中的战略要塞。《文汇报》《大公报》《香港商报》《紫荆》《南方日报》《羊城晚报》和《广州日报》等 10 多家粤港澳平面网络传媒机构专门在东莞设立办事处，从业人员最多时逾千人。东莞广电之所以能打破境外媒体 20 多年的收视垄断地位，并占据广播近 7 成的市场份额，在媒体竞争空前激烈的被誉为“新闻角力场”的东莞站稳脚跟并迅速崛起，一个重要原因是始终立足本土，深耕本土。

（一）栏目内容本土化

一是积极反映本土百姓的利益诉求。《今日莞事》《平安东莞》《方亮说事》等电视栏目和《东莞早晨》《周末访谈》《市民热线》等广播栏目关注东莞民生、民意和民情，反映社会热点、焦点和难点。“要投诉，找‘莞事’”一时成了东莞坊间的流行语。二是大力发掘本土文化。《生活大莞家》《芳菲文化馆》《体育莞》等电视栏目和《越听越潮》《莞饮莞食》等广播栏目，不遗余力地传播富于东莞地方特色的饮食文化、乡土文化和体育文化，篮球、龙舟等体育竞技直播和“虎门服装节”“东坑卖身节”“望牛墩七巧节”“桥头荷花节”等专题报道深受当地观众喜爱。

（二）栏目风格本土化

东莞作为改革开放前沿地区，人口结构颇为特殊。东莞属粤方言区，土生土长的东莞户籍人口有 100 多万；东莞也是一个移民城市，近年来从省外入户东莞或来莞务工的人员接近 1 000 万人。东莞濒临港澳，接收香港广播电视已有 20 多年历史，当地观众的收视习惯深受香港电视影响。

针对东莞特殊人口结构和当地观众的收视惯性，东莞广播电视自办栏目体现出与香港广播电视风格相接近的轻松、自然、谐趣的粤派风格，并开辟数档本土观众喜爱的粤语栏目，这对提升东莞广电受众忠诚度起到举足轻重的作用。

（三）栏目编排本土化

东莞城市化特征显著，工作和生活节奏快，使得公司白领和社会精英收看电视的机会较少。电视忠诚观众集中在中老年、女性、中低学历和中低收入人群。东莞电视台栏目编排也突出本土化。针对中老年妇女观众编排的情感类、生活类影视剧场安排在19时至22时播出。收视数据显示，东莞电视台长期维持较高的收视率，得益于本土化栏目编排。

二、铁肩担道义：构建有舆论高度的媒体

遵循社会良知是媒体立身之本的媒体建设理念，以媒体核心资源和主导产品为依托，实现媒体导向引领、环境守望功能。

企业生产什么产品，哪些是主导产品，哪些是辅助产品，是由企业性质和定位所决定的。广播电视作为大众新闻媒体，新闻信息无疑是它的核心资源和主导产品，其首要职能就是发掘、筛选、编辑和传播新闻信息，发挥导向引领、环境守望作用。因此，媒体新闻产品的质量优劣和导向正确与否决定了媒体社会地位的高低和存在价值的大小。

成功的媒体无不把新闻产品开发营销作为“经营媒体”的主攻方向。美联社、合众社、路透社、法新社均将新闻信息当作争夺受众市场的利器，全世界每天播发的新闻稿件80%来自以上西方四大主流通讯社之手。凤凰卫视从主营娱乐产品转向主营新闻产品，创办了《时事直通车》《有报天天读》等 系列以高端受众为传播对象的新闻类栏目。近年来，中央电视台也调整发展战略：“主打新闻节目，在增强特色和权威上下功夫”，“力争在时效性、信息量、深度报道、言论等方面取得实质性突破”①。

新闻立台是媒体的社会功能所决定的一个公理和通则，是广电媒体安身立命的根基。东莞广电在“经营媒体”中也提出了“新闻立台，新闻第一”的理念：强调新闻发布的媒体第一职能，突出新闻综合频道的首要地位，追求新闻采发的第一时间和第一现场。目前，东莞电视台现有9个新闻类栏目，一个拥有130多人的新闻制作团队负责提供日均2.15小时的新闻节目。

（一）重视新闻生产布局的合理性

适应观众的收视惯性，东莞电视台在早中晚分别安排了《东莞新闻》（首播和重播）、《新闻午餐》、《平安东莞》和《新闻夜总汇》等新闻栏目，东莞电台也在全天精心设置了《新闻联播》《东莞早晨》等栏目，新闻内容及时更新，栏目相对独立又互相照应，形成流程通畅、链条相接、功能互补的新闻生产布局。

---

① 胡里．央视新闻变革揭秘　将重归新闻立台．综艺，2009（7）．

（二）重视新闻品种的多样性

在东莞电视台现有的 9 个新闻栏目中，时政新闻与民生新闻相互配合，简明新闻、消息特写与新闻专题相互补充。时政新闻《东莞新闻》强调“主流声音、权威资讯、本土特色”的栏目品格；民生新闻《今日莞事》追求“客观、真实、善意”的栏目宗旨。《今日莞事》以月均最高收视率 22. 24%、市场份额 43. 28% 和年广告经营最高达 2 000 万元而被评为“广东广播电视品牌栏目”。

（三）重视新闻评论的权威性

“高度决定影响力。”新闻媒体竞争已逐步从“独家新闻竞争”进入“观点竞争”。东莞电视台《东莞新闻》栏目围绕各时期的社会焦点、热点，适时推出代表本台立场的新闻评论，或紧扣新闻事件，阐释社会意义；或设置公众话题，引导社会舆论；或聚集公众意见，表达媒体倾向。这些新闻评论有助于受众解读新闻信息，提高报道权威性，凸显媒体舆论领袖地位。

（四）重视新闻直播的快速性

当前，广播电视新闻现场直播常态化已成为电视媒体传播新闻信息的发展方向。中央电视台原台长杨伟光说：“电视是全天播出的新闻媒介，它的时效观不是播的消息，而应该是刚刚发生的消息，甚至是正在发生的消息。”“9·11”事件和海湾战争直播，造就凤凰卫视“国际重大事件看凤凰”的媒体品牌，汶川救灾直播和玉树救灾直播也令四川电视台和青海电视台声名鹊起。电视新闻现场直播以第一时间、第一现场和声画并茂、视听符号综合运用等优势，成为电视媒体与报纸、互联网争夺受众市场的重型武器。为适应电视新闻现场常态化趋势，东莞广电专门成立目前全国地市级电视台唯一的电视新闻直播团队——直播部，推出《直播现场》栏目，广播电视随时插播重大突发性新闻事件和重大时政、民生事件，受到社会各界密切关注。

三、立精神之柱：构建有节目热度的媒体

注重受众精神家园建造，以文艺产品为依托，实现媒体娱乐大众、认知教化功能。

《现代汉语词典》对“文艺”一词作如下解释：文艺是“文学和艺术的总称，有时特指文学和表演艺术”。广播电视文艺包括文学、音乐、曲艺、舞蹈、影视等节目和相关活动。

举精神之旗、立精神之柱、建精神家园，离不开文艺。俄国作家说：“艺术给我们插上翅膀，把我们带到很远很远的地方。”广电文艺节目具有认知功能、交流功能、愉悦功能，更具有审美功能、教化功能、引领功能，是思想精神的重要载体和传播媒介。

英国哲学家赫伯特·斯宾说，人类在完成了维持和延续生命的主要使命之后尚有剩余的精力存在，这种剩余精力的释放主要是娱乐。娱乐功能是大众传媒多种功能中最为直接和显露的功能，而作为广播电视辅助产品的文艺节目和相关活动最有效地提供远比“肉体快乐”更持久、更美好的“精神快乐”。因此，城市广电在发布新闻信息的同时，无不把文艺节目和相关活动经营当作“经营媒体”、吸引受众的另一利器。

在中国大陆，湖南卫视起步之初以《快乐大本营》和“超女”“快男”等节目和活动，撑起了中国电视娱乐的“一边天”。为了塑造世界大都市的电视品牌，东方卫视于2009年6月全新改版，提出了“文艺兴台”口号。近年来江苏卫视为适应现代生活节奏推出了大型生活资讯服务栏目《非诚勿扰》，浙江卫视联合星空传媒强力打造大型励志专业音乐评论栏目《中国好声音》，均受到电视观众热捧。在香港，TVB（香港无线）凭借一大批经典自拍剧和“星光熠熠耀保良”“‘香港小姐’竞选”“香港电影金像奖颁奖典礼”“十大劲歌金曲颁奖典礼”等娱乐节目和活动，后来居上，力压建台时间比自己早10年的ATV（亚洲电视）。后者之所以江河日下，恰恰是因为近20多年来在“制造娱乐”上力不从心而难以为继。

东莞受众20多年来的收视习惯形成了难以割舍的香港广播电视“情结”，而香港广播电视的娱乐“因子”也在潜移默化中左右着他们的收视取向。面对东莞现代城市工作生活的快节奏，人们也需要广播电视娱乐节目作精神调适。基于以上认识，东莞广电提出了“文艺兴台”的“经营媒体”理念。

（一）纬线

纬线是指线上编播文艺栏目和影视剧。根据观众的欣赏口味，开办各类文艺栏目，并采用外购、包装和联合摄制的形式，在线编播影视剧。

1. 自制文艺栏目

如《开心拍拍搜》《梦想舞台》《精彩星动向》《娱乐酷啦啦》《音乐良品》《音乐非流行》《越听越潮》《真音乐真生活》等一系列广播电视文艺栏目。

2. 合办影视剧场

借用东莞经济发展初期行之有效的“三来一补”经营模式，与国内影视公司合作，引进系列适销影视剧，重新包装播出。此类电视栏目如《精彩900》成为东莞电视台收视和创收俱佳的龙头栏目。

3. 外购影视剧

成立影视剧经营承包小组，每年斥资数百万元外购影视剧。剧种以适合东莞电视观众收看的粤语情感类、家庭伦理类剧集为主，《都市剧场》《午间驿站剧场》《情景剧场》《夜生活剧场》等影视剧场深受东莞家庭妇女喜爱，在同时段所有栏目收视中屡屡位居首位。其中以播出粤语剧为主的《都市剧场》周平均收视最高达13%。影视剧经营承包带来了良好的经济效益，最高年广告创收有 3 880 多万元，创收额比经营承包前增长了 5.8 倍。

4. 联合摄制影视剧

近年广州电视台拍摄《秘密图纸》、佛山电视台拍摄《孔子》、珠海电视台拍摄《永远的红树林》和中山电视台拍摄《翠山湖畔》等媒体动向昭示，珠三角地区实力雄厚的城市广电“涉足”影视剧已成为“经营媒体”的新趋势。东莞电视台在全省地级电视台中率先制作播出栏目剧《家园》。2010 年首次以出品人身份投资全国首部反映电视台题材的 20 集电视连续剧《电视台的故事》，该剧在珠海、中山、韶关、肇庆等 10 多个电视台热播。此外还联合制作了中国首部以 90 后演艺学院大学生校园生活为题材的青春励志电视连续剧《阳光的味道》。东莞广电“文艺兴台”的“经营媒体”思路进入一个新境界。

（二）经线

经线是指线下举办文艺活动。以户外文艺活动为载体，把欢乐带给千万观众。

一是举办“主持人见面会”系列活动。被授予“东莞市文化惠民十大品牌”的“完美大舞台”户外演出逢周日在东莞城市中心举行，东莞台主持人与社会团体联袂参演。经过两年的精心打造，目前该演出活动已有较高社会知名度，它既是东莞广电形象推介的立体窗口，又是东莞市民文化娱乐的互动平台。东莞广电还组织主持人深入镇街、社区、企业，与受众零距离接触。“主持人相约”系列活动观众参与人数最多时有数万人。二是以栏目衍生活动。电视自办栏目《十全十美》和《宝贝豆丁》分别组织“魅力之星大赛”和“精彩童星电视大赛”。这些丰富多彩的栏目活动既扩大了栏目影响力，又为栏目经营提供了新路径。三是举办大型综艺活动。每年策划组织“东莞广播电视台台庆晚会”，并成功举办我国首部多媒体中外主题音乐会《相约多瑙河》和大型涉外演出《红莓东莞开——俄罗斯军队亚历山大红旗歌舞团大型经典歌舞晚会》。

四、万紫千红总是春：构建有品牌亮度的媒体

遵循媒体品牌标志符号打造规律，以优质的媒体产品为依托，实现媒体品牌带动的战略构想。

媒体资源包含有形资源和无形资源。品牌是媒体最有价值的无形资源，“经营媒体”必须充分发挥媒体品牌效应。

美国经济学家迈克尔·戈德海伯在《注意力经济》一书中作出了“在新的经济下，注意力本身就是财产”的论断。英特尔前总裁葛鲁夫也断言：“整个世界将会展开争夺眼球的战役，谁能吸引更多的注意力，谁就能成为世纪的主宰。”在信息爆炸决定注意力成为稀缺资源的现代社会，媒体必须创造优质的媒体产品和良好的媒体品牌形象，以吸引受众眼球，赢取受众持续关注。

东莞广电通过各种有效手段，逐步塑造和树立东莞广电品牌综合形象，并借助优质媒体产品生产，不断提高媒体影响力和竞争力。

（一）品牌塑造综合化

“发展才是硬道理。”东莞电视台打破境外媒体收视垄断，收视率和市场份额长期稳居东莞地区130多个数字电视频道之首，东莞电台占据了东莞地区近7成的市场份额；广播电视经营创收连续多年增长，成为珠三角为数不多、年创收额超3亿元的城市广电。媒体事业和产业全面协调发展，树立起东莞广电作为“南方广播影视传媒集团的一面旗帜”的媒体品牌。“传媒中国年度十大广播电视台”“全国最具特色市级广播电台”和“中国地方门户十大品牌奖”等荣誉，是对东莞广电品牌综合实力的客观评价。

（二）品牌建设精品化

东莞广电把打造精品作为树立媒体品牌的主要途径。制订《精品创优工作方案》，成立创优工作领导小组、创优顾问团队，设立创优基金，建立创优奖惩机制。10年来，共有312件广播电视作品参加全省和全国专业评奖获得430个奖项。其中，广播剧《追梦的人》囊括“中国广播影视大奖提名奖”“广东省广播电视节目奖一等奖”和广东省精神文明建设“五个一工程”奖广播类优秀作品奖；电视消息《河涌整治工程质量遭人大代表质疑》获“中国人大新闻奖一等奖”；广播消息《生死大营救》获“中国广播影视大奖提名奖”。在第二届全国春节电视文艺晚会评选中，由东莞广电承办的“拥抱春天——东莞市春节联欢晚会”一举斩获5个一等奖，成为全国获一等奖数量最多的地级台。

（三）品牌构建直观化

作为东莞城市标志性建筑的东莞广电中心是东莞广电品牌构建的直观化符号。自筹近7亿元兴建的东莞广电中心由主楼、演播制作中心、服务中心三大部分组成，总建筑面积7.4万平方米。拥有5个广播直播间、13个电视演播厅，包括1个1 000平方米的演播大厅、2个400平方米的演播室。投资约1.5亿元的省内地级市首个全高清电视播出系统和大型开放式全高清新闻演播室，布局和设备都走在国内城市广电前列。投资近3 000万元从德国引进的14信道高清直播车，标志着东莞广电节目制作设备日臻完善。

（四）品牌生产集约化

全台动员，集思广益，在台内广泛开展广播电视栏目策划方案招标。“集中全台力量，打造本地区有绝对影响力的广播电视栏目”，对重大宣传项目或品牌栏目，在人力、财力和设备上作重点扶持。

（五）品牌命名系列化

选用突出媒体个性特征和精神意念的关键词命名媒体各类品牌，形成品牌系列。如用“精彩”命名的“东莞市精彩艺术团”“东莞市精彩影视制作有限公司”、《精彩900》和《精彩星动向》栏目、《精彩一周》画报和《舞动精彩》画册等，统一命名，统一包装，强化指认。

（六）品牌营销立体化

整合电子媒体、纸质媒体和户外广告牌、流动广告车等宣传载体，对媒体品牌进行立体化的综合包装推介。特别是通过制作播出媒体宣传片、频道宣传片、栏目宣传片、主持人 MTV 和举办户外文艺活动相结合的方式，有效提高媒体品牌的知名度和影响力。

（七）品牌管理规范化

定期召开广播电视栏目“质量评估会”，邀请行内专家学者和社会监测员对栏目质量进行“把脉”评点；组织“台长约你看电视”“广播电视网站现场监审会”，不断改进和完善栏目内容和形式；每周公示广电栏目收听收视排名，发放“宣传质量整改书”，对未完成收听收视创收指标的栏目进行“黄牌”“红牌”警示；建立品牌管理激励机制，对重大宣传项目和获奖作品予以奖励（国家级政府奖和省级政府奖最高分别奖励 3 万元和 1 万元）。

五、五轮驱动：构建有经营宽度的媒体

遵循媒体经营市场化、产业化运作规律，以媒体多元经营、集约生产和市场综合开发为依托，实现媒体经济实力不断壮大。

东莞是中国历史上途经珠江流域的“海上丝绸之路”的必经之地，处于广东珠三角腹地，位居穗深港经济带，是一个 GDP 接近 6 000 亿元、国民消费水平高、第二产业和第三产业发达的经济大市。优越的经济大环境为东莞广电经营创收奠定了得天独厚的坚实基础和无与伦比的经营优势。

“改革开放给了我们中国媒介一个最大的变化就是，我们认识到媒体的双重属性，它既有作为社会公共产品的公共属性、政治属性、意识形态属性、文化属性，同时它又是一个产业，它能够通过运作来协调各种各样的经济要素、社会要素，获得更加丰厚的利益。”①

早在 20 世纪 90 年代，东莞广电已逐渐“断奶”，在市场中自寻出路。东莞广播电视台成立后，改变“收支两条线”财政管理体制，实行“自主经营、自负盈亏、自我发展”的企业管理模式。克服东莞以外向型经济结构为主体、

---

① 喻国明. 喻国明谈 30 年传媒业六大变化：新闻改唱主角. http://ycad.lightuni.com/observing/view.php?id=756.

自身频道频率资源匮乏和国家“限广令”经营政策限制等不利因素影响，东莞广电摸索出一条适合自我发展的媒体产业经营之路。

东莞广播电视传媒集团的成立不仅是东莞广播电视台文化体制改革和机制创新的重要举措，更是东莞广电事业产业发展的重要里程碑。东莞广电在传统广告经营模式的基础上，进一步研究市场规律、推出适应媒体特色的经营措施，以依托发展大文化产业、抓住广电的核心价值进行产业链延伸，寻求广电产业与现代产业之间的多元融合，加大媒体产品的线下营销与跨界经营，建立结构合理、多元经营、整合营销的市场模式，推进媒体产品的市场化进程，提高经济效益和资本实力。

东莞广电建立了“五轮驱动、多元经营”的产业发展模式。2011 年是东莞广电经营效益最好的一年。当年广播电视广告和网络经营创收在短短几年内就增长了 6 倍多，经营创收总额达 9.03 亿元。其中广播电视经营创收从 2004 年的 1.5 亿元增加到 2011 年的 3.2 亿元，增长 1.13 倍。以东莞广播电视台为参股方成立的东莞广电网络传媒发展股份公司，以占 17.1% 的股份成为广东省广播电视网络股份有限公司最大股东。

（一）广告经营：实行外地广告一级代理、本地广告开放式代理与自主经营相结合的灵活经营方式

作为线上经营的广告经营是目前媒体创收的第一战场，东莞广电推行广告代理制，对发掘社会广告经营资源、拓宽经营渠道和增加创收总额起到举足轻重的作用。面对国家宏观经济环境影响和行业经营政策限制，适时采取系列优惠政策，同时变“以媒体为中心”为“以客户为中心”，变“坐商”为“行商”，变“卖时间”为“卖服务”，在广州、深圳、上海等地举行“广告客户联谊会”“广告产品推介会”等活动，加强与广告客户和目标消费人群之间的互动交流，提供优质服务，提高媒体诚信度和美誉度。

（二）栏目经营：提高自办栏目质量，以优质媒体产品吸引广告投放

在境外电视插播广告曾一度成为珠三角城市电视台的主要经营模式，鼎盛时期其广告插播收入占经营收入总额八成以上。东莞广电意识到，在境外电视插播广告是一种受制于人且易受政策束缚的被动创收模式，媒体经营创收的根本出路在于生产优质的节目产品，激活媒体创收链条的上游产业，以形成强大的创收内生力。一直以来，东莞广电打造品牌栏目，带动栏目广告冠名和特约广告，并推行影视剧经营承包。近几年来，东莞电视台广告插播的收入逐年萎缩，彻底扭转了过于依赖广告插播的经营被动局面，目前境外电视广告插播收入仅占年创收总额的约二成，自办栏目跃居为媒体创收的主要载体。

（三）活动经营：开辟媒体经营的第二战场，延伸媒体经营产业链条

电视广告经营受频道资源空间和观众对频道栏目选取等因素制约，过于

依赖线上经营单一模式的媒体是没有出路的。东莞广电把活动营销作为延伸媒体经营产业链条、丰富媒体盈利模式的主攻方向，成立策划营销中心，策划和实施“主持人见面会”“行业品牌评选”以及文艺演出和体育比赛等富有媒体特色的系列活动，有效拓宽了媒体经营渠道。活动营销具有覆盖面广、参与度高、互动性强等特点，抓住经济发达地区商贸活动丰富多彩的机遇，媒体活动营销大有可为。

（四）跨界经营：开辟媒体经营的第三战场，培育媒体新的经济增长点

广电媒体过于依赖传统广告经营是难以做大做强的，必须走出经营领域狭窄、盈利模式单一的死胡同，利用媒体影响力的无形资源实行跨媒体、跨行业、跨地域经营。东莞广电成立产业发展部，将广电中心硬件设施、技术设备等可资经营的固定资产剥离出来投入市场，或借助媒体品牌、资金、人才等优势，实行跨界经营，培育媒体新的经济增长点。目前，广电技能培训、广电特色的幼儿教育、名优产品展示、特色境外商旅、轨道文化传播等经营项目正在积极运作中。

以智能手机、平板电脑等为终端的移动互联网爆发式增长，使电子商务成为中国商贸经营的重要模式。东莞广电顺应商贸模式变化，利用广电中心的场地和媒体的信誉度，每周举办一场“东莞最美产品发布会”，邀请本土制造企业到场展示销售名优产品，将其产品通过现场和网络平台直接向终端用户推送，实行线下销售分成。目前该活动深得企业和市民支持，显示了其广阔的经营前景。

东莞是国内电子商务发展环境最佳城市之一，被认定为广东第三个国家电子商务示范城市。目前东莞电商主体多达 5.4 万户，内贸网商密度为全国第三，外贸网商密度为全国第七，快递业收入和网络消费者密度为全国第九。东莞广电充分利用东莞得天独厚的电商环境，借助媒体自身的传播优势和品牌效应，跨界发展电子商务，建起了两个电子商务平台——阳光抢购街和阳光商城，为商户和市民提供优质便捷的电子商务服务。

东莞于 2016 年迈进“地铁时代”，轨道交通视讯媒体将成为东莞市民出行接触率最高、获取资讯最便捷的“流动媒体”。东莞广电敏锐抓住这一城市发展机遇，联合东莞市轨道交通有限公司，共同打造集公共信息、城市服务、百姓生活资讯等内容为一体的轨道交通视讯平台，为媒体跨界经营开创了一条新路。

（五）网络经营：利用媒体网络资源，壮大媒体经济实力

“台网分离”后，东莞广播电视台成为网络经营实体——东莞广电网络传媒发展股份公司的主要控股方。公司秉承“以人为本、和谐企业、创造价值、服务社会”的管理理念，整转速度和数量在全国地级市中位居第一。同时大力开展付费节目、数据专线、宽带业务等增值业务，取得了良好经济效益。

目前东莞网络公司拥有数字电视用户160多万户，经营效益和盈利水平名列全省第一。

六、海纳百川：构建有人才厚度的媒体

遵循人才是媒体竞争核心要素的理念，以拓宽各种用人渠道为依托，实现媒体人才在竞争中不断脱颖而出。

人才是现代媒体发展的关键要素和核心动力，媒体之间的竞争终归是人才的竞争。经营媒体终归要发挥人对媒体生产力的促进作用。“善言治者，必以成就人才为急。”一个成功的企业，无不把礼贤纳士作为可持续发展的重要策略。

（一）搭建“舞台”

以优厚条件招纳人才。东莞广电以解决入户入编、提供高薪等优厚条件在全国招纳宣传、经营、技术和管理各方面人才；举办全国主持人选拔大赛，吸引了来自全国各省市近千名富有实践经验的主持人和高校毕业生参与，前三名获奖选手如愿加盟东莞广电。

以灵活措施培养人才。定期输送业务骨干到中央台、省台跟班学习，同时选拔优秀干部到国外培训，在更高平台上吸收知识和积累经验；以提供在职教育补贴和提供带薪假期等方式鼓励员工参加学历进修和业务培训；定期举办“媒体论坛”和其他业务讲座，邀请业界和学界专家学者前来授课。东莞广电采取各种有效措施，扶助各个岗位优秀人才成长。

以科学机制激励人才。设立“台长嘉奖令”，奖励在各个领域有突出贡献的优秀员工；设置3万元的最高奖项，鼓励员工参与精品创作；每年举行“我喜爱的广播电视主持人”和一线岗位“首席”称号评选活动，激励员工创优争先、建功立业。

（二）充当“后台”

鼓励“创新”，强调不要沿用老套路，要敢于更新观念，挑战陈规旧矩，开拓工作新局面。鼓励“犯错”，允许员工在创新中“犯错”，但强调不要犯重复错误和低级错误。鼓励“冒富”，尊重员工的知识价值和劳动价值，用一流业绩换取一流报酬。

东莞广电树立“人才强台”理念，积极为员工搭建“舞台”，充当“后台”，为人才成长提供了适宜的气候和土壤。东莞广电一批领导和业务骨干分别荣获“全国广播影视系统法制宣传教育先进个人”、“全国‘十佳百优’广播电视理论人才”、“广东省优秀新闻工作者”、“广东新闻金梭奖”、“广东新闻金枪奖”、南方广电传媒集团“十大金牌”主持人、广东省“百佳”主持人、广东“十佳明星”主持人等一系列荣誉和称号。

第七篇

析势而谋

肯取势者，可为人先；能谋势者，必有所成；会用势者，可得天下。

——孟子

第十章　华山论势：传媒势象的瞻前与顾后

得势则随意经营，一隅皆是；失势则尽心收拾，满幅都非。

——笪重光

传媒重“势”，势薄则借，势弱则蓄，势显则乘，势隐则造。传媒有“势”，则游刃自如；传媒无“势”，则通盘落寞。

“春江水暖鸭先知。”当前珠三角和长三角城市广电的“势象”是怎样一番景况？“势”从何来，“势”往哪去？对以上问题，作为传媒圈风云变幻的亲历者、见证者和设计者，来自珠三角和长三角传媒业界和学界的人士最有话语权。

第一节　城市广电“三个运营商”定位
——无锡广播电视集团总裁严克勤访谈

嘉宾介绍：严克勤，经济学硕士，高级记者、国画家、文化学者。现任无锡广播电视集团党委书记、总裁，无锡广播电视台台长。享受国务院政府特殊津贴专家、全国宣传文化系统“四个一批”人才、全国广电系统“中国广电领军人物”、全国“德艺双馨”电视艺术工作者。先后出版《城市广电传媒的经营管理与创新》《解析城市广电》《仙骨佛心——家具紫砂与明清文人》《游艺琐谈》《中国当代名家画集·严克勤》《严克勤水墨画选》等著作。

一、关于城市广电传媒的战略新定位

笔者：严总裁，您好。感谢您接受专访。

美国著名投资家巴菲特有一句名言：“生活的关键在于要给自己准确定位。”对一名大漠孤客来说，最重要的是不要迷失方位，这样才有可能穿越荒漠，走向绿洲。当前传统媒体有如浩瀚大海上风浪兼程的航船，明确坐标、分清航向是最重要的，这样才有可能劈风斩浪，安抵港湾。

确定媒体战略定位建立在对媒体内势和外势的准确研判之上。作为全国首家城市广电集团，特别是 2003 年以来，无锡广电集团深化改革，持续创新，促进广电事业产业协调快速发展，在“坚守宣传舆论主阵地”“争当文化产业主力军”“构建信息传播主平台”上交出了一份满意答卷。请问 10 多年

来，无锡广电集团在传媒复杂的势态演变中是如何厘清方向、明确定位、审势而动的？

严克勤：我觉得，城市广电传媒只有在明确了自身的战略定位之后，才能够有效地配置各项资源，从而集中优势资源实现良性、协调、快速发展。

随着全球一体化向城市的传导，城市广电传媒的市场身份和文化身份已经发生了变化，对城市广电传媒的战略定位必须有新的认识，并在多重的职能体系中对其进行进一步优化。我认为，城市广电传媒要把握好三个维度的战略新定位：

首先，现代型城市发展中的新定位：文化的主导力量。随着全球化和知识经济时代的到来，广电传媒的文化属性正愈加鲜明地在城市软实力建构中呈现出不可替代的作用。广电拥有传媒资源、原创能力、数字技术、资本吸附等一系列优势，在城市发展转型中理应成为文化的主导力量。

其次，科技与文化融合大势中的新定位：实现边际拓展。传媒是科技与文化结合最自觉、最紧密的领域，同时在新技术革命中，城市广电传媒与其他层级媒体事实上处在同一起跑线上。在文化产业成为支柱型产业的要求下，城市广电媒体更应坚定以科技为推动文化产业发展核心动力的理念，实现自身传播和业务边际的拓展。

最后，新的媒体竞争格局中的新定位：开放的博弈。新媒体的迅速扩张使原来层级清晰、边界明显的媒体生态发生了变化，媒体竞争正呈现出多层次、全方位的开放格局。媒体空间多元化带来的市场范围扩张，使“零和博弈”效应在城市这一限定区域的出现大大推迟。而城市台可借助三网融合，突破传统的行政边界，整合更大范围的传媒和文化资源，进入更为广阔的市场空间。

笔者：您到无锡广电传媒集团上任伊始，就针对城市广电传媒的战略定位，在业界提出了著名的“三个运营商”理论。请问您是怎样理解“三个运营商”的深刻内涵的？

严克勤：城市广电传媒，要走市场化、产业化的路子，要在新的发展环境中立于不败之地，就要做强媒体运营商，做优内容运营商，做好资本运营商。

所谓“做强媒体运营商”，就是把广电的基本媒体资源——广播、电视、报纸和网络进行合理有效的资源整合，既保持各自的特色，又打破媒体介质的壁垒，实现新老媒体一体化融合发展，这是广电的主业和根本。

所谓“做优内容运营商”，就是要依托广电的优势，充分开掘内容资源，大力发展内容产业，同时拓展信息传播新渠道和新形态，构建区域性信息传播主平台。

所谓“做好资本运营商”，就是要用媒体资源撬动、联合社会资源，用媒体资本引导，以资本的运作实现媒体跨越式、裂变式扩张与发展。媒体、内容和资本运营商“三位一体”的联动模式，对无锡广电发展路径的创新和发展空间的拓展起到了导向和引领的作用。

无论如何，在市场环境中顽强生存和发展起来的城市广电，必须从战略的高度重新认识自身的价值和定位，并在突破的方向和发展路径上进行优化设计，从而更好地承担起文化建设发展的历史使命，成为城市当之无愧的宣传舆论主阵地、文化产业主力军、信息传播主平台。

二、关于资源整合和媒体融合

笔者：我知道您主政无锡广电后，说得最多的两个词是“资源”和“整合”。在市场竞争中，最重要的不是你拥有多少资源，而是你整合了多少资源。现在学界提出了“TV +”的概念，就是强调传统媒体既要积极吸纳外部力量，又要整合重塑内部资源。请问您是怎样从市场的维度去理解和实施“资源整合”的？

严克勤：长期以来，城市广电传媒在计划体制下的资源是行政性分配，追求“小而全”，重复、浪费严重，资源效益低下。为此需要以现代理念重新对资源进行配置，摸清自身资源状况，并使资源在统一规划的平台下实施整合，进行集约运营。

就城市广电传媒的实际来看，在宣传与经营两分离、事业性宣传业务与产业性经营业务分开运作的前提下，实现内容、渠道、平台、经营、人才及管理等方面的融合，以及传统媒体和新媒体等资源的统筹运作，获得资源的集约效应。

在“集团化”的改革指向下，城市广电传媒开始将“集中统一”作为改革的目标，以近于行政的方式对资源及与之对应的机构进行“物理捏合”。从无锡广电的实践看，“统起来”只是改革的第一步，更多的精力要放在内在机理的调整和打通上，即通过体制机制的不断改革完善，来实现真正的“化学反应”。

比如我们充分整合无锡本土的新闻和文化资源，调整集团内部频道和人才资源配置，在原有的新闻综合频道之外，推出第二新闻主频道——都市资讯频道，与原有的新闻综合频道形成两大主频道双峰并峙、良性竞争的格局。

再比如我们实施新闻中心的实体化运营，把广播新闻频率和电视新闻综合频道，以及报纸、网络、新媒体的时政新闻资源统筹运作、集成发布，新闻生产形成全媒体整体运行新格局，在一定程度上激活释放了媒体生产力，也拓展了信息传播的新途径和新渠道，目前，形成贯通早间、午间、晚间全天，覆盖广播、电视、公交及地铁移动电视、平面、网络、客户端、微博、微信全媒体的完整“新闻流”。

又比如我们推动频道（频率）整体制播分离改革，集团下属产业公司通过竞标获得电视专业频道运作权，广播相关专业频率模拟公司化运行，全面实行按相应指标向专业平台购买的市场化机制，探索和推行本土原创广电节目的研发和制作机制，形成了《悦谈》《发现》《扯扯老空》《大话阿福》

《无锡好声音》等原创节目群。

笔者：统与分是一对矛盾。“小而全”“疏而散”难以形成合力，但高度集中统一又难以激发活力。请问无锡广电是怎样处理和把握统与分的矛盾关系，从而实现宏观战略与微观战术相兼顾、整体布局与专业分工相勾连、资源集聚与操作高效相统一的?

严克勤：“统分结合、协调发展”可以说是无锡广电在长期的媒体实践中总结出来的重要经验之一。一方面，我们进一步加强管理的结构性调整和资源的“化学反应式”整合，把该统的坚决统起来，对重大决策、重大资源、重大管理强化集中调控，确保集团在宣传事业与经营产业上的主体地位，形成资源共享、统分结合、统分适度、集约经营的格局，实现“统而不死、放而不乱”的管理目标。另一方面，我们把该放的、适宜放的坚决放下去，责权利一体，划小核算单位，增强基层单位的自主权、积极性和灵活性。加大专业性分工力度，实施对频道（频率）等基层单位的“分责、分权、分利”。为此，我们实行了节目生产负责制、经营管理负责制和用人分配负责制，把责权利一体化，频道有权有利也有责，有动力有活力也有压力。

值得一提的是，我们顺应媒体运作的市场规律，较早建立了现代传媒企业化管理机制，2003 年即推行企业会计制度，实行企业化全成本核算。在收入分配和激励约束机制上，强化目标管理，实施绩效挂钩。实行岗位薪酬制，打破级别制、身份制、终身制，以岗定薪，按绩付酬，绩效挂钩，拉开差距。在选人用人上，全面推行专业人才竞聘上岗、职工双选聘用，实现内部人才充分流动。

笔者：当前传统媒体遭遇的问题不是结构性的，而是系统性的。而这系统性问题的出现是媒介生态变化所引致的。因此，传媒改革要从单点突破变为整体转型，从战略高度进行顶层设计，对媒体内容运营、产业经营和体制机制实行全局性、生态式改革。

全媒体平台是深化传媒生态式改革、推进媒体融合发展所努力实现的理想模式和终极目标。请问无锡广电在打造全媒体平台上进行了哪些探索？是怎样构建组织结构复合化、内容生产多媒介化和传播效果叠加化的传媒新生态圈的?

严克勤：推进媒体融合发展，要解决的最大弊端是各自为政、资源分散，形不成合力的问题。必须打破部门界限、管理壁垒，以“化学反应”为目标，进行统筹整合、科学配置、集约运行。

为了打造全媒体平台，我们整合了广播新闻频率、电视新闻综合频道、平面媒介《无锡新周刊》与“太湖明珠网”的新闻资源和人力资源，并纳入微博、微信等社交新媒体，全力打造广播、电视、平面、网站、微博、手机“六位一体”的多媒体新闻中心。该中心人员集中、资源集约、管理统一、指挥一体，实行扁平化管理，组建大采访部、大编辑部和统一的播出管理平台，以多元化的传播渠道和终端交叉运行，从而让资源更集中、品牌更鲜明、传播更权威。

推进媒体融合发展，要化解的最大矛盾是管理与运作的割裂、各媒体平台内部循环的小生产状态与全媒体传播要求的背离，必须从制度创新着手，建立科学合理的运行机制，确保策划指挥、编播制作、人才培养等相关要素的融合统一。

无锡广电以传统媒体与新兴媒体融合为导向，确立了“前端采集一体化、终端发布多样化”的新型新闻生产运行流程。原来只为单一媒体采制新闻的现象已不复存在，变成一组全媒体记者综合完成广播、电视及网络、微博、微信等发稿，必要时还要进行广播、电视连线直播或网络直播的局面。

同时，建立以编辑部为核心的全媒体新闻资源集散机制，打破栏目各自为政、内部循环状态，重整前后道资源，推动广播与电视、时政与民生、新媒体与传统媒体融合互动，确保新闻策划指挥、资源配置、采编制播的融媒体化。

笔者：在瞬息万变的信息时代，优势不如趋势，把握趋势比拥有优势更重要。从某种意义上说，互联网肢解了社会结构形态和人类生活形态。在碎片化、移动化和快餐化阅读已成为人们主要的信息消费方式的大背景下，无锡广电是如何准确把握信息传播新趋势，在城市广电中率先研发推出自我品牌的移动客户端“智慧无锡”的？

严克勤：推进媒体融合发展，要突破的最大难点是物理捏合、此消彼长、优势无法互补。必须以新技术为载体，深化媒体与科技的有机融合，实现传统媒体内容优势与新兴媒体传播优势的有机互补，有效占领宣传阵地，巩固主流媒体地位。

2012 年底，无锡广电投资 2 000 多万元自主开发了“智慧无锡”移动客户端，依托无锡广播电视“新闻”“专题”节目内容以及“直播”“点播”等功能模块，将传统媒体的政务信息、节目内容以及用户等资源与新型移动互联平台有机嫁接，与电信运营商战略合作，在较短时间内建成了“智慧媒体、覆盖城乡、信息共享、集成资源、沟通政民”的主流信息资讯服务平台。

无锡市委、市政府明确民生服务云平台为无锡“智慧城市”建设战略三大平台之一，专门发文推广使用。以此为依托，无锡广电充分整合全市各行业相关政务、服务、资讯等资源，构建起政府、行业、市民交互共享资讯的主导平台。

截至 2015 年上半年，“智慧无锡”已建成 28 个功能模块，用户下载量突破 180 万，日活跃用户 50 万人（次）。下一步我们将以“智慧无锡”为基础，积极打造区域大数据挖掘分析主平台。以打造文化创新创意“众创空间”为宗旨的“智慧无锡文化创意产业园”开园在即，将以人才为根本，以技术为支撑，以资本为纽带，建设传媒文化产业孵化、研发的高端基地。

笔者：“虽有智慧，不如乘势。”把“智慧无锡”客户端与无锡“智慧城市”建设实行无缝对接，是无锡广电乘势而为的有效举措。与其他区域城市广电相比，长三角城市广电更有意识地借助和利用政府行政资源，主动把城市广电发展置身于政府巨翼的荫蔽之下，把媒体兴衰与城市荣辱紧密联系在一起。这是长三角城市广电不断做大做强，始终保持良好发展态势的关键因素。

三、关于媒体企业文化

笔者：美国历史学家戴维·兰德斯曾说："如果经济发展给了我们什么启示，那就是文化乃举足轻重的因素。"独特的传媒企业文化既是一流传媒的重要标志，也是传媒凝聚人心、统一意志的强大内生力，是引领传媒迈向成功的精神核心和价值基础。

企业无魂则散，人无魄则惑。媒体蓄势最重要的是蓄文化之势。请问您是如何理解媒体企业文化的深刻内涵的？

严克勤：一个组织的有效整合，当然离不开相关的制度建设。但是，仅有冷冰冰的条例规章是不够的。无数成功的实践表明，企业文化建设是保证企业高效运转的润滑油。走向市场的城市广电传媒需要尽快补上企业文化建设这一课。

城市广电传媒企业文化建设的重要性，可以从其发展态势中看出端倪。纵观我国改革开放以来城市广电传媒发展的历程，在走向市场的过程中，竞争呈现出三个阶段性特点：第一阶段是渠道竞争；第二阶段是服务竞争；第三阶段是文化竞争。

从传统媒体自身建设的角度说，随着市场可替代产品的增多，同质化竞争必然演变为一种惨烈的"价格战"，最终或是你死我活，或是两败俱伤。如果通过传媒内部的文化资源整合，形成品牌效应，最终获得产品成长的根基，那么这样的传媒就有了其他传媒产品所没有的灵魂。从内部说，该传媒具有了凝聚人心的焦点；从外部说，该传媒有了吸附受众的黏合力。

因此，企业文化是传媒竞争的最高阶段，也是传媒提升竞争力的最有效手段。

笔者：中宣部副部长、国家广电总局局长蔡赴朝在视察调研无锡广电时曾说："你们的改革完全符合中央领导的指示要求，完全符合文化体制改革的方向。你们的经验，在成熟的时候要向全国推广。"

无锡广电留给我的印象是：思想敏锐、观念超前、勇于实践、大胆创新。我想，这是无锡广电企业文化的精髓之一。

严克勤：无锡广电提出了"无锡广电，飞跃无限"的文化标志，以进取、创新与超越为文化追求内涵，以朗朗上口的简短语句，提炼出无锡广电的精神文化追求和文化个性。

10 多年来，无锡广电始终持续推进媒体资源的全面整合，构建起宣传、产业、技术等统筹兼顾、布局合理的运作平台，在此基础上，不断调整优化内部运行机制，推动媒体的深度融合，实现资源价值的多重开发，激发创新创造活力和发展的内生动力，努力突破自我，超越自我，正如我们无锡广电企业文化精神所倡导的，“无锡广电，飞跃无限”。

笔者：我理解无锡广电企业文化的表述语“无锡广电，飞跃无限”，内容侧重于传媒美好愿景的追求和传媒外部形象的塑造，而无锡广电企业文化的另一表述语“和谐奋进，风清气正”，内容侧重于传媒人的思想境界追求和传媒内部的良好氛围营造。请问传媒人的“人”在您心目中有何深刻含义？

严克勤：在无锡广电工作 10 多年来，我最看重的生产要素就是“人”。“人的发展”始终是无锡广电企业文化的出发点和落脚点。我经常与员工谈起三句话：第一句话是“己所不欲，勿施于人”，即要有换位思维，多作心灵沟通；第二句话是“海纳百川，有容乃大”，即要学人之长，容人之短；第三句话是“君子和而不同，小人同而不和”，即要以公心求同异，在讨论、争论中出真知、求统一。

衡量一个领导干部的施政成功与否，不仅在于他创造了多少突出的业绩，更在于他是否带出了一支能打硬仗的团队。另外，看一个人要看主流、看长处，我们用人、用干部也是看他们的主流，用他们的长处。不拘一格、不求全责备，才能把积极的因素挖掘出来，才能形成人才辈出的局面，支撑起事业和产业发展的大厦。

人生活在具体的企业环境中，良好的企业氛围锻造对人的成长很重要。因此，我们除了建立和谐机制外，还致力于建设清廉文化，营造向上氛围。

“和谐奋进，风清气正”不仅是无锡广电发展的文化氛围，同时也是每一位无锡广电人自觉的精神追求，企业文化建设为无锡广电的改革和发展营造了良好的环境。

笔者：您既是传媒人，又是国画家、文化学者、文化官员，集领导人、经理人、文化人等多重身份于一身，这与南方电视台台长蔡照波相类似。

您的传媒专著《城市广电传媒的经营管理与创新》《解析城市广电》令不少同行茅塞顿开、受益匪浅。您的画作朴质清雅、温润酣畅、性灵飘逸、大气淋漓，先后在中国美术馆、法国卢浮宫展出。著名评论家、中国人民大学教授陈传席曾说：“克勤除在书画道上天赋异人，其才思学养也非常人所及，更在许多名家之上。”

人不能左右生命的长度，但可以决定生命的宽度。人的才思学养来源于对知识的敬畏和对治学的坚守。请问您为何要在无锡广电倡导打造学习型媒体？

严克勤：我们经营的是一个传媒企业，也是一个文化企业，我们的终极目的是传播文化，创造文化。文化文化，以文化之，就是通过文化创造和传播的过程，来实现人在根本意义上的提升，达到一种精神上和思想上的自由境界。既然传媒是一个文化企业，那么传媒人就必须是一个文化人。

人是要有一点精神的，也是要有一点境界的。中国传统儒家文化认为必先正心、修身，然后才能齐家、治国、平天下。广电行业的职能多重性决定了其从业人员的学识修养必须是全方位的。

我觉得，读书绘画是紧张工作的“减压剂”。“仙骨佛心”表面上是讲明式家具和紫砂壶，其实我是想借这两个“道具”讲几层意思，其中是展示明清知识分子的闲适生活。现代人在紧张的工作生活中应该学习一下明清文人的“放下”，在“放下”当中让人生拥有简约、朴素、达观之美，这是另一个意义上的“美的历程”。

笔者：榜样的力量是无穷的。我看了一篇关于您的传记文章，有一段话我很认同：“文化企业的领头人，其文化理念和价值追求，必然深刻地影响着整个团队的精神气质，乃至物化为这个集体的前进动力——凝聚力、协同力和创造力。”

严克勤：这是我的工作本分。现在学习的平台更广了，机会更多了，但要求也更高了。路曼曼其修远兮，面对城市广电传媒新一轮的挑战和竞争，我们只有通过不断解析、不断探索、不断总结和提高，才能走得更稳健、更久远！

笔者：长三角城市广电集团化改革少不了弄潮踏浪、运筹帷幄的将帅。他们高瞻远瞩，洞察媒体竞争风云变幻；他们机敏果敢，掌握瞬间即逝的变革机遇。不少学者充分肯定传媒领袖的作用：“一位出色的领军人物对广电传媒机构的成功有全局性的影响，理念、机制、决策、目标等无不依赖焉。苏南广电是幸运的，它们的一把手都身兼企业家和机关领导的长处，敢于创新、富于冒险精神，指引苏南广电劈风斩浪。”①

感谢严总裁接受专访！

第二节　城市广电深耕本土与主业为本
——中山广播电视台台长陈锦霞访谈

嘉宾介绍：陈锦霞，现任中山广播电视台台长、高级编辑。长期积极推动电视新闻和电视节目改革，荣获“广东省首届广播影视名家”称号。主创的作品曾获中国电视金鹰奖、广东省“五个一工程”奖、广东省新闻奖、广东省广播电视节目奖等省级以上政府类奖项30多个。其中，纪录片《海外中山人》荣获国家广电总局颁发的“广播影视走出去工程优秀项目”奖，成为全国唯一获此殊荣的地市广播电视台。

一、关于长三角地市广电发展的启示

笔者：陈台长，您好。近几年来，随着长三角经济社会的发展，长三角城市广电发展呈现蓬勃生机，成为全国地市广电的标杆和旗帜。“江南好，风

① 韦聚彬．苏南广电系统生态的探寻与反思．南方电视学刊，2013（5）．

景旧曾谙。日出江花红胜火，春来江水绿如蓝。能不忆江南？”用白居易名作《忆江南》来描绘今天长三角城市广电春意盎然景象最恰当不过。

您一直关注长三角城市广电发展动态，多次实地参观和考察。请问长三角城市广电给您留下什么印象？

陈锦霞：长三角特别是苏南地区的广电发展水平可以用“令人震撼”去形容。2013 年我跟随《南方电视学刊》“学术行”来到长三角，再次感受了苏南地区广电发展的视野、气魄和水平。大家都有一个同感，就是“江南好”！

苏南地区已经成为国内城市广电转型发展的示范区。就拿 2012 年的数据来说，苏州广电总资产 70 亿元，总收入超过 17 亿元，利润超过 10 亿元。无锡广电总资产超过 40 亿元，总收入超过 10 亿元。常州广电总收入也超过 5 亿元。苏州广电和无锡广电的综合实力已超过国内中西部一些省级广电媒体。

笔者：您觉得苏南城市广电是沿着怎样的轨迹发展起来的？

陈锦霞：我觉得苏南城市广电在过去的 10 年间，都惊人相似地抓住了三次发展机遇，经历了三个发展阶段：

第一阶段（2002—2008 年）：抓住城市台民生新闻大发展的契机，做大做强以民生新闻为主打的本土新闻和本土服务类节目，确立了在本土电视市场的收视龙头地位，广告收益飙升，营业收入翻倍甚至翻几倍。

第二阶段（2008—2011 年）：在国家 4 万亿元经济刺激政策的大背景下，及时推动媒体产业化，以项目建设为龙头，一批起点高、业态新、影响大的文化产业项目带动了广电产业转型升级、多元经营和规模发展，成功衍生出多元业态，经营体量再次做大，而且产业结构得到优化。

第三阶段（2011 年至今）：在新媒体语境下，一方面深化媒体产业的升级再造，即往资产化的方向发展；另一方面主动对接新媒体，布局移动互联网，全力成为当地新媒体建设领跑者，抢占新媒体产业领域制高点。

以上三个发展阶段层层递进，环环相扣，互为基础。

笔者：珠三角改革开放早于长三角，经济发展水平、产业结构和人口规模等与长三角类似。但除深圳广电外，珠三角城市广电年总收入都在 5 亿元以下，与长三角特别是苏南地区的城市广电比较，相去甚远，当年的标兵已被追兵抛离身后。您认为原因何在？

陈锦霞：苏南城市广电具有强烈的文化自觉和创新意识，善于抓住机遇，顺势而为，借势发展。反观珠三角地市广电，21 世纪前几年与苏南地市广电基本处于同一个发展水平线上，但 2006 年后我们就逐渐落伍了，之后更被全面抛离。拿我们中山广电来说，目前还在人家七八年前的发展阶段苦苦挣扎。究其原因，有外部条件制约，比如当地广电政策的束缚。一直到 2011 年底，中山广电还是财政收支两条线，当年资金零结余。在计划经济的管理模式下，广电扩大再生产缺乏原生动力和源泉。

内部因素则是珠三角地市广电人自身意识和观念的滞后。广东人小富即安的文化对广电发展影响颇深，插播香港电视轻易获取广告收入，让珠三角地市广电人安享了很多时间的舒服日子，温水煮青蛙。总之，我们珠三角城市广电大多没能很好地抓住新世纪头10年广电发展的有利时机，顺势而上，导致一步落后，步步落后。

笔者：苏南城市广电节目质量有口皆碑。10年来，苏州电视台晚间黄金时段市场份额一直保持在55%以上；无锡电视台晚间黄金时段市场份额也一直保持在40%以上。难怪我们参观苏州台和无锡台的时候，他们的中高层干部对我们说：江苏卫视和南京地面频道对我们影响不大。您觉得苏南城市广电的底气和豪气源自哪里？

陈锦霞：在“台台平等”的电视遥控器前，苏州台、无锡台为什么能够保持收视的神话呢？他们的制胜法则就是“新闻立台，深耕本土”：贴着地皮，深耕细作，将本土内容资源挖至极致，将本土电视的独特魅力发挥到极致，打造央视、省级卫视难以复制的核心竞争力。

苏南城市广电领导反复强调要坚持不懈地集中力量“做优做强广电主业”，因为这是广电“生存发展的基础”。苏南城市广电的发展经验再次告诉我们：无论媒体形态如何变革，内容始终是广播电视的核心竞争力。产业发展得再大，都不可以动摇传媒主业的地位，本行都没做好，怎么去做跨界呢？而对于钱少、资源缺、覆盖窄的城市广电来说，做精做透本地内容，心无旁骛地服务本土受众就是生存的根本。特别是在全媒体的洪流中，城市广电在传统电视频道的运作上更要“贴着地皮”。

笔者：确实是这样，本土化发展战略是中山、东莞、佛山等珠三角城市广电打破香港电视20多年收视垄断地位，突破央视和各省卫视重重包围的成功经验。“内容为王”“主业为本”始终是城市广电的生存基石。

苏南城市广电发展是全方位的，不仅节目质量上乘，而且产业经营实现新突破。尤其是他们争当“城市文化产业主力军”的媒体定位明确了方向，找准了坐标，取得了超卓不凡的成果。

陈锦霞：在新媒体冲击和省级卫视的挤压下，城市广电媒体的发展空间在哪里呢？苏南城市广电的经验告诉我们：城市广电完全可以而且必须充分利用贴近市场终端的优势，整合手中掌握的媒介资源，打造立足本土的主流综合服务平台。

苏州广电全国首创的“TV团购”，线上吆喝，线下营销，发挥主流媒体的影响力。同样的，利用当地强势媒体的公信力、传播力和策划能力，苏州广电办车展、房展、庙会、旅游节，“会展经济”为苏州广电赢得口碑，也赢来广告之外的丰润收益。

在新媒体领域，苏南城市广电同样凭借“立足本土，服务本土”和自身丰富的媒介资源优势“占地为王”。苏州广电的“名城苏州网”、无锡广电的“太湖明珠网”、常州广电的“中吴网”，都是当地访问量第一的门户网站。“无线苏州”“智慧无锡”等移动客户端目前拥有上百万的忠实用户。

引用国内学者的话说，“在城市市场，电视媒介具有很强的资源整合能力，具备很强的跨界营销的拉动作用。因此，产业链开发，是城市电视台下一个需要认真思考的问题”。如果善于利用“贴近终端”和“整合营销”这两张王牌，城市广电还用得着为明天的早餐在哪里而发愁吗？“打造一个立足本土的具有强大产业功能的综合服务平台”，是城市广电在新媒体时代的发展之路。

笔者：当前，传统媒体面临三大困难：受众在流失、广告被瓜分、主流媒体地位被弱化。市场和影响力的双重滑坡首次严峻地横亘在传统媒体人面前。面对逆境，传统媒体人要有壮士断臂、刮骨疗伤、逆势而上的气概。坚守主阵地，贴近本区域，融合新媒体，延伸产业链。

对传统媒体来说，当前既是挑战，也是机遇。借用英国作家狄更斯在名著《双城记》的开篇语：“这是最好的时代，这是最坏的时代！”

二、关于城市广电品牌和节目生产模式的探讨

笔者：品牌是媒体的品质符号、形象标签和文化象征，是媒体的生命线和核心竞争力。对于身处“三明治”夹层艰难生存的城市广电来说，节目品牌显得尤为重要。

珠三角城市广电与长三角城市广电各有各的节目品牌。就拿纪录片和影视剧来说，我认为影视剧是长三角城市广电的招牌，囊括全国“五个一工程”奖、“飞天奖”和“金鹰奖”的《北风那个吹》《向东是大海》《誓言今生》等热播电视剧，都出自长三角城市广电之手。而纪录片则是珠三角城市广电的强项，中山广电和佛山广电都是“南派纪录片”的重要生产基地。特别是中山广电，无论是纪录片创作时间的跨度、选题立意的深度、制作播出的密度、财政投入的额度、播出平台的宽度和社会评价的高度等，都是首屈一指的。

您作为一名管理者，亲历和见证了中山广电纪录片创作的全过程。请问中山广电是基于什么考虑把纪录片作为媒体主要品牌来全力打造的？

陈锦霞：我认为，城市广电作为一座城市文化传播的重要渠道和载体，真实地纪录了这座城市特有的自然和人文历史风貌，用影像为这座城市留住历史、留存记忆、留下思索，是它理应承担的社会责任。作为文化含量最高的电视艺术形态，纪录片无疑是城市广电践行这一责任的最佳形式。

城市广电的纪录片，往往是一个地方风土人情的真实记录；城市台的纪录片选题，往往立足当地，挖掘当地人文历史资源；立足当下，纪录当地过往的历史变迁或现正发生的现实图景。这样的题材，对于当地的受众一定是不乏吸引力的。城市广电的纪录片也不乏具有珍贵历史价值的、同样能吸引其他地域受众眼球的题材。

正因为纪录片具有质朴的原生态性和浓厚的文化韵味，最能展现“伟人故里，文化中山”的城市品位，所以我们选取纪录片作为中山广电的节目品

牌，倾注浓情，持之以恒，全力打造。

笔者：中山广电的纪录片佳作如《海外中山人》《中山影杰》《香山商帮》《华侨与辛亥革命》《味道中山》等好评如潮、屡获大奖。《海外中山人》被誉为“是一部海外华人移民史的影像志，是一条色彩绚丽而丰富多彩的海外华人的人物画廊”；《中山影杰》以史料权威、影像珍贵而被中国电影资料馆收藏。通过这些纪录片，人们认识了从时光隧道大步走来的人文中山，感知了一个在践行媒体责任和追求艺术品位道路上坚韧跋涉的中山广电。

行内人都知道，纪录片创作周期长、制作要求高、资金投入大。中山广电纪录片创作长达10多年，内容涉及政治、经济、文化等各个领域，拥有近300集的创作量，这在城市广电中是不多见的。值得称道的是，中山广电不仅奉献了近300集的纪录片精品，而且摸索出可资同行借鉴推广的纪录片创作的成熟运作模式和机制。请问这个模式和机制的核心是什么？

陈锦霞：10多年来，中山广电纪录片创作走的是一条“合纵”之路。合纵，是指城市广电围绕某一纪录片题材或项目，从人才、设备、资金、播出平台等方面寻求省级乃至国家级电视台的支持与合作的纪录片制播模式。合纵的意义在于借助省级、国家级电视台的实力、制作水平、影响力以及资源占有等方面的优势，让城市广电的纪录片创作水平得到提升，获得更大的播出平台，从而扩大社会影响力。

纪录片制作难度大，投入也较多，城市广电要延续纪录片创作面临资金、人才、技术、平台的多重尴尬。因此，走“合纵”之路，向省级和国家级媒体借力借势，是城市广电的现实选择。这些年来，除《海外中山人》《中山影杰》等作品是我们独家制作外，其他纪录片如《四大百货传奇》《买办与商战》《华侨与辛亥革命》《中山人在京津唐》等是我们与中央电视台、上海电视台和北京电视台联合拍摄的。

中山广电纪录片创作的“合纵”模式和机制，得到了专家的一致认可。上海纪实频道总监应启明在中国（广州）国际纪录片大会国际论坛上说：“我们不能光凭一个机构，一个台搞小而全，或者所谓的大而全都不行，资源一定会浪费。每个地方的资源得到最大利用就是最好。往这个方向走，中国纪录片才会走出一个比较理想的模式。”

笔者：除了“合纵”之外，您认为城市广电纪录片创作还有没有其他切实可行的模式和机制？

陈锦霞：我认为，“连横”是城市广电纪录片创作的另一条路子。连横，是指城市广电之间围绕某一纪录片题材或项目，共同投入一定的财力、人力和物力参与纪录片制作，节目产品供参与台共同享用播出。这种纪录片联制联播的模式和机制对城市广电的纪录片栏目和系列纪录片的制播来说尤为合适。

纪录片生产周期长、投入大，城市广电如果纯粹靠自制的话往往只能周播，但周播栏目由于难以形成规模收视群体和品牌效应，其广告收益和投入往往不成正比，难以实现良性发展。而要实现日播的话，单靠城市广电一己之力显然是不切实际的。如果依靠外购来实现日播的话，外购纪录片不接地气，同样不利于品牌打造和广告吸纳。如何走出这一两难困局？我认为，地缘文化相近的城市台联制联播纪录片栏目是降低纪录片栏目制作成本、分担经营风险、共同打造纪录片品牌、互利共赢的好办法。

珠三角九市地理相连，语言相通，经济实力相当，风俗习惯相同。九市的市民往来十分频密，跨城际工作生活的人比比皆是，一体化特征明显。如果珠三角城市广电建立片源合作交流机制，共同打造一档日播的纪录片栏目《珠三角故事》，那必将有利于满足珠三角地区人民的求知需求，有利于扩大珠三角城市广电纪录片创作的影响力，有利于各台以规模效应获得广告投入，也有利于各台之间在纪录片创作上的相互学习和比拼。这无疑是一个以最小投入获得最大效益的多赢局面。

笔者：相对而言，城市广电势单力薄。借势发展是城市广电基于现实的重要战略。合纵连横的要义就是借势发展、联合发展。在当今政治、经济、文化、军事各领域密切勾连、互为因果、相依共存的现实背景下，借势发展、联合发展已成为人们的共识和社会前进的动力，同时也是珠三角和长三角城市广电延续良好竞争态势的重要经验之一。

陈锦霞：城市广电纪录片创作不管是“合纵”还是“连横”，其最终目标都在于将局限于一座城市的劣势拓展成为城市之间乃至全省、全国广电媒体共同参与、共同获益的优势，从而实现节目播出效应的最大化，这是城市广电纪录片创作可持续发展的无可拒绝的选择。

笔者：感谢陈台长接受专访。

第三节　传媒新常态下城市广电的为与不为
——广州大学新闻与传播学院原院长王首程访谈

嘉宾介绍：王首程，广州大学新闻与传播学院第一任、第二任院长，现任广州大学新闻与传播学院教授、硕士研究生导师，新闻与传播一级学科硕士点负责人，教育部“新闻人才培养模式创新实验区”主持人，联合国教科文组织网络通信委员会中国区委员。广东省广播电视协会常务理事，广东省电视艺术家协会副主席，广东省文化传媒发展研究会副会长。先后出版《报刊审读》《电视新闻传播》《广东新闻媒体评介》《电视风格》等专著，主持完成“电视频道节目播出风格的形成与培育研究”“党报新闻宣传效果研究”和“广州第16届亚运会舆情分析”等项目。

一、关于国内媒体竞争格局演变

笔者：王教授，您好。感谢您接受专访。

当前，中国内地传媒圈有三大中心，一是以北京为核心的首都传媒中心，二是以广州为核心的华南（珠三角）传媒中心，三是以上海为核心的华东（长三角）传媒中心。三大传媒中心按纬度次递分布，共同构筑起中国内地传媒布局的全景式版图。

传媒竞争态势在不断生成和演变之中。依仗首都特有的政治、经济、文化的强大话语和天然赋权，首都传媒中心地位难以动摇，而华东（长三角）传媒中心也在沪苏浙强大的经济支撑下显示出不凡的组团力量。相比之下，近几年来，以一省之力构筑起来的华南（珠三角）传媒中心在沉寂中出现衰落的迹象。

央视—索福瑞媒介研究（CSM）公布2014年省级卫视全天收视率排名，湖南卫视、江苏卫视和浙江卫视分列前三位，深圳卫视仅以微弱优势排名第十，而“老大哥”广东卫视则被抛离至第二十名。2014年省级卫视全天收视率排名与2013年排名相比，几乎没任何变化。广东纸媒发行和经营现状也不可同日而语，当年的国内报界旗帜《南方日报》和《羊城晚报》因广告创收连年大幅削减而不得不向政府申请数千万元的扶持资金以维持运作。

在这个背景下，一篇题为“华南媒体：急速边缘化的危险”的文章引发业界和学界热议。对这个议题，您是怎样看的?

王首程：我也留意到《华南媒体：急速边缘化的危险》这篇文章。目前社会舆论有两大类，一类是为华南传媒着急，另一类是为华南传媒辩解，总体上后者的声音更强烈一点。虽然上海报业集团于2014年7月推出的《澎湃》被称为“新型主流媒体”，但有学者力证《澎湃》在仿效南方报业集团的《南方周末》的风格，至今《澎湃》依然难以超越《南方周末》。

不可忽视的是，国内第一家报业集团（广州日报报业集团）出现在广州，广东电视媒体经营额超过百亿并领先全国各省。实际上无论是市场总量还是单项指标，无论是影响力还是美誉度，无论是纸媒体还是广播电视媒体，广东迄今保持着多项领先全国的纪录。这不是自负，而是事实。

笔者：值得注意的是，当前外界对广东报业和广东电视的评价取向截然相反，说“广东报业的发展自改革开放30多年来始终走在全国报业的前面，但广东电视却比较弱”，“在外省，电视的广告收入一般都高过报纸，唯独广东电视的广告收入比报纸低”。请问您怎样评价上述观点?

王首程：显然，上述看法有误会。相反，我认为改革开放以来广东电视传媒的强势发展被忽视了，广东电视传媒对中国电视的历史贡献被低估了。

首先，以空间换空间，广东电视为发出中国的声音做出了贡献。国家允许香港无线电视、凤凰等9个境外电视频道在广东合法落地的同时，也为我国电视节目信号在国外和境外落地换取了现实的和潜在的空间。以局部的空间换取中国的声音在世界范围内传播，用局部的牺牲谋取全局的主动，这是广东电视传媒对中国当代电视传媒的重大贡献。可贵的是，广东电视传媒既不居功自傲，也不被动地祈求理解，而是选择了逆势而上，顶住压力谋发展。

经过努力，广东电视彻底扭转了与境外电视的竞争格局。

其次，广东电视在竞争与合作中壮大了自己。广东全省电视媒体的营销额在全国最先跨过100亿元大关。2010年广东电视珠江频道以单频道4.3亿元的业绩，位居全国最具实力的省级地面频道之首。广东电视台的《外来媳妇本地郎》至今连续播出近3 000集，这在全国同类栏目中绝无仅有。广东电视是一个整体，不同的频道有不同的定位和功能。在珠三角，广东电视台和南方电视台才是广东电视媒体的绝对主力。

笔者：本来广东人不缺乏"娱乐细胞"，岭南文化又具有草根性、市井化和大众化的特质。20世纪80年代，广东电视台借鉴香港无线电视《欢乐今宵》模式风格，推出可称为国内电视界综艺节目的"鼻祖"——《万紫千红》。但近些年来，相比湖南卫视的《爸爸去哪儿》、江苏卫视的《非诚勿扰》和浙江卫视的《中国好声音》，广东电视界再也拿不出有全国影响力的电视综艺品牌栏目。从这点看，是否体现广东卫视之弱呢？

王首程：广东卫视之弱，弱在哪里？弱在综艺节目。这也许是基于广东独特的媒介生态而制定的媒体发展战略。众所周知，在全国也只有以广州为中心的珠三角地区的上空聚集着九大境外电视频道，而这九大境外电视频道播出的内容多为不同类型的综艺节目。广东卫视是和进入本土的境外频道正面血拼，还是避其锋芒错位竞争，这关系到频道经营的战略定位。广东卫视是立志在全国市场攻城略地，还是立足广东、服务广东，这不仅涉及战略定位，还取决于对媒介管理的理解。我觉得，有些弱是没想去争强，并非无力去争强。

生于忧患，死于安乐。始终有危机感，始终在回望追兵，这就是华南媒体在改革开放30多年里能够始终勇立潮头的秘诀。因此，关于"急速边缘化"的忧患同样是广东媒体革新图存的动力。

二、关于传媒生态和媒体融合

笔者：海尔集团创建人张瑞敏针对企业转型升级说过一句话："自杀重生，他杀淘汰。"目前无论是传媒还是企业，都面临着系统性和生态性的生存危机。国内著名财经作家吴晓波认为"2015年是大企业危机年"。

我认为，2015年是传统媒体最困难的一年。就电视而言，收视和创收下降幅度都比往年大。这几年，我担任省内某高校硕士论文答辩评委，发现论文整体质量有逐年下降趋势，学生就业表示愿意从事媒体工作的仅占约20%。

当前传媒生态景别有如下特征——特写：传媒学子论文答辩仅作为求学生涯终结的过场仪式；近景：传媒学子求学取向与择业取向严重背离；中景："记者无冕之王"的光环消褪殆尽；全景：自媒体兴盛与官媒体衰落形成强烈反差；远景：传统媒体与新媒体融合任重道远。请问您对当前传媒生态和传播势态是怎样判断的？

王首程：当前，传统媒体地位独尊的状态已成过去式。多符号传播和影像视频冲击，使传统媒体成为引人垂涎的蛋糕而被分享蚕食。在互联网技术主导下，信息生产和传播出现了如下新常态：

一是立体化传播。东莞部分酒店“涉黄”报道就体现了立体化传播模式：“主流媒体—社交媒体—主流媒体—社交媒体”循环互动、逐步升级并最后趋向共识，使传播活动不断延续下去。手机屏、电脑屏和电视屏“三屏”的人气成功实现贯通，新技术设计了传媒格局，使传播活动立体化。

二是社会化生产。从《中国好声音》《爸爸去哪儿》等节目模式看到，主持人在电视节目中的位置、功能、作用以及对收视的影响遭到颠覆。它从一个侧面提醒我们，电视媒体节目内容社会化生产模式正在快速形成，电视是个舞台，观众已不满足于看舞台，而是希望获得登台的机会。

三是关系化定位。传统媒体一直强调内容传播的本土化定位，新媒体却不那么注重本土。新媒体是全天候的、全覆盖的。互联网逻辑也不刻意强调本土，在互联网思维的视野里，关系资源才是最重要的资源，关系化定位才是最有效的定位逻辑。凡是进入广东的境外媒体和各省卫视，都遵循了关系化的定位逻辑。

笔者：2014 年被称为“媒体融合元年”，国内各传统媒体就如何转型发展进行积极的探索。请问在媒体融合的大趋势下，传统媒体如何应对立体化传播、社会化生产和关系化定位的媒体生态新动向？

王首程：传统媒体在忧患中求生图变，需要审时度势，尤其要关注新动态，把握新趋势，力求找准机会，开足马力，实现弯道超车。

首先，在立体化传播新格局中，电视的组织传播设置议程的能力十分强大，电视因此能根据一定的立场价值取向去策划选题。不停地思考和设置议程，是主流电视媒体的生存法则。

其次，由于电视媒体节目内容社会化生产模式出现，电视媒体靠一两个明星支撑门面的时代已经过去，开门让受众参与节目制作，让“精英电视”转向“精英”与“草根”并蓄，电视媒体才有美好未来。

再次，电视要遵循关系化的定位逻辑。关系资源只是媒介资源中的一种，认识关系资源的价值只是实现媒介关系定位的第一步。从长远看，电视要满足受众更多的订制需求，除了依靠关系化定位提供支持，几乎没有别的途径可走。

最后，传统媒体要想跨入新型主流媒体行列，必须拥抱互联网。互联网思维却毫无争议地选择了“用户为王”。尊重受众需求和感受，真诚地与受众进行互动，正是今天传统主流媒体革新图存的必由之路。

笔者：“兵无常势，水无常形”，传媒发展态势总是处于不断的流变当中。广电传媒从 10 多年前的相对强势变为今天的相对弱势，这是传媒竞争格局演变的自然规律。但对于任何事物我们都要辩证地看待，新兴媒体在内容制作和信息传输上有其无可比拟的竞争优势，但传统媒体强大的议程设置能力和权威性、信誉度至今仍然存在。传统媒体应受到社会重视和尊敬，传统媒体人不应过于自我悲观或自我“唱衰”、自我矮化。

王首程：有关数据显示，2015 年上半年中国人每天使用媒介的时间为 6 小时 8 分钟，其中使用网络媒体是 185 分钟，使用电视是 160 分钟，使用广播是 11 分钟。从国人媒介使用时间分配上说，广播电视目前还是比较乐观的。我认为，作为宣传平台，报纸和广播电视是不会消亡的，只要中国国体和政体没有发生重大改变。但作为一个产业化媒体，就必须根据传媒时势变化改变战略思路。

笔者：在传媒发展新时势下，处于四级广电中层间的城市广电如何因势而变、乘势而为呢？

王首程：传媒界有一个学术观点，认为报纸与电视有三年的时间差，城市广电要珍惜这黄金般的三年。当前，面对压力，保持定力显得特别重要。我国经济发展进入新常态，传媒业的格局变化是“新常态”的内容之一，是对以往“非常态”发展模式的修正。认识传媒业发展的新常态、适应新常态、引领新常态。

城市广电要找准定位，明确哪些可为，哪些可不为。所有与新媒体理念背道而驰的，都是一种自杀行为。互联网行业有句话说：“数一数二，不三不四。”城市广电人要有湖南电视人非做第一的狼性。城市广电目标就是做区域的第一，集中精力和财力，打造一个在本区域有绝对影响力的频道和栏目。资讯服务是城市广电的主战场，要把根扎到两个地方，一是社区，二是政府部门。做社区电视，做政务信息的第一发布平台。要强化活动策划，把线上与线下打通，立足本土，多元开发，尽可能把传统广告收入占总收入的比重降至四六比或更低的水平。

总之，城市广电的战略转型要围绕提升质量的宗旨，突出“融合”“上升”和“跨界”几个关键词。要从战略性扩张变为战略性收缩，把外延型扩张转变到精耕内涵的发展模式上来，把过度追求收视率转变到提高媒体综合效率上来，把员工心理压力释放到享受新闻工作幸福感、责任感和艺术创造力上来。

三、关于媒介素养和从业人员素质

笔者：新闻媒体很重要，因为它是反映和制造社会舆论的公器。陈胜、吴广在大泽乡举行起义之前，派人将纸条偷偷藏到鱼肚里，并模仿狐狸叫，利用等同报纸和广播的平台，制造“大楚兴，陈胜王”的舆论氛围。同样，德国发动第二次世界大战，也是采用舆论开路的手段。在闪击波兰前夜，由党卫军士兵伪装“波兰士兵”侵占德国边境电台，用波兰语辱骂德国。顷刻间德国新闻媒介大造世界舆论：“波兰即将侵略德国！”可见，无论是正义战争还是非正义战争，新闻媒体都发挥着舆论引导的不可替代的作用。

王首程：报纸、广播、电视、网络能够通过报道和言论反映社会舆论，引导社会舆论，建构舆论的氛围，甚至有能力来制造、控制某些舆论。马克思说“报纸是作为社会舆论的纸币流通的”，当它“匿名发表文章的时候，它是广泛的无名的社会舆论的机关”。

正因为新闻媒体是反映和制造社会舆论的公器，所以特别强调新闻媒体要有理性。新闻媒体承诺提供真实、客观的媒介信息，就必须在新闻采编和播出环节坚持理性。媒体理性表现为不冲动、不偏激、不虚伪、不媚俗、不盲从，以务实、开放、求证的心态冷静观察社会走势，报道有价值的新闻。

笔者：“媒体理性”与媒体公信力存在紧密的因果关系，失去理性的媒体，必然是一个欠缺公信力的媒体。

王首程：媒体公信力是新闻媒体本身所具有的一种被社会公众信赖的内在力量，它是衡量媒体权威性、信誉度和社会影响力的标尺，也是媒体赢得受众信赖的能力。

公信力是媒体的生命线，没有公信力，媒体就失去生存基础，就终将被受众鄙弃。2008 年 4 月台湾政党轮替后首度举行朝野高峰对话“双英辩论会”，马英九与蔡英文围绕两岸洽签 ECFA 的利弊进行激烈辩论。正当社会舆论普遍认为坚持两岸洽签 ECFA 立场的马英九将胜出的时候，《自由时报》却杜撰“民调中心”调查数据，对外公布蔡英文胜出。《自由时报》丢失诚信，不惜编造虚假信息为政党利益服务。对这样的媒体，受众自然将获得清晰的印象：不可信！

笔者：在坚持媒体客观公正立场上，英国《泰晤士报》值得推崇。这家现今世界最古老的报纸从 1785 年元旦诞生那天起，其创始人约翰·沃尔特就明确了它的定位：“一份新闻纸应该是时代的记录和对各种信息的忠实记录者。”共产主义运动先驱马克思和美国前总统林肯也分别对《泰晤士报》作出高度评价：是“一家极有威望的英国报纸”，是“世界上最强大的力量之一”。

媒体公信力大厦离不开其从业人员的合力构筑和维护，播音员和主持人是广播电视媒体的标志和符号，播音员和主持人公信力与媒体公信力之间也存在内在的因果联系。

王首程：播音员和主持人是社会公众人物。所谓公众人物是生活在公众视线之内的人物，是被公众关注的人物，是有可能在社会公众中形成舆论，并能够对广大社会公众的情绪和生活产生多方面影响的人物。作为社会公众人物，播音员和主持人在享受崇高的社会地位和良好的社会美誉的同时，也须放弃自己的一些习惯和爱好，转而选择按照主流文化和观众设计的方式工作和生活。

笔者：播音员和主持人是媒体形象代言人，一言一行代表着媒体的取向和立场。播音员和主持人公信力缺失，将或多或少地削弱媒体公信力。

BBC 已故著名主持人萨维尔涉嫌性侵 300 多人的丑闻，《新快报》记者陈永洲的诋毁、中伤上市公司中联重科的失实报道，不仅影响个人声誉，而且影响媒体声誉和公信力。

王首程：个人的道德修养是播音员和主持人的安身立命之本。播音员和主持人在演播室面对受众侃侃而谈的时候，就是在说服自己、教育别人，向受众展示真善美、揭露假丑恶的时候，本身必须正直无私、胸襟坦荡、品行端正、友善真诚。

真实是新闻的生命，是媒体存在的前提，同时也是播音员和主持人的立足根本。真实是指宏观真实与微观真实的统一，这要求媒体报道的新闻与客观存在的事实要相一致，同时要求播音员和主持人台前幕后的审美情趣、价值取向要相一致。时刻以真实作为媒体和从业人员的毕身追求，媒体才拥有公信力，播音员和主持人才会获得受众的欢迎和拥戴。

笔者：感谢王教授接受专访。

第四节　城市广电的新标杆与新起点
——华南理工大学新闻与传播学院副院长朱剑飞访谈

嘉宾介绍：朱剑飞，现任华南理工大学新闻与传播学院副院长、教授，全国“百优”广播电视理论工作者，《南方电视学刊》（全国广电传媒期刊四大名刊之一）的创始人，国际华语电视周主要组织工作者，高级编辑。

一、关于广电传媒的“集团化”与“台化”

笔者：朱教授，您好。感谢您接受专访。

最近我认真拜读了您的两本著作《中国传媒改革启示录》和《当代传媒管理研究》，收获良多。我知道您一直关注国内传媒，特别是城市广电的改革动向，您在上述两本专著和系列论文中提出了许多颇有见地的观点，在业界和学界有众多支持者。

我国30多年来的传媒改革，经历了市场化、集团化与资本化三个阶段，在“一元制度，二元运作”的总体框架下渐进式变迁。从“集团化”到“台化”，是广电传媒改革在管理模式上的重要演变，但业界和学界对此看法不一。请问您是怎样评价这两种管理模式演变的?

朱剑飞：中国广电系统是传统计划经济体制遗留下来的最后一块特殊“飞地”。广电传媒的“集团化”，是中国传媒顺应时势、产业发展的必然产物，但以前行业系统对什么是“集团”的不少肤浅的认识和操作上的误区，再加上多年来在旧体制下运行的惯性和利益既得者的阻力，使得这一政府力推的传媒集团化改革可谓一波三折，困境重重，以致到了不再批准成立集团且要求撤并转型的地步，风雨历程中留下的是“问题多于成绩，困惑大于思考”的结局。时至今日，在新一轮“制播分离”改革的要求下，传媒业中的广电集团正面临两大抉择：是开启新一轮产业集团化的“二次革命”，朝着转企改制的道路继续前进，还是退回成立事业属性的广播电视台（“台化”），不免产生“改革退回原点——翻烧饼”的感觉，历史也将因此有了更多让人联想与丰富的空间。

笔者：对传媒集团化产生“二次革命”与“重回老路”这两种性质截然不同的解读，请您详细分析。

朱剑飞：我们知道，从中国首家广电集团——无锡广电集团于 1999 年 6 月 9 日挂牌成立起，标志着中国广电传媒的“集团化”改革拉开了帷幕。

风云际会潮涌起，城头变幻大王旗。国家广电总局明确指出：从 2005 年 1 月起，不再审批省级事业型广电集团。接下来，国家广电总局又要求原先成立的广电集团进行撤并，以两台合一的广播电视“台化”取代。从事业型的广播影视集团到事业型的广播电视台，是换汤不换药。广电传媒改革刚刚看到曙光就被迫回到起点，始终不能突破“事业”的“牢笼”。

直至 2015 年 4 月 16 日，湖南广播电视台完成转企改制后，与芒果传媒资源整合成立全新的湖南广播影视集团，中国传媒所具有的政治属性、社会属性和经济属性相互兼容的特质也逐步得到社会认可，中国传媒作为“一个尊重意识形态的特殊产业”也逐渐与社会、与市场、与资本对接。可以说，传媒产业集团化是适应市场经济要求的一种新型运作模式，也是当今顶层设计传统媒体与新兴媒体实施“媒体融合”的必要前提。可以说，中国传媒改革找出了症结所在，找准了前行的方向。

笔者：您的观点与国内不少学者的看法相同。中国传媒大学传媒经济研究所所长、教授周鸿铎认为，“事业单位企业化管理”的提法是不科学的。中国传媒大学副校长、教授胡正荣也指出，“一元制度，二元运作”模式应作为一种转型期的过渡性制度安排，不应成为长期性运营模式的制度基础。

在这个问题上，涉及两个命题，即“事业办企业”与“集团办事业”。对这两个命题，您是怎样看的？

朱剑飞：实践证明，自始至终坚持传媒实体的事业属性，是困扰中国广电产业发展的最大认识误区和政策执行错位。倡导事业型的广播电视台办集团办企业，实则是鼓励国家一级行政事业机构办翻牌公司。从学理上说，事业与产业有着十分明显的区别，况且事业单位受地域与行政的约束不具备搞活做大做强的本分。

“事业办企业”，是一种被动转型，也是行不通的，甚至是改革的倒退。借用美国作家布朗一句名言：“愚蠢的最佳定义在于期待以按部就班的方式做着与过去相同的事情来得到不同的结果。”

相反，“集团办事业”是一个遵循社会主义市场经济规律的、与时俱进的积极命题。广电传媒“集团化”是传媒产业成长的高级发展阶段，也是社会主义市场经济在传媒发展领域的必经之路。10 年前铺开的广电传媒“集团化”改革，虽有许多不完善的地方，但毕竟符合国际行业发展的大趋势。

“传媒业就是尊重意识形态的特殊产业。”我们肯定产业“集团化”并倡导“集团办事业”，就是要鼓励传媒与社会接轨、与市场接轨、与资本接轨。

产业做大做强，才有条件把事业做大做强。广电传媒要追求社会效益与经济效益并重，并实现两个效益的综合最大化。走尊重意识形态的特殊产业的发展道路，这应该是中国主流传媒的生存之道与发展特色。

笔者：应该承认，过分强调传媒的事业属性，漠视或淡化它的产业属性，使得传媒改革陷入兜圈子、翻牌子的泥潭，传媒也因此丧失了许多开拓产业市场和做大做强的机遇。

东莞广电传媒集团于2015年3月28日正式挂牌成立，希望借助广电“集团化”改革，破解难题，化危为机，攻坚克难，开辟东莞广电事业和产业发展的新天地，迎接第二个发展十年。

朱剑飞：祝贺东莞广电传媒集团在“狼来了”的呼喊声中悲壮起航。虽然东莞广电传媒集团“生不逢时”，但顺应了传媒发展规律。

中国广电集团化在热切呼唤“第二次革命”——必须从资源整合、整体转制、国有控股以及完善法人治理结构角度重新认识“集团化”；从广电的政治、社会与经济这三重属性及其关系来推动传媒产业化；从产业价值链的完善意义按专业按岗位去操作产事分离；从产业立法的角度为整体转制提供良好的行业环境和发展条件。

历史发展不以人的意志为转移，中国广电“集团化”的进程，即使风雨兼程，毕竟大江东去，前程不可限量。

笔者：传媒时势演变符合行业发展规律。中国广电传媒改革的运作轨迹是对《三国演义》开篇语“天下大势，分久必合，合久必分”的生动诠释。

“集团化”和“台化”只是传媒外部的标签符号，无论如何改革，不管传媒以“集团”或以“台”的面目出现，中国特色的传媒都必须坚持政治、社会与经济这三重属性的高度统一，这是中国目前的国体和政体所决定的。即便是走在全国广电改革最前沿的湖南广电，其湖南广播电视台与湖南广播影视集团之间彼此不能替代，也不是截然分家，它们更像硬币的正面与反面，前者负责宣传，后者负责经营，两者通过“一个党委，两个机构，一体化运行”的战略运作模式融结为一个传媒整体。

二、关于城市广电的困局和突围

笔者：您一直致力于国内城市广电研究。广东省电视艺术家协会曾在东莞广电集团召开“城市电视创新之路——以东莞电视为例”的学术研讨会，您作了题为“城市广电锐意进取的新标杆与新起点”的专题演讲，给与会者留下很深的印象。

当前，城市广电普遍遭遇发展的“天花板”，事业和产业都面临前所未有的严峻挑战，传统媒体确实处于历史上最“危急”的时候。请问目前国内城市广电面临怎样的生存困境？

朱剑飞：目前国内城市广电生态环境特点可以用两个词语去概括：一是“重要”，二是“尴尬”。

先说城市广电“重要”。城市广电是国家“四级办广电”政策的产物，它与所依托的城市荣辱与共、相得益彰。其佼佼者扮演着“宣传舆论主阵地、文化产业主力军、内容服务主平台”的“三主”角色，成为所在城市创新发展的助推器。可见，城市广电作用巨大，责任巨大，挑战巨大。

再说城市广电“尴尬”。城市广电处在国家大众传媒系统的低端层次和末梢环节，从它诞生的那天起就没有被纳入国家广电传媒产业化宏观布局，长期处在自我积累滚动发展状态。由于先天的内容资源稀薄、人才资源短缺、行政资源匮乏、市场空间狭隘等缺陷，再加上传统惯势束缚而产生或多或少的变革惰性，呈现出复杂、微妙而尴尬的角色本分。

对城市广电的现状，我曾归纳为“四大困惑”和“四大郁结”。“四大困惑”是指：一是传媒产业化的阻滞因素——二元化结构；二是传媒产业化的难解情结——事业大属性；三是传媒产业化的无奈之语——体制老问题；四是传媒产业化的隐忍之痛——规制常失灵。

“四大郁结”是指：一是主流媒体“事业单位，企业化管理”这一过渡政策模式化；二是现行传媒行业非政非企又亦政亦企“两头通吃”的模糊性质形成既得利益刚性化；三是作为国有经营性媒体自我定性为“既讲公益服务又要自负盈亏的公益三类”，突出时政媒体非企化；四是广电系统在对事业性“集团化”否定之后，又在大张旗鼓地推行事业性“台化”。

笔者：对东莞广电来说，目前我们面临着“五座大山”和“四大难题”。“五座大山”是指新兴媒体、央视系列台、各省级卫视、本省地面频道和境外电视；“四大困惑”是指传统媒体影响力日渐减弱、新媒体难以形成持久的品牌效应、过分依赖单一的传统广告经营模式、高素质人才的匮乏和流失。

朱剑飞：东莞广电面临的困境恰恰是目前国内城市广电生存状态的一个缩影。中国广电布局好像一个“三明治”，城市广电处于上中下之间的“夹层”，外加新兴媒体强力冲击。

目前城市广电固定受众大多是低学历、老龄化。受众资源的含金量直接决定了平台的价值。在强者更强、弱者更弱的“马太效应”之下，一般的城市广电的处境不言而喻。

盈利模式的单一性限制了城市广电做大做强。当广告收入成为唯一创收手段的时候，有限的广告份额除了要面对中央台和省级卫视的“豪夺”、移动新媒体的“巧夺”，还面临着各种户外载体的侵蚀和分流。

笔者：作为东莞城市标志性建筑，于2011年元旦落成使用的东莞广电中心刚好坐落在东莞市区四环路和东莞大道的交汇处。东莞广播电视台领导层由此形象地说，东莞广电中心位于市区主干道的“十字路口”，目前东莞广电也正处于媒体发展的“十字路口”。确实如此，目前城市广电四面楚歌、烽火连营。请问城市广电在严峻的竞争环境中如何化危为机、实现突围？

朱剑飞：城市广电要摆脱竞争困境，必须要从固守计划经济的氛围中彻底清醒过来，勇于超越自身的局限，从视野、观念、素质、体制机制等关键环节找差距，在灵魂深处闹革命。

城市广电要明确自己的媒体定位："宣传舆论主阵地、文化产业主力军、内容服务主平台"，开拓新视野，树立新标杆，确立新起点。作为现实发展的既定追求，要突破体制囿限，改变运行机制，实施本土化策略。

一要从"事业型"向"产业型"转变，激发事业体制下被压抑或已僵化的活力。要按现代企业的制度要求来管理城市广电，形成并培育以国有资本控股、领导干部组织配置的特殊公司化的市场生产经营主体，打破传统束缚，放开禁锢手脚。

二要通过集约化生产方式的转变，实行以点带面的发展策略。集中全台力量研发生产出一两个在本地区乃至全国广电传媒市场叫得响的品牌节目，以此带动频道、频率发展，并提高媒体影响力和竞争力。

三要强力推行大有前景的区域广电媒体本土化发展的新模式。就城市广电而言，地缘优势始终是城市广电得天独厚的竞争筹码。本土化的落脚点在于对所依托的区域内本土内容采取行之有效的持续挖掘和本土化视角的多方位展现。

笔者：从区域上说，长三角和珠三角的城市广电发展势头最好。通过个案分析，可以知道无锡广电集团、苏州广电总台和牡丹江新闻传媒集团是全国城市广电的标兵。您曾多次走访、考察上述媒体，请对它们的发展模式作一下点评。

朱剑飞：10 多年来，长三角和大东北我没少去，每次去实地考察，都有新发现、新感悟。无锡广电集团、苏州广电总台和牡丹江新闻传媒集团作为行业新标杆，具有积极的样本意义。它们分别代表三种有示范性的传媒发展模式，也为当代传媒管理和媒介经济学提供符合中国特色的案例。

先说无锡模式。我认为业界最早集团成功挂牌的，同时也是最能从善如流的是无锡广电集团。它善于利用政策资源，把握发展机会，在全国最早成为广电集团，并在搞翻牌的质疑声中努力寻求传媒产业发展的真谛。

无锡广电集团既赢得了发展的先机，也在扎扎实实地打造传媒品牌，树起了在业界持续稳步发展的一面旗帜——城市电视开掘政策资源有序发展产业的典型。

为人称道的是，无锡广电集团在改革实践中逐渐认清广电特殊产业的属性，确立了集媒体运营商、内容运营商和资本运营商于一身的媒体产业运营商身份。它以无锡广电发展公司及其全资、控股子公司为主体，集约运作媒体经营性资源，形成广告、文化演艺、内容产业、动漫创意、新媒体开发等产业体系，成为国内城市广电中产业体系完善、创收实力强大的突出代表。

"立足无锡，面向江苏，胸怀全国，融汇国际"，这是无锡广电集团的战略定位，它体现了作为一个城市广电改革标杆的志气、勇气和豪气。

再说苏州模式。我认为最能把握时代机遇的，同时也是最具务实理念的是苏州广电总台。它善于把握广电行业每一次发展重大机遇，低调前行，"聚精会神办节目，举台一致抓创收”，不折腾，不跟风，不张扬，上下一致顺应产业发展规律，迅速将总台的发展目标从“城市型传媒集团”的定位，一举跃升到“现代传媒产业集团”，进而再到“传媒文化产业集团”，以无可争议的全国地市广电之最的实力实现历史上的大跨越。

值得肯定的是，苏州广电总台以正确清晰的发展思路来确保10年的持续、稳定、健康发展。为“建设全国一流的城市现代传媒产业集团”，立下“四个跨越”发展目标，即从地方性媒体向在全国具有影响力的媒体的跨越；实现从传统广电媒体向现代传媒产业的跨越；实现从单一的传媒集团向传媒主业、新媒体产业、文化产业“三足鼎立”的传媒文化产业集团的跨越；实现从传统事业管理向现代企业管理的跨越。

为实现这“四个跨越”，苏州广电总台以项目建设为龙头，推动总台产业转型升级、多元经营、规模发展。总投资38亿元的苏州现代传媒广场，是苏州广电人打造全国一流影响力现代传媒产业集团的基础工程，气势磅礴，令人震撼，催人奋进。

最后说说牡丹江新闻传媒集团模式。我认为最令人敬佩的是牡丹江新闻传媒集团。因为牡丹江新闻传媒集团的改革实践，代表了中国广电传媒未来发展的方向，因此它被专家誉为“社会转型期中国传媒改革合格的样板田”。

牡丹江新闻传媒集团由牡丹江广电集团与牡丹江报业集团跨媒体组合而成，拥有广播、电视、期刊、网站、网络出版等全媒体资源。它历时10多年的坚守与砥砺，走出一条特立独行的发展道路，打造了一个与传媒发展规律和市场要求相适应的新型运作模式。

牡丹江新闻传媒集团连创中国广播电视改革史上的三个第一：全国广电第一家地市级企业集团；全国广电第一家实施政企分开的传媒集团；全国广电第一家实施兼并进行跨媒体重组的新闻传媒集团。

改革是洗牌不翻牌，机制转换是换汤又换药，对外扩张是质变胜量变；谁改制、转制，谁就赢得市场先机；改革之路不争论、不动摇、不张扬。这些都是牡丹江新闻传媒集团的改革理念，很值得同行借鉴与反思。

笔者：无论是硬件与软件、事业与产业、体制与机制，无锡广电、苏州广电和牡丹江新闻传媒集团都为中国城市广电转型提供了示范标本。

城市广电转型在传媒发展新常态下起航。我们深知，传媒改革之路不可能一马平川。老鹰活到40年时，为了再生，会狠命地啄击岩石，使老化的喙全部脱落；待新喙长出后，会拔掉老化的趾甲；待利爪生长齐全后，又拔掉全身陈旧的羽毛。传统媒体要在逆势下凤凰涅槃、浴火重生，也必须有“不畏浮云遮望眼”的志气、“吾将上下而求索”的毅力和“直挂云帆济沧海”的豪情。

感谢朱教授接受专访。

第五节 互联网思维下的城市广电生存法则
——暨南大学新闻与传播学院教授谭天访谈

嘉宾介绍：谭天，暨南大学新闻与传播学院教授、硕士生导师、博士后合作导师、新媒体研究所所长、广播影视研究中心主任。中央电视台、广东广播电视台节目评价专家，中国新闻奖、中国（广州）国际纪录片节评委，全国“百优”广播电视理论人才，暨南大学“卓越导师”。近年来主要研究方向为新媒体和传媒经济学、媒介融合以及传统媒体转型。

一、关于新媒体语境下“新闻”与“新闻业”的概念界定

笔者：谭教授，您好。感谢您接受专访。

您是国内学界中较早研究新媒体且较有影响力的学者之一。“首届中国新媒体研究高端论坛”在暨南大学举行，您是其中三位重量级论坛嘉宾之一。我研读了您主编的《新媒体新论》和《新媒体茶座》，收获颇丰。

当前新媒体狂飙猛进、一日千里，而学界对新媒体研究似乎跟不上新媒体发展节奏，以致出现许多认识误区、思维误区和路径误区。首先请您谈谈什么叫新媒体。

谭天：当前业界和学界对新媒体的定义认知还是相当模糊的。不少传统媒体管理者把新媒体看作新的传播技术或传播渠道，这是十分肤浅的，这导致他们在媒体融合和转型投资上出现种种决策失误。

我认为，新媒体是一个相对的概念，在不同的发展阶段有不同的定义。新媒体实质上不是媒体，或者说不是传统意义上的媒体，而是基于互联网的媒介平台。媒介是一个传播学的概念，而媒体是一个传媒经济学的概念。

新媒体不仅是一个内容集成平台、信息发布平台，更重要的是，它是一个开放的综合服务平台。传统媒体一般只承担内容提供商或渠道运营商的角色，而新媒体则融集成资源、响应需求和创造价值于一体，它是一种新的媒介组织。对新媒体来说，首先强调“服务为王”，其次才强调“内容为王”。

笔者：您提出的新媒体是基于互联网的媒介平台这个观点，在学界和业界得到较广泛的认可。新媒体出现，彻底颠覆了媒介生态环境，“新闻”和“新闻业”概念的内涵和外延也发生了流变。对这个问题您有什么看法？

谭天：在新媒介生态下，我们需要重新界定“新闻”和“新闻业”。

先说“新闻”概念的重新界定。我认为，在新媒体语境下，“新闻”呈现三个新特征：第一，新闻是一个相对模糊的概念，它与资讯、信息甚至评论的边界日益模糊。第二，新闻是一个集成的概念。新闻以超文本方式传播，把碎片化的信息进行聚合，才会生产出能被读懂的新闻，从而还原出较为完整的新闻事实全景。第三，新闻是一个过程的概念。新闻传播呈现碎片化、聚合化、泛在化等特点，新闻事实的还原和建构是在传播过程中完成的。多

元化的生产主体、社会化的生产形式、多样化的产品形态，更加体现了新闻的过程性。

基于新闻在新媒体语境下呈现的三个新特征，我认为新闻可以这样重新定义：新闻是正在发生、新近发现、搜索、推送与议论中产生的事实和观点的传播，或许还包括对新闻事实的分析和预测。

再说“新闻业”概念的重新界定。在新媒体时代，我认为“新闻业”有两层含义：广义的新闻业泛指整个传媒业，狭义的新闻业特指专以售卖新闻为业的报业。

在过去，因为信息的不对称，报业专门生产新闻并以此换取广告，所以报纸收益很好。但是，进入互联网时代之后，信息不对称的情形有了很大的改变，以单一产品新闻生产为经营模式的新闻业（报业）已经难以维系。我认为当今新闻业式微既不在于新闻生产，也不在于新闻运营，而在于独木难撑，缺少足够赢利的产品和商业模式的新闻业走向没落是必然的。

笔者：新媒体语境下“新闻”与“新闻业”的内涵和外延得到了丰富和延展。您曾在一个论坛上提出了“新闻不死，新闻业会死”的论点，鞭辟入里，掷地有声，发人深省。后来这篇文章被人民网和传媒圈等网站选登，也引起不小的轰动。

谭天：新闻业死，不等于新闻死，如同我们需要空气，但一般人不会去购买它。“新闻业会死”的论断或许显得武断，会死不等于必死，更不等于马上死，因为影响新闻业存亡的还有更为重要的政治文化因素。

我要发出振聋发聩的声音：在当今社会发展中，新闻如果不能释放出足够的能量并可以变现的话，那么，从产业经济学的角度来讲，它已近死期！李良荣教授认为新闻传播学正从“小新闻”走向“大传播”，我认为要加上“新业态”。

新闻业要涅槃重生，传统新闻业将会蜕变为大传媒、新业态的现代传媒业。我们不仅生产各种新闻产品，还要生产更多的媒介产品和非媒介产品。需要强调指出的是“新业态”并不意味着放弃新闻，而是通过扩大外延和对接平台，以增强造血功能做强传媒产业来反哺新闻。

笔者：新闻是人类信息消费产品。人类的信息消费欲望是永远存在、不会枯竭的，并且随着现代社会资讯发达，人类信息消费欲望将越加强烈，消费市场需要就注定了新闻不会死。我认可央视主持人白岩松的说法，他说：“如果未来不死，新闻就不会死。当媒体的形式经历了报纸、广播、电视和互联网，媒体的受众也从精英扩大到大众，那就意味着媒体市场的蛋糕被做大了。”

但作为新闻信息产品供应商的新闻媒体，必须洞察新闻信息生产环境的新变化，不断适应新闻信息用户的习惯和喜好，满足各种消费人群的个性化需求。否则，如谭教授所说的，新闻业就会逐渐走向衰亡。

二、关于城市广电转型升级

笔者：由于新媒体与互联网的渊源关系，“互联网思维”或“互联网逻辑”也就成为人们研究的焦点课题。传媒学者喻国明认为，互联网逻辑的核心一是“连接”，二是“开放”。对这个问题您是怎样看的？

谭天：“互联网思维”主要是指具有互联网特质的一种思维方式和方法。它有三大要义：颠覆性创新、开放中博弈、合作中共赢。乔布斯用云计算颠覆了传统手机，雷军用互联网思维颠覆了手机生产。支付宝和余额宝是与银行业在开放的金融市场中博弈。

我认为，互联网思维的核心点还是“人”，即“以人为本”。它不仅是一种让商业回归到“以人为本”的观念，而且是一种更人性化的思考。

其实互联网思维的内核就是按社会发展的客观规律办事。有人把互联网思维神秘化，其实互联网思维不是玄学，互联网思维也要接地气，如果不能脚踏实地做好产品和工作，就别奢谈互联网思维。

笔者：以互联网、手机为代表的新媒体迅猛崛起，“惊起一滩鸥鹭”。新媒体的长处放大了传统媒体的短处。2015 年被誉为媒体融合元年。拥抱新媒体，传统媒体才有未来。对城市广电而言，您认为媒体融合有哪些现实路径？

谭天：媒体转型是极其复杂极其艰巨的转基因工程，机不可失，时不我待，传媒转型需要互联网思维和破釜沉舟的气魄。留给包括城市广电在内的传统媒体涅槃重生的历史机遇确实已经不多，传统媒体与新媒体融合转型恐怕是唯一的出路。

媒体融合是大势所趋，但也容易使传统媒体迷失自我。从传媒发展的历史来看，实际就是一部进化与分化的历史，我认为应该重视“媒体分合”这一概念。

由于传统媒体缺少互联网基因，简单平移式的转型是不太可能成功的。现在不少传统媒体已经放弃了自建媒介平台的打算，老老实实做回内容提供商并想方设法与互联网建立各式各样的合作关系，或者说他们在竭力打造一个可与互联网对接的内容生产基地和集成平台。

当下我国传统媒体转型的现实路径主要有两个选择：一是融合，从业务融合到产业融合；二是对接，即内容生产与平台服务的对接。媒体与平台无论是融合还是对接，传统媒体无论是内容生产还是内容集成，都需要互联网思维。

在媒体融合的大趋势下，媒体发展还是遵循产业分工的现实逻辑，即“媒体分合”，合中有分，你中有我。传统媒体转型的破局应该在“媒体分合”的趋势下全面、积极、理性地推进。

对城市广电来说，我建议选择“一体两翼”的融合发展策略：“一体”即坚持“内容为王”，以具有权威性和公信力的内容为主体；“两翼”是指对接平台与自建平台并举，内容运营“两翼齐飞”，从而最终实现“内容 + 平台”双剑合璧，走出一条电视媒体融合发展的新路。

笔者：传统媒体在与新媒体融合中实现转型不可能一蹴而就，也许要经历10年甚至更长时间，而传统媒体因受新媒体冲击所造成的发行收视和经营收入大幅下降的惨淡状况却越来越严重。

当年曾高举广东“传媒大省”大旗的南方日报和羊城晚报现在需要申请扶助资金，重庆日报报业集团发出变相裁员的鼓励员工创业创新的通告，曾风光一时的香港第一家电视台亚洲电视（ATV）倒闭停播。传媒圈也出现“胜利大逃亡”风潮，连著名的“战地记者”闾丘露薇也发出“20年，该告别媒体人身份了”的感慨后惜别凤凰卫视。

当前传统媒体人被颓丧悲哀的迷雾笼罩着。您认为传统媒体真会走上不归路吗？

谭天：我认为，在移动互联网时代，传统媒体不会死，死的是缺少互联网思维而未能实现自身改造的传统媒体。在当前媒体融合过程中，优势媒体会借力新媒体越发强大，当然能够更好地理解和认识新媒体，一些目前没有被过多关注的传统媒体，将来也可能焕发强大的生命力而占有重要市场。丛林法则已经变成了天空法则，即“天高任鸟飞”。

笔者：我也很认同传统媒体不会死的观点。正如传播学鼻祖麦克卢汉所说的，一种新媒介通常不会置换或替代另一种媒介，而是增加其运行的复杂性。媒介生态法则“互动互助、共进共演”已得到国内外学界和业界的广泛认同。只要传统媒体主动拥抱新媒体、借力新媒体，依照互联网思维实施生产流程和管理模式再造，传统媒体是完全可以找到安身和发展之地的。苏南城市广电在逆境中保持蓬勃生机就是明证。

新媒体语境下新闻生产组织化的特征正在逐渐消失，一种“无组织的组织力量”正在聚集和扩张。而随着新闻生产主体的宽泛化和模糊化，职业记者背后站着一个没有边际的群体——非职业记者。“谁在场，谁报道”成为新闻产品生产的新流程。他们当中一些人可能是某个领域的行家里手，对新闻的描述和分析丝毫不亚于职业记者。

在这种趋势下，传统新闻从业人员的转型就迫在眉睫了。

谭天：皮之不存，毛将焉附？我认为面对传统新闻业的衰落，新闻从业人员也不必惊慌，他们的转型路径大致可分为五类：一是在传统媒体中转型为新媒体记者。二是直接投奔新媒体。三是开辟自媒体。四是从全媒体记者向超级团队发展，即以工作室形式面向全部媒体。一些新闻记者擅长收集数据、事实与图像资料，一些记者则擅长解释上述这些材料，而其他的记者则擅长在事实的基础上创作吸引人和感动人的故事，需要协同作战。五是成立独立运营的团队或公司。未来的新闻从业人员不仅包括调查记者、新闻编辑，还包括数据分析师、产品经理等多方面专业人才，而且作为内容提供者不一定隶属某一媒体。独立运营的团队或公司不仅是传统媒体的一种补充，而且是新型媒体的一个组成部分，形成强大的“无组织的组织力量”。

三、关于传媒学术研究

笔者：您既有丰富的学界教学研究经验，又有丰富的业界新闻实践经历，学界与业界跨越，令您在媒体学术研究上得心应手。近些年来，您学著颇丰，“谭门”满天下。您在国内学界率先提出了意义经济理论、媒介平台理论和电视节目构成理论，逐步形成了前瞻、务实、开放和创新的媒体学术研究特色。请您谈谈您的研究之路和治学体会。

谭天：我认为，学术研究要体现理论与实践相结合、宏观与微观相结合、定量与定性相结合的指导思想。

研究需要放眼未来、探索前路。所谓前瞻性，就是要走在时代的前面，学者要以批判性和颠覆性给茫茫前路亮起一盏明灯。我一直认为研究要关注当下，要接地气，植根在西方土壤的传播学理论，在引进和吸引过程中，必须把握好普适性与本土化的度。研究要符合中国国情，并要从问题出发。

研究需要一种开放式思维。在全球化、产业化、数字化和网络化的背景下，近年来我逐渐把研究重点转移到传媒经济学和媒介融合这两个领域，不以电视论电视，跳出传媒看传媒，力求从一个全新视角和宏观层面来探讨未来电视发展。

另外，研究需要一种科学创新。理论创新就是要挑战传统、破旧立新，就是要解放思想、打破权威。

笔者：您认为要在媒体学术研究上有所成就，需具备怎样的知识结构？

谭天：多学科背景和丰富的知识结构是做好媒体学术研究的关键。以新媒体研究为例，中国的新闻学花了30年走进传播学，新媒体却让我发现走进传播学是不够的，还要走出传播学——利用其他学科的理论和视角，比如社会学、经济学、管理学来研究新媒体。

作为一名有志于学术研究的人，要多读书。我认为书有三种：有用的书，主要是应用类的专业书；无用的书，主要是形而上的思想类的书；无字的书，指的是人间百态、社会现实。可偏重但不应偏废。对学生来说，这三类书都该读一些，研究者则要读一些能解决问题的书。

移动互联网、物联网和云计算三项新媒体技术的发展都影响着当今的新闻传播业。多阅读这些方面的书，至少给我们研究新闻传播学带来一些启迪。我觉得一本书的价值不在于让你顶礼膜拜，而在于能引发广泛而深入的讨论。

笔者：中国近代著名学者王国维在《人间词话》中说：“古今之成大事业、大学问者，必经过三种之境界。”第一种境界是“昨夜西风凋碧树，独上高楼，望尽天涯路”：学术研究要站高望远；第二种境界是“衣带渐宽终不悔，为伊消得人憔悴”：学术研究要甘于吃苦；第三种境界是“众里寻他千百度，蓦然回首，那人却在，灯火阑珊处”：学术研究要反复求证。

三种人生境界，三种治学理念。希望以此作为学术研究者的座右铭！

感谢谭教授接受专访。

第十一章　势说昭启：传媒势象生成流变的自然法则

道生之，德蓄之，物形之，势成之。

——老子

老子哲学既体现古与今、天与地、生与死的汪洋恣肆，又寓喻阴与阳、存与亡、祸与福的因果照应。老子唯物辩证思想流溢在其著作《道德经》的字里行间：天道生存万事万物，德行滋养万事万物，外物成长万事万物，形势成就万事万物。“道”“德”“物”“势”贯穿于宇宙万事万物的生成与流变的全过程，四者相互依存、联通融达。

作为宏观和微观环境的“势”是成就万事万物的关键要素。做人干事创业审势为先，势薄则借，势弱则蓄，势显则乘，势隐则造，势正则顺，势逆则化，势盛则收。

中国春秋战国时期，思想空前活跃，学术成就可与同期古希腊文明相媲美，并由此奠定中国 2 000 多年的思想文化根基。当时，以孔子、老子、墨子和儒家、法家、道家为代表的诸子百家虽各述其说、自成体系，但都不约而同地把“势说”纳入本家哲学的理论范畴之中。

“势”是一个蕴含普遍理论的哲学概念，也是中国哲学体系中的一个重要组成部分。中国春秋战国时期，诸子百家对“势”的广博内涵各述其说。

《韩非子·功名》中说：“圣人德若尧舜，行若伯夷，而位不载于势，则功不立，名不遂。”孟子《孟子·尽心上》认为：“古之贤王，好善而忘势；古之贤士，何独不然？乐其道而忘人之势。”法家和儒家都把“势”看作统治者所拥有的优势或特权。老子《道德经》中说：“道生之，德蓄之，物形之，势成之。”道家所指的“势”是时势。孙子《孙子兵法》中说：“兵无常势，水无常形。”兵家强调的“势”指气势。

中国的书法、绘画和诗文等都很重视对“势”的勾勒营造和审美追求，如作文：“文辞已尽而势有余。”（刘勰《文心雕龙》）书法：“逐势瞻颜，高低有趣。”（王羲之《笔书论》）绘画：“一抹而山势迢遥。”（笪重光《画筌》）。

中国的“势”哲学也成为西方学者的研究课题。法国学者弗朗索瓦·余莲在《势：中国的效力观》中说：“势”常辨不清、摸不着，似蒙蒙夜雨，如影随形润迹于战争、书法、绘画、诗词中，迁转灵动，百变无痕。法国欧洲工商管理学院教授琼·克劳德·拉里齐认为有些企业有“势”，而有的企业没有。“势”是指主观、易变，带有偶然性的因素。显然，拉里齐理解的“势”与2 500年前中国的《孙子兵法》中的“势”意义是相通的。

作为一个蕴含普遍理论内涵的哲学概念，笔者认为“势”的丰富含义包括但不止于以下重要子项：

第一，“势”与“气”有着天然的内在联系。“气势”是现代汉语的固定词语。在中国古代文论中，“势”与“气”分别表达不同的含义，凡言“气”必导出“势”，凡言“势”必承气而来。梁中书说：“写字要有气”“有气则有势”。“气”是“势”的哲学基础，势者外在之力，气者内在之本。气藏于里，势溢于表，气强则势大，气弱则势小。气属阳主散发，势属阴主内敛。气的阴阳变化也导致势的盛衰轮换。

要取势，先聚气，有了气，势才有所依傍。清代画学理论家沈宗骞在其绘画论著《芥舟学画编》中说：“气以成势，势以御气。势可见而气不可见，故欲得势，必先培养其气。”

第二，“势”与“形”有着紧密的逻辑关系。《孙子兵法》对“形”和“势”作了生动比喻：“决积水于千仞之溪者，形也。”“如转圆石于千仞之山者，势也。”“形”是指能用肉眼观察到的物质形式，“势”是指这些物质运动起来后所产生的力量和效能。弓是形，弯弓待发是势；水是形，飞湍直下是势。形与势如影随形，相伴相生，势隐于形中，形展于势上，“形势”就成了现代汉语的固定词语。

第三，“势”作为历史发展趋势，蕴含时间之维。“势”形成于某个具体时间，同时“势”也指明具有时间意义的发展趋向。王夫之说：“时异而势异，势异而理亦异。”意思是说，随着时间绵延和历史条件变迁，历史发展趋势也会相应发生变化。在现代汉语中，“时”与“势”连缀成一个固定词语。

第四，“势”强调客观性和不可抗御性。“势来不可止，势去不可遏。”《三国演义》开篇语说：“天下大势，分久必合，合久必分。”指出朝代更替是一个不可逆转的历史规律。《淮南子·兵略训》认为：“夫地利胜天时，巧举胜地利，势胜人。”《呻吟语·世运》也强调：“势之所在，天地圣人不能违也。”人的作用固然可以战胜作为自然的“地利”，但人的行为仍然受制于体现客观法则的“势”。尊重自然、顺从自然因此成为道家“无为而治”的哲学基础。

第五，“势”强调人在自然面前并非无能为力，人可以影响和制约实践活动。陈亮在《酌古论》一文中说：“古之所谓英雄者，非以其耀智勇，据形势，如斯而已也。”“据形势”既体现“势”对人的制约，也突出人对“势”的利用。《百战奇略·势战》“凡战，所谓势者，乘势也”的观点，也阐明两军对垒时人的主观能动作用不可或缺。

综上所述，作为中国诸子百家理论的“势”是一个内涵丰博的哲学理论概念，它与“气”连通，与“形”互依，与“时”相伴，并随着环境变迁和时空转移而发生演变；它既是不可违抗的客观存在和自然规律，同时也是人类实践活动赖以依傍的有利因素。

总之，“势”可理解为人和事物生存的综合背景或条件，它揭示客观性、普遍性和必然性，同时又蕴含主观性、特殊性和偶然性。“势”无处不在，无时不有。“势”是权力的象征，是实力的显耀，是规模的折射，是形态的呈现。得势者，得天下；失势者，失天下。

人类的媒介实践是在特定的“势”背景下进行的，珠三角和长三角城市广电发展也是在特定的“势”场下展开的。笔者试图以“势”作为理论视镜，从“审势”“蓄势”“借势”“造势”“乘势”和“逆势”六个维度审视、辨析珠三角和长三角城市广电的运作轨迹，并力图梳理和归纳其可资同行借鉴的运作规律。

第一节　审势而动：优势劣势相伏相倚

“审”意为“审察”“审视”“研判”，“审势”是指对“势”进行全面分析和客观判断。

“势”永远处于无穷演变状态。“势”既源自过去情态、生成于当下景况，又关乎未来发展。因此要通过对共时与历时、已成与将成、共性与个性、确定与待定、真相与假象等关系的审察和研判，辨别和分析“势”的由来演变，及时做出相应对策。

“唐宋八大家”之一的苏洵以散文见长，也“颇喜言兵”，其《审势》一文见解独到。“天下之势有强弱，圣人审其势而应之以权。”“不先审天下之势，而欲应天下之务，难矣！”强调对“势”分析研判的重要性。

蜀汉丞相诸葛亮是一名杰出的战略家。在未出山时，诸葛亮对天下大势已了然于胸：“自董卓已来，豪杰并起，跨州连郡者不可胜数。曹操比于袁绍，则名微而众寡。然操遂能克绍，以弱为强者，非惟天时，抑亦人谋也。今操已拥百万之众，挟天子而令诸侯，此诚不可与争锋。孙权据有江东，已历三世，国险而民附，贤能为之用，此可以为援而不可图也。荆州北据汉、沔，利尽南海，东连吴、会，西通巴、蜀，此用武之国而其主不能守，此殆天所以资将军，将军岂有意乎？益州险塞，沃野千里，天府之土，高祖因之以成帝业。刘璋暗弱，张鲁在北，民殷国富而不知存恤，智能之士思得明君。将军既帝室之胄，信义著于四海，总揽英雄，思贤如渴，若跨有荆、益，保其岩阻，西和诸戎，南抚夷越，外结好孙权，内修政理；天下有变，则命一上将将荆州之军以向宛、洛，将军身率益州之众出于秦川，百姓孰敢不箪食壶浆，以迎将军者乎？诚如是，则霸业可成，汉室可兴矣。”

诸葛亮面对求贤若渴的刘备，对天下形势作深入和客观分析。首先扼要点明当前局势特征是“豪杰并起”，进而分析竞争对手曹操和孙权的各自优势，前者“拥百万之众，挟天子而令诸侯”，后者“国险而民附，贤能为之用”。跟着阐明刘备自身优势，一是地势：“用武之国”，“沃野千里，天府之土”，二是名势：“帝室之胄，信义著于四海”。在此分析基础上力劝刘备采用借势抗曹策略：“西和诸戎，南抚夷越，外结好孙权，内修政理”，最后揭示局势演变的趋势：“则霸业可成，汉室可兴矣”。

诸葛亮对刘备、孙权和曹操各自的优势、劣势、内势、外势和当前的局势、地势、趋势等了如指掌、洞若明炬、剖析透彻。诸葛亮的“审势”坚定了刘备联手孙权抗击曹操的信心，在中国历史延续60年的三国鼎立的帷幕也从此拉开。

一、审劣势

城市广电必须具有承认劣势但不屈从劣势的勇气，必须具备冲出危局、化危为机的智慧和能力。

“势”有劣弱，且“势”随着各种因素变化而变化。“兵无常势，水无常形。”（孙子《孙子兵法》）“势因于敌家之功，变生于两阵之间，奇正发于无穷之源。”（姜尚《六韬·龙韬》）说明各种“势”在演变转换之中。

两军对垒，首先要知彼知己。因此，古语道：“不知彼而知己，一胜一负；不知彼不知己，每战必殆。”（孙子《孙子兵法》）“审知彼己强弱利害之势，虽百战实无危殆也。”（孟氏《孙子注》）

传媒博弈也要做到知彼知己。城市广电有其与生俱来的弱势，即使是珠三角和长三角城市广电也概不幸免。其弱势主要表现在：频道（频率）覆盖面积和覆盖人口受限制，媒体影响力受削弱；节目欠缺品牌效应，难以引起受众持续关注；综合竞争力普遍不强，媒体难以做大做强；经营模式过于单一，创收水平普遍不高；过于依赖传统媒体，融合转型步履蹒跚；人员素质参差不齐，严重制约媒体可持续发展等等。

有学者指出，城市广电因处于国家大众传播系统的低端层次和末梢环节而显得“地位尴尬”，难以引起国家管理部门的足够重视，在政策荫蔽和资金扶持上也难以与省级以上媒体比拟，面对媒介壁垒、行业壁垒和区域壁垒难以有大作为。

城市广电在广告经营上的劣势显而易见。国家级和省级广电的广告无偿地、行政命令式完整覆盖各地市，在严重冲击城市广电广告经营市场的同时，也加大了城市广电运行成本。以珠三角为例，近几年大部分广告商逐渐放弃了在珠三角各城市广电分散投放广告的策略，改为在广东电视台珠江频道集中投放，表面上广告单位价值提高了，但由于珠江频道覆盖广东全省，商家广告点成本因此降低了。

珠三角和长三角城市广电意识到，城市广电的竞争劣势是客观存在，是由行业布局和城市地位所决定的，故此也是难以逆转的。珠三角和长三角城市广电承认劣势，但没有屈从劣势而“等靠要”，而是正视劣势，有的放矢，弥补短板。

身处劣势就是身陷危机，但危机并非就是绝路。无锡成立全国首家广电集团，为城市广电冲出危局闯出一条新路。著名传媒学者喻国明在为无锡广电发展经验专著《城市广电传媒的经营管理与创新》一书作序时说："所谓危机，从来都是危局与机遇并存的一个对立统一的结合体：对于不思进取、因循守旧的人而言，危机就是危局；而对于一个善于革故鼎新、不断进取的人而言，危机其实就是一种天赐良机的大机遇。"① 喻国明认为，无锡广电之所以能成为国内城市广电的标杆，重要的原因是承认劣势、正视危机，大胆突破、勇于探索。

无锡广电并非孤本。以南京、杭州、广州、深圳、苏州、无锡、宁波、佛山、东莞、中山等城市广电为代表的长三角和珠三角城市广电能在激烈的竞争中崛起，与它们具有面对劣势不气馁、身处危局不自弃的意志、勇气和智慧是分不开的。

二、审优势

城市广电在激烈的行业竞争中能占据一席之地，源于对自身优势的深入挖掘和极致发挥。

城市广电也拥有媒体性质和城市地位带来的发展优势。这种特殊性优势是自然形成的。如《淮南子》所言："舟浮于水，车转于陆，此势之自然也。"城市广电的主要优势主要体现在：

一是贴近性。城市广电最接近新闻的发生现场，信息源集中，在报道重大新闻事件时能迅速反应，新闻采制成本也大大低于省级以上媒体。由于媒体产品来源于市井，富于无可比拟的本土性、原生态和鲜活感，且真实反映受众诉求愿望，令媒体产品更接地气、更具人气。

东莞广电提出城市广电要练就"八气"，即懂"天气"、接"地气"、聚"人气"、求"和气"、添"财气"、练"力气"、鼓"士气"、造"福气"。"八气"中的"地气"和"人气"就是城市广电的"自然之势"和特有优势。

二是创新性。城市广电是在特殊的政治生态、传媒生态和市场生态中生存的特殊媒介，长期以来自我发展的模式令其对政策导向、市场变化更加敏感。"城市广电传媒作为我国广电系统的中间层面，与受众贴得最紧，与市场贴得最近，自我发展的现实压力和动力最强，因而也是广电系统最为活跃、最富有自我创造力的广电传媒实体。"②

三是灵活性。城市广电大多历史包袱轻，管理层次少，人员精干，运作成本低。"船小易掉头"，城市广电根据时势变化及时采取应对策略，在推行

---

① 喻国明．序//严克勤．城市广电传媒的经营管理与创新：无锡广电集团改革发展的实践和探索．北京：中国广播电视出版社，2007.

② 严克勤．城市广电传媒的经营管理与创新：无锡广电集团改革发展的实践和探索．北京：中国广播电视出版社，2007.

重大决策时容易统一意志、统一步骤。

珠三角和长三角城市广电善于发掘自身优势，并努力将自身优势发挥到极致，以此提高媒体内容生产和产业经营的竞争力。

贴近性无疑是城市广电最核心的优势。10 多年来，珠三角和长三角城市广电就如何发掘和利用贴近性这一优势，可谓不谋而合、殊途同归。在内容生产上紧紧围绕当地市民关注的热点、焦点和难点，反映他们的思想诉求和精神愿望，及时为他们析疑解惑，节目形式和表现手段也尽可能满足本土受众的欣赏习惯。近几年来珠三角和长三角地市广电推出《来发讲啥西》（宁波广电）、《师爷说新闻》（绍兴广电）、《今晚弹评》（南通广电）、《新闻日日睇》（广州广电）、《今日莞事》（东莞广电）和《小强热线》（佛山广电）等一系列打上本土鲜明烙印的方言类品牌栏目，并制作《海外中山人》（中山广电）、《北江纪实》（清远广电）和《常熟纪事》（常熟广电）等一大批反映当地风土人情和历史变迁的纪录片，及策划“最美苏州人”（苏州广电）、“珠江小姐”（佛山广电）、“声动泰州”（泰州广电）等大型选秀歌唱活动，无不紧扣和张扬贴近性这一城市广电的核心优势。

中山广播电视台台长陈锦霞在接受笔者专访时说：“在‘台台平等’的电视遥控器前，苏州台、无锡台为什么能够保持收视神话呢？他们的制胜法宝就是‘新闻立台，深耕本土’——贴着地皮，深耕细作，将本土内容资源挖至极致，将本土电视的独特魅力发挥到极致，打造央视、省级卫视难以复制的核心竞争力。”

其实，“贴着地皮，深耕细作”也是珠三角城市广电的制胜法宝。正是这一法宝，令珠三角城市广电冲破中央台和各省卫视的围追堵截，并逆转与香港电视的竞争劣势。

珠三角和长三角城市广电“审势”昭启：优势，劣势之所伏；劣势，优势之所倚。优势和劣势不是一成不变的，它们随着时间、地点、对象、环境等因素的变化而互相转换。当媒体处于劣势时，不要妄自菲薄、自我遗弃；当媒体处于优势时，也不要得意忘形、安于现状。媒体之势，如日升月落、潮汐涨退，无不此一时、彼一时，阴一时、阳一时，衰一时、兴一时。因此，媒体要时刻审时度势，善于扬长避短。

第二节　蓄势而待：厚积薄发乃正道

“天时不至，人事不应，则隐忍不发。”蓄势，意为积蓄、储备势能。“势”是积累各种有利因素而成“势”的。势能积蓄就如火山爆发、剑拔弩张，因此兵家言：“势如弓广弩”，“势者，积势之变也”。

自然万物注重蓄势。“且夫水之积也不厚，则其负大舟也无力。”“风之积也不厚，则其负大翼也无力。”（庄子《逍遥游》）水能载舟，风能负鸟。但水未能积蓄到一定的容量，就不能承载大船；风未能积蓄到一定的力量，就不能负起大鸟。

人注重蓄势。古语道：“圣人韬光，贤人遁世。”“韬光逐薮，含章未曜。”郑观应在《〈盛世危言〉自序》说：“自顾年老才庸，粗知《易》理，亦急拟独善潜修，韬光养晦。”“韬光”即隐藏自己的光芒；“养晦”即处在不显眼之处修身养性。“韬光养晦”强调潜心修炼，积蓄势能，着眼长远，候机待发。

对媒体而言，蓄势的重点和指向是积蓄内势，包括管理体制机制、媒体文化、实践经验、人员素质等；而蓄势的立足点、出发点和归宿点是人，因为人是媒体内势的灵魂，是媒体生存和发展的主宰。珠三角和长三角城市广电主要从职业知识技能、职业道德和传媒企业文化三个层面积蓄人势。

第一，蓄知识技能之势：适应时势演变潮流，紧随行业发展脚步，不断推进知识技能的积累和更新，是城市广电确保可持续发展的重要因素。

传媒行业发展日新月异。随着行业时势演变，职业知识技能也要求与之相适应。传媒行业是一个技术含量极高的行业，每个岗位都有严格的知识技能标准。在互联网统领下传统媒体与新媒体融合发展的当今时代，对传媒从业人员的技能水平提出了更高要求，行业时势发展呼唤管理与经营兼备、采编播集于一身的复合型人才。

长三角新闻界对从业人员职业知识技能培训和更新具有前瞻性。当“全媒体”刚成为行业新概念的时候，江苏省内传统媒体就吹响了向“全媒体”转化的号角。2012 年，包括《扬子晚报》、江苏广电总台和无锡广电在内的数百名“全媒体记者”经严格培训后正式上岗。“澎湃新闻”成立摄影部并提高人员进入门槛，申明竞聘者必须是一名具备拍摄、剪辑和写作的全能型记者。其目的是与不适应时势新需要的媒体生产方式和理念划清界限。

全国城市广电首支全媒体采编团队诞生在素有开风气之先传统的无锡广电，东莞广电选派人员到美国传媒机构和中央电视台培训，佛山广电与美国密苏里新闻学院联合举办媒体融合战略战术高级研讨班等事例说明，长三角和珠三角城市广电已摸索出人员培训“三结合”模式，即台内培训与台外培训相结合、国内培训与国外培训相结合、“走出去”培训与“请进来”培训相结合。媒体转型、大数据等行业前沿理论成为培训的主要内容，而国外培训具有较强的计划性、系统性和持续性，这些都显示了珠三角和长三角城市广电的超前眼光和现代思维。

第二，蓄职业道德之势：坚守媒体社会责任和职业良知，是城市广电在社会发展新时期永葆媒体公信力和美誉度的重要手段。

中国传统文化历来“尊道”和“贵德”。老子《道德经》说：“是以万物莫不尊道而贵德。道之尊，德之贵，夫莫之命而常自然。”“道”指宇宙的本源及其运动法则，它为万事万物的生发提供了前提和可能；“德”指为人类提供行为指引的人生法则，包含忠、义、仁、信、孝、慈、恭等，它使万事万物的生发成为事实。“德”蓄养万物，因此老子强调：“重积德，则无不克。”

珠三角和长三角既是中国经济发展的核心地带，又是中国对外文化经贸往来的前沿阵地。在这两大区域，一方面，经济体制的深刻变革、社会结构的深刻变动和利益格局的深刻调整，带来了人们思想观念的深刻变化；另一方面，东西方思想文化相互碰撞、彼此交融，促使人们价值观念的独立性、选择性、多变性、差异性明显增强。在这个背景下，广播电视作为弘扬社会核心价值的主流媒体，其引导社会舆论的任务就显得更加繁重，同时对媒体自身的社会责任和从业人员的职业道德也提出了更高要求。

珠三角和长三角城市广电深知媒体职业道德的重要性。媒体主要生产新闻信息产品，因此新闻行业之“德”是媒体职业道德的核心内容，它是新闻从业人员共同遵守的规范和准则，它要求从业人员必须具备政治意识、大局意识、导向意识、阵地意识、纪律意识和责任意识。

媒体职业道德是媒体运作的润滑剂。作为一种意识形态，它经历春风化雨、润物无声式的培植积累过程。珠三角和长三角城市广电结合自身实际，积极建立积蓄媒体职业道德之势的平台和机制。

无锡广电强调要从维护新闻的真实客观公正上体现“媒体公信力”，牢固把握正确的舆论导向；苏州广电树立“先领任务，后当干部”的意识，营造敢于担当、乐于奉献的氛围；东莞广电在全体员工中开展“无愧于今、无愧于岗、无愧于心”主题教育活动，并开设“道德讲堂”，组织优秀主持人和优秀记者编辑年度评选，倡导“以台为荣”“以台为家”的价值追求。以上这些做法，都有助于媒体职业道德的厚积薄发。

一个拥有公信力和美誉度的媒体，必定是一个坚守媒体社会责任和职业良知的媒体。媒体只有“尊道”和“贵德”，并在长期的媒体实践中不断积累职业道德之势，增强自身定力和自信，才能完成历史赋予的引领思想、引导舆论和引航未来的社会责任。

第三，蓄传媒企业文化之势：汲取区域文化养分，构筑媒体核心价值体系，是城市广电在行业竞争中增强凝聚力、向心力和整合力的有效途径。

媒体职业道德的内涵偏重于新闻从业人员共同遵守的规范和准则，具有鲜明的行业特色。传媒企业文化的内涵更加宽泛和厚重，媒体职业道德仅是传媒企业文化的组成部分。

传媒企业文化是传媒企业在长期发展过程中积淀而成的、传媒全体从业人员普遍认同和共同践行的价值观念、信仰追求、职业伦理、行为准则、经营理念和管理模式等的总括。传媒企业文化对外可树立传媒良好社会形象，对内可散发强大的凝聚力、向心力和整合力。

珠三角和长三角城市广电都拥有反映传媒个性和价值取向的传媒文化。深圳广电的“国际视野、国家立场、民族情怀、深圳表达”，东莞广电的“八有”（“有规有矩、有分有寸、有始有终、有情有义”）和“三精彩”（“追求精彩、创造精彩、奉献精彩”），佛山广电的“小城办大媒体”和“大事不缺席”，无锡广电的“和谐奋进、风清气正”，苏州广电的“节目立台、经营富台、人才兴台、创新强台”和“以人为本、公正有效”等，这些媒体文化无不反映了各自媒体的精神风貌、价值认同和审美追求。

传媒企业文化植根于区域文化，区域文化是源，传媒企业文化是流。企业传媒文化含义广博，不仅是广电媒体特征的概括，而且是区域文化和中国传统文化的投射。珠三角和长三角城市广电的传媒企业文化都强调创新和包容，这与珠三角和长三角区域文化创新性和包容性的特质是一脉相承的。

传媒企业文化内涵丰富、凝重，而格言、警句式的提炼和表述有助于传媒文化的记忆和传承。传媒企业文化虽然不能直接产生经济效益，却能渗透到员工的骨子里、血液中，这种精神动力能最大限度地激发人们的创造力、凝聚力和执行力。

珠三角和长三角城市广电“蓄势”昭启：媒体蓄势，重在蓄内势；蓄内势的根本是蓄人势；蓄人势的主要途径是蓄知识技能之势、蓄职业道德之势和蓄传媒企业文化之势。人注重实践经验积累和学识修养积蓄，自然显得气定神闲、从容大度，其人势和气场就自然生成。媒体拥有浩大的人势，就自然拥有强大的竞争态势。古语道：“成事在天，谋事在人。”人是势能形成的主导性因素。

第三节　借势而行：君子善假于物

借势，意为借助某种氛围、趋势和外力等，形成有利于自己的竞争态势。借助源于外部的强大力量和有利形势，可弥补自身能量不足。

“势”的生成有诸多因素，既源于主体内部，也发自主体外部。当主体自身力量不足以成“势”时，就必须借助外部力量。“势”就是在内部力量和外部力量的联结下生成、蓄积、升华和演变的。

汉高祖刘邦强调要善于借人势。刘邦说：“我之所以有今天，得力于三个人——运筹帷幄之中，决胜千里之外，吾不如张良；镇守国家，安抚百姓，不断供给军粮，吾不如萧何；率百万之众，战必胜，攻必取，吾不如韩信。三位皆人杰，吾能用之，此吾所以取天下者也。”

善借是创业的捷径和实现理想的阶梯。牛顿揭示成功的奥秘：“如果说我看得比别人远些，那是因为我站在巨人们的肩膀上。”正是有了恩师丹麦天文学家第谷·布拉赫20多年积累的天文观察数据和星表作基础，德国天文学家开普勒才得以发现行星在宇宙空间绕太阳公转所遵循的定律——“开普勒定律”。

任何事物和现象都有其存在的依据和理由。珠三角和长三角城市广电发展能与中国社会经济发展同步，并在区域广电媒体中显示较强的整体实力，善于借助区域地势是一个重要因素。

地势是指区域地理环境形成的竞争态势。兵家历来注重地势。《淮南子》

认为“兵有三势”，即“气势、地势、因势”。孙子说：“夫地形者，兵之助也”，“知天知地，胜乃不穷”。

战国时期秦国“据骰函之固，拥雍州之地”，得以一统天下；三国时期刘备凭蜀道险要，孙权仗长江天堑，遂可与曹操分庭抗礼。可见，地势是两军对垒决定胜负的关键。

珠三角和长三角地理环境最主要的特征是依江傍海。人类数千年的繁衍历史昭示，人类无不依江而聚、傍海而集，江河和海洋因此成为生命的摇篮和人类文明的发祥地。交通便利、人口密集、历史厚重、经济发达、文化繁荣，这些都是珠三角和长三角依江傍海的地理环境所形成的发展态势。

珠三角和长三角城市广电在生存发展中如何“借地势”?

第一，在媒体经营上“借地势”。

与江河文化和海洋文化相对应的是江河经济和海洋经济。珠三角和长三角之所以自古成为中国的富庶繁华之地，离不开内源型的江河经济和外源型的海洋经济的合力推动。

国家“一带一路”战略的实施令珠三角和长三角的区位优势更加凸显。在大力推动泛珠三角和长江经济带经济协作的同时，珠三角和长三角充分利用濒临海洋的独特优势，加强与沿海国家的海上贸易往来，拓展经济发展的“蓝海”。而上海自贸区和广东自贸区的设立，为珠三角和长三角的经济发展增添了新引擎。

商业氛围浓郁、经贸来往活跃、市场资源丰富的珠三角和长三角，无疑为当地城市广电提供了内陆城市广电难以企及和拥有的产业“富矿”。区域经济母体输送源源不断的资源养分，使珠三角和长三角城市广电的产业发展之路走得既快捷又稳健。

古代“海上丝绸之路”必经之地的东莞，是一个 GDP 进入 6 000 亿元俱乐部的世界著名制造业基地，现有各类工商企业 20 多万家，制造业涉及 30 多个行业的 6 万多个产品，同时东莞又是目前广东三个国家电子商务示范城市之一，现有电商网络经营主体已达 5. 4 万户，电商交易额逾 3 000 亿元。

东莞广电充分利用区域产业资源优势，在做好传统广告经营的同时，大力开拓其他产业市场。联手“中国加工贸易产品博览会”组委会和东莞各知名企业，在广电中心举办“东莞最美产品发布会”——东莞名优产品展销系列活动，为东莞市民打造“永不落幕的‘加博会’”，同时推出具有广电特色的电子商务项目——“阳光抢 GO 街”，假借东莞阳光网搭建电子商城，利用优质广告资源对产品进行立体式推介，吸引众多商家和用户。

无论是东莞广电的“东莞最美产品发布会”，还是惠州广电的会展产业、常州广电的演艺培训和无锡广电的餐饮业和小额贷款，珠三角和长三角城市广电传统广告经营外的产业开拓都有一个共同特征——“借地势”：整合城市产业资源，努力发掘区域经济“富矿”，在媒体产业重新布局、产业链条设计锻造、经营模式大胆探索、政府资源有效利用和合作伙伴针对性选取等方面

“接地气”。

第二，在媒体竞合上“借地势”。

液体满盈则外溢，这是物理学上的一个现象。“溢出效应”是指事物一个方面的发展带动了该事物其他方面的发展，或指事物本身的发展带动与之相关的其他事物的发展。主体与客体物理空间的接近性是产生溢出效应的先决条件。在社会进步以联合发展为主要特征的大背景下，通过“借地势”而寻求溢出效应的案例并不鲜见。

近几年来珠三角和长三角二、三线城市纷纷发挥地理上接近省会城市的“地势”，创造条件形成城市发展的溢出效应。珠三角城市佛山和清远利用紧靠省会城市广州的区位优势，分别以“广佛同城”和“广州后花园”的城市定位，主动与广州在规划、交通、城建等方面进行全面对接。长三角城市苏州也努力将处于上海都市圈第一圈层的“地势”发挥出来，积极接受上海经济社会发展的强力辐射，将苏州打造为长三角区域中心城市和苏锡常都市圈核心城市。

深圳与港澳仅一河一海之隔，地缘相邻、人缘相亲、文缘相融、商缘相接，使深港澳广电的相互交流和借鉴打下坚实根基。香港电视具有丰富的媒体运作经验和广阔的海外传媒市场，是年轻的深圳广电实施国际化战略的“桥头堡”，而深圳作为新崛起的一线城市，是港澳电视进入中国内陆的重要跳板。深港澳基于“地势”的合作，有利于三方的共同发展。

溢出效应是双向互动的，特别是当各方实力和能量相一致时，受益的就不仅仅是一方，而这种多赢的互动将令参与方有着长久延续下去的愿望。深港澳电视合作就是如此。

目前深圳广电与港澳电视的交流合作，已从当初的新闻素材交换和影视剧引进的初级阶段进入了联办节目、合作经营、高层互访等高级阶段。深圳广电笃持“国际视野、国家立场、民族情怀、深圳表达”的媒体理念，全面实施“一体两翼”战略。推出的《直播港澳台》《军情直播间》《决胜制高点》《年代秀》等一批富有深港澳特色的全国知名品牌节目，成为推动深圳卫视跻身全国省级卫视前十方阵的重要力量。深圳卫视国际频道也于2010年12月起借助亚洲电视旗下的数码广播平台开路播出，实现了在香港地区的全面覆盖，而凤凰卫视、香港无线、亚洲电视、澳亚卫视也借助深圳天威视讯覆盖深圳，并取得良好的收视和经营效益。

世间万物联系大多因地缘而起。古代兵家强调“借地势”，中国古语“远亲不如近邻”正是“借地势”的生活化哲学解读。

对珠三角城市广电而言，随着媒体实力此消彼长和竞合发展不断演变，香港电视已从20世纪80年代以来的主要竞争对手变为今天重要的合作伙伴。在此情势下，借助“地势”，借力港澳电视，构建基于珠三角大城市群的以联合发展为核心诉求、以资源整合为联结纽带的广电联盟，是粤港澳广电界共同探索和深入实践的现实课题。

唯物辩证法提醒我们，要一分为二地看待地缘接近的优势和劣势。当强势方向弱势方“溢出”正效应时，对弱势方来说，就是地缘优势；当强势方向弱势方“溢出”负效应时，对弱势方来说，就是地缘劣势。后者被社会学家称为“灯影效应”——灯罩遮掩下的地带反而成为阴影区。避免“灯影效应”，实现“溢出效应”的正能量输出，关键是将“灯罩”拆除。因此，城市广电要主动清除影响外部资源整合的体制和机制上的各种障碍，让灯光照射更远，为正能量渗入敞开大门。这是城市广电确保地缘优势的关键所在。

珠三角和长三角城市广电“借势”昭启：大鹏一日同风起，扶摇直上九万里。在以互联互通和开放链接为特征的现代社会，决定竞争胜负的，不是拥有多少资源，而是整合多少资源。主动走出传媒孤岛，积极发掘利用各种势能，实施联合发展和借势发展，通过参与方均受益的正和博弈实现彼此共享的良性“溢出效应”，不失为珠三角和长三角城市广电在新一轮发展的明智之举。

第四节　造势而启：内外兼修之要

造势就是指通过各种策略和手段，创造出一种有利于自己生存发展的态势、格局和趋向。通过造势，使“势”从无到有，从小到大，从弱到强。

“势”作为自然的客观存在，呈现为人无法左右的力量，所谓“势胜人”。但人在“势”面前也不是完全被动的，所谓“势在己不在物”。“势”具有已然状态，但也内含动态性。“势”在不同的时空条件下生成和演变，“势”的生成特性使人之造势成为可能。

《孙子兵法·计篇》说：“计利以听，乃为之势，以佐其外。”康德说：“为了人类生活的美好，即使没有上帝，也要创造上帝。”这里的“为之势”和“创造上帝”指的就是造势。

为吸引读者，中国古典小说注重造势，往往通过人物塑造、情节设计、环境渲染等手段，营造各种“势”。《水浒传》利用各式各样的意象造势：“有山雨欲来风满楼之势”，“有山崩海立，风起云涌之势”，“有骏马下坡之势”，“有怪峰飞来之势”等。作者用“文势逶迤曲折之极”制造紧张悬疑氛围而令读者期盼等待。

一、造声势

城市广电要以全国眼光、国际视野和超前思维，敢于和善于策划具有全国性或国际性影响力的媒体实践活动，以此构建超越媒体地位的声势浩大的竞争态势。

声势是指声威、声望、声韵、声响之势。

声势因声而成势，因此造声势主要是围绕“声”——声威、声望、声韵、声响上做文章。

"成都六月天大风，发屋动地声势雄。"（陆游《龙挂》）"恨仆声势低弱，不能力为发扬。"（苏轼《答刘巨济书》）"声势沿顺，属对稳切者为律诗。"（元稹《叙诗寄乐天书》）以上诗文分别从声威、声望和声韵上说"势"。音乐上的声势，是指拍手、拍腿、跺脚、捻指等能带出声响的人体动作。

珠三角和长三角城市广电主要通过策划具有全国性或国际性影响的大型活动创造声势。

全国性或国际性活动往往成为众人关注的焦点，其主办地和主办机构也因此得以创造声势而有效提高知名度。法国戛纳利用电影营造声势，这个面积不足 20 平方千米、人口不足 8 万的南部市镇，因每年举办国际电影节而世界闻名。

二线或三线城市，其声势和知名度难以与省会城市和直辖市相比。近几年来，珠三角和长三角城市如东莞、佛山、苏州、无锡等，有意识地通过策划具有全国性或国际性影响力的大型活动，如 2015 年苏迪曼杯世界羽毛球混合团体锦标赛、2015 年世界乒乓球锦标赛、中国加工贸易产品博览会和中国文化创意设计产业交易博览会等体育经贸活动，大造城市声势，从而提高城市知名度和影响力，收到极佳效果。

珠三角和长三角地市广电最具声势的是苏州广电、无锡广电和佛山广电，他们特别善于用全国眼光、国际视野和超前思维去创造媒体声势。

如佛山广电秉承"小城市办大媒体"和"大事不缺位"的媒体理念，摄制具有国际影响力的大型电视连续剧《孔子》，连续 10 年举办影响珠江流域的选秀活动"珠江小姐"，举办全国性的系列业务论坛，每年现场报道全国"两会"，并走出国门，直击报道美国总统大选和国际重大体育赛事等，都显示了作为地市广电难能可贵的媒体风范，并经过 10 多年的锤炼和坚守，创造了独特而为同行所认同的媒体声势。

"珠江小姐"是佛山广电举办的一项具有全国性和国际性影响力的评选活动，是珠三角和长三角敢于和善于造势的典型案例。其成功之处有三：一是活动主题的深刻性。"珠江小姐"评选的宗旨没有停留在展现女性美的表浅层面，而是上升到弘扬珠江文化和倡导"天人合一"的意义层面。活动主题深刻、立意高远，在定位上区别于一般性的"选秀"活动。二是评选范围的广泛性。活动评选范围从珠江流域省份拓展到全国各省市，活动声势和影响力也得以不断延展，从起初的地市级媒体活动发展为今天的全国性媒体活动。三是活动内容的丰富性。将"选秀"活动与经贸活动有机结合起来，策划区域高峰论坛、企业互访、经济文化推广等活动，使活动声势更加深沉厚实。四是活动推介的创新性。借助传统媒体和新媒体对评选活动进行全方位、立体化包装，并通过在各省市设分赛点、到境外采风和与境外著名"选秀"活动对接等手段，有效提高了活动声势和知名度。

前些年来，很多媒体热衷办"选秀"活动，但目前大多评选活动因各种原因销声匿迹，能连续举办 10 年以上并具有一定影响力的地市媒体"选秀"

活动，当数佛山广电的“珠江小姐”评选。“珠江小姐”为佛山广电创造超越媒体地位的声势，这得益于媒体管理层拥有不凡的全国眼光、国际视野和超前思维。

二、造名势

城市广电要以练内功、造品牌、树形象的战略眼光，积极构建有助于提高受众黏合度和传播影响力的媒体品牌，在增强媒体核心竞争力的同时营造有利于媒体发展的舆论态势。

名势，指名誉、名义、名气、名声之势。“名”存则“势”在。因此造名势主要围绕“名”——名誉、名义、名气、名望做文章。

造名势必须以自身雄厚的实力作基础，否则空有其名、华而不实，金玉其外败絮其中。因此，造名势首先要练内功。珠三角和长三角城市广电把精心打造媒体品牌作为练内功、造名势的共同切入点。

珠三角和长三角城市广电不谋而合地把方言栏目作为各自的媒体品牌。《来发讲啥西》（宁波广电）、《师爷说新闻》（绍兴广电）、《今朝蛮开心》（常州广电）、《新闻日日睇》（广州广电）、《今日莞事》（东莞广电）、《新闻共同睇》（江门广电）和《小强热线》（佛山广电）等方言栏目，无不是各城市广电提高传播竞争力、受众黏合度和行业知名度的媒体品牌。

除了方言栏目外，不少城市广电还根据自身实力、受众需求和城市特点，选择不同的节目样式或传播载体作为重点经营的媒体品牌，如苏州广电的移动客户端、无锡广电的动漫影视、宁波广电的电视剧、佛山广电的大型活动、中山广电的纪录片等，这些贴上个性化标签的媒体品牌成了各自难以复制的媒体核心竞争力。

无论是共性类品牌还是个性类品牌，珠三角和长三角城市广电打造媒体品牌有着共通之处，即不谋而合地把区域文化的发掘和传承始终贯穿到媒体品牌打造的全过程。

区域文化是城市的标志符号。由于城市之间人文景况和自然环境的千差万别，各城市经过数千年的历史演变和文化沉积，形成代表城市价值取向且具有鲜明个性的区域文化，而这区域文化正是城市广电安身立命的传播资源和打造品牌的核心要素。

“传媒与地域文化有千丝万缕的联系。因为媒体总是要报道所在区域的本土历史，而地域文化又是在历史的发展中形成的，历史使地域文化形成了区域内共同的文化传统，这便构成了传媒与历史领域在内容上的联通。”① 珠三角和长三角城市广电打造媒体品牌与区域文化发掘和弘扬紧密地联系起来，使媒体品牌打上富于个性魅力的区域文化的鲜明烙印。而区域文化的深度渗透，增强了媒体品牌的内涵厚度和外延张力，媒体名势也就越发彰显。

---

① 高建国. 传媒传播区域历史的意义和途径. 新闻界，2007（6）.

创造外部良好舆论环境也是媒体造名势的重要手段。东莞广电 10 多年来与日俱增的媒体名势，主要建筑在改革创新促进硬件软件不断完善、媒体综合实力和行业竞争力日益增强的坚实基础上。同时，来自行内专家学者的客观评价，如“小台办大事”“为全国广播电视事业发展描绘了一个美好愿景”“创造了广东广播电视发展史上的奇迹”“是南方广播影视传媒集团的一面旗帜”“是东莞改革开放精彩而生动的缩影”等评价，也为东莞广电建立媒体名势起到锦上添花、推波助澜的作用。

媒体造声势和造名势在内容和形式上有叠加之处，但侧重点和目标指向各有不同。造声势重在以声生势，侧重于外围气氛营造；造名势重在以名生势，侧重于内功锻造。

珠三角和长三角城市广电“造势”昭启：互联网把人类引入了一个“泛信息时代”，在信息泛滥致使注意力成稀缺资源的语境下，酒香也怕巷子深，响鼓也需重槌敲。因此城市广电要内外兼修，通过创品牌造名势、树形象造声势，在受众中保持长久的关注度、黏合度和影响力。

第五节　乘势而为：智者贵在乘时

“故鱼乘于水，鸟乘于风，草木乘于时。”中国古代兵家提出了“任势”的概念。“善战者，求之于势，不责于人，故能择人而任势。”（《孙子·兵势》）“用兵任势，如峻坂走丸，用力至微，而成功甚博也。”（李靖《唐太宗李卫公问对》）文中所指的“任势”主要强调两军对垒不要过多苛求武器装备等客观条件，也不要强求士兵死打硬拼，而要积极利用“峻坂走丸”“疾水漂石”“转圆石于千仞之山”等各种有利的态势或事物发展变化的趋势，把主要精力放在“任势”上，因势而动，顺势而启，借势发展，乘势而为。

乘势是任势的义项之一。乘势即乘机、趁势，就是趁着良好态势，抓住这可乘之机，因势利导，任势而起。成语“趁热打铁”“见机行事”“见缝插针”等都包含乘势的意蕴。

古语道：“虽有智慧，不如乘势。”（《孟子·公孙丑章句上》）“乘势击之，所以制胜。”（《北史·于仲文传》）“善用兵者，见敌之虚，乘而勿假也，追而勿舍也，迫而勿去也。”（《淮南子·兵略训》）以上言论，都强调两军对垒时乘势的重要性。因为“势”瞬间万变，故此要趁着“势”的形态和发展有利于己时，及时作出正确部署。

时势是指某段时间的态势或时代的趋势。“势”具有时间之维，随着时间变迁和条件转换，事物某阶段的态势和发展趋势也随之发生变化。

《吕氏春秋》说：“事之难易，不在大小，务在知时。”巴尔扎克也说：“机会来的时候像闪电一般短促，全靠你不假思索地利用。”势随时变，势因时改。成功的关键在于掌握时势变化规律，相时而起，乘势而作。因此，智者贵在乘时，愚者误于失势。

第一，是要捕捉和把握国内推进传统媒体与新兴媒体融合发展的时势。

2014年是“媒体融合元年”，国家纲领性文件《关于推动传统媒体和新兴媒体融合发展的指导意见》的颁布实施，意味着推动传统媒体与新兴媒体的深度融合已上升为行业战略和国家意志。

珠三角和长三角城市广电意识到，传统媒体正面临着转型发展的新机遇。当前媒介环境已发生颠覆性改变，传统媒体的信息传播方式在速度和效率上已遭遇瓶颈，推动传统媒体与新兴媒体在内容、渠道、平台、经营、管理等方面的深度融合是大势所趋。对覆盖有限、规模有限的城市广电来说，主动拥抱新媒体是实现突围的唯一出路。

明者因时而变，知者随事而制。苏州显然是一个城市“知者”，善于抢抓经济社会发展机遇，令苏州在短短的10多年内一跃成为国内城市发展的示范区和标杆。而媒体融合发展的重大历史机遇再次把苏州推向行业发展的最前沿。

又一次拉开苏州城市形象展示大幕的是苏州广电的移动客户端——无线苏州。由苏州广电旗下苏州世纪飞越网络信息有限公司自主研发的无线苏州于2011年12月31日正式推出，比国家纲领性文件《关于推动传统媒体和新兴媒体融合发展的指导意见》颁布还提早了近3年。

无线苏州横空出世，其意义不仅体现在实现了苏州广电节目的全球直播、苏州文化资讯的迅速传播和苏州城市公共信息的及时查询之上，更体现在它为国内同行提供了互联网、通信网、广电网、电视屏、手机屏和电脑屏的“三网三屏”融合的全新模式，无线苏州因此荣获“2014广电媒体融合发展创新榜——最具创新价值移动综合运营平台”殊荣。

无线苏州在抢先“投胎问世”的同时，还紧紧抓住媒体融合发展时势，趁着国内其他城市移动客户端研发技术尚在摸索阶段之机，及时向全国各大中城市媒体和区域媒体合作伙伴推介无线苏州的技术、产品和管理经验，推进数据共享、用户共享、模式共享、资源共享，实现“无线苏州模式”全国复制和媒体知识产权全国输出。

这是一个双赢的合作。无线苏州每年收取技术输出费用，并始终掌控核心技术研发升级的主导权，而合作方则降低独立开发技术平台的时间成本和资金成本。目前无线苏州已与哈尔滨、长春、大庆、石家庄、兰州、合肥、阳泉、南通、湖州、娄底、梅州等国内大中城市签订合作协议。预计到2017年底，合作城市达到50个以上，用户规模达到1 000万。

第二，是要捕捉和把握国内智慧城市建设大步推进的时势。

智慧城市是源于2009年IBM“智慧地球”概念的一个分支，是指在物联网、云计算等新一代信息技术的支撑下形成的一种新型信息化的城市形态。2011年底，中国正式部署智慧城市建设，截至2015年，国内已有近300个城市列入智慧城市试点。

智慧城市建设为珠三角和长三角城市广电创造了更加广阔的发展空间。

如何充分利用现代信息技术拓展城市广电现有平台，为用户提供以视频、语音、数据等多媒体为途径的全方位服务，努力打造内容更丰富、功能更全面、渠道更多样、交互更便捷、服务更贴心的智慧电视平台，成为城市广电重点突破的新课题。

经受30多年市场经济大潮洗礼的珠三角和长三角城市广电，是善于捕捉和把握发展机遇的行业群体。他们深知，城市广电在智慧城市建设中拥有自身的竞争优势，广电网络覆盖范围广、频带宽的特点契合了智慧城市建设网络覆盖面广的要求，而广电网络现有优质而充裕的传输通道投入运营，可避免智慧城市网络平台的重复建设，有效缓解智慧城市建设的巨大资金压力。

珠三角和长三角城市广电积极与当地智慧城市建设进行无缝对接。上海、江苏、浙江和广东加快全省（市）有线网络整合，形成一体化广电网络平台，为参与智慧城市建设打下了坚实基础。杭州文广集团旗下的华数集团和华数网通信息港与浙江联通签署合作协议，双方充分发挥各自的网络、业务资源优势，共同助推杭州智慧城市建设。常州有线公司以打造常州“广电智慧社区”为重点，开发电视图书馆、家庭电视智能终端等业务。无线苏州紧随苏州智慧城市建设步伐，在苏州政府支持下整合交警、公交、客运、电力等部门的城市信息资源，推出“违章查询”“实时公交”“打的”“汽车票”等应用软件。

智慧城市催生了海量数据的搜集、存储、管理、分析、挖掘和运用。湖南卫视以“大数据”为依据，效仿美剧《纸牌屋》的创作理念，推出周播剧集。上海、深圳、南京、杭州等地的城市广电也尝试把“大数据”引入新闻、综艺和电视剧制作之中。广东广电网络股份公司在东莞建设“广东广电大数据产业中心”，将带动东莞网络应用、影音动漫创意、广电内容分发等产业。

第三，是要捕捉和把握国内城市群建设迅猛拓展的时势。

中国的城市群建设正以前所未有的规模和速度大步推进，长三角城市群和珠三角城市群已进入世界级城市群行列，而长三角城市群有望于2018年建设成为世界第一大城市群，城市群为城市广电发展提供了一个巨大的物理空间。

首先，城市广电抓住城市群建设带来的人口数量大幅增长的机遇。近几年来，珠三角和长三角各大中城市人口增长很快，手机拥有量也大幅飙升。以苏州为例，目前苏州总人口逾13 500万人，专家预测3至5年后苏州智能手机普及率可达95%。

人是媒介产品的消费者。无线苏州抓住苏州城市人口迅猛增长的时势，秉持“依靠人、为了人、服务人”的发展理念，以“城市在手中”为核心诉求，以“苏州的立体大百科全书”为产品定位，积极推进传统媒体由内容服务走向产品服务的转型之路。截至2014年底，无线苏州的下载用户量已达160万，日均访问量2 400万人次，月使用流量达52 T。随着苏州城市化水平的不断提高，在“人机结合、人网结合”的现代信息化城市，无线苏州的用户量呈现井喷状态是可以期待的。

其次，城市广电抓住城市群建设带来的汽车数量大幅增长的机遇。近几年来珠三角和长三角各大中城市机动车保有量不断增长，目前深圳、上海、广州、苏州、杭州、南京等城市机动车保有量超过 200 万辆，其中深圳在 10 年里机动车总量以 10 倍的速度增长，机动车保有量 300 多万辆，仅居北京和成都之后。

汽车为媒介产品传播开拓了新的通道。城市拓展带动了汽车产业的繁荣，而私人汽车增长为广播创造了新的发展机遇。现代广播已从传统收听单一模式转变为传统收听、车载收听、智能收听和网络收听等多终端并行的多元模式，而车载收听的伴随性、流动性和碎片化特点最契合现代城市人的生活节奏和媒介产品消费习惯。为此，珠三角和长三角城市广电不失时机地大力发展城市广播，经历 10 多年的沉寂，城市广播在城市汽车增长的带动下实现凤凰涅槃、浴火重生。

上海广播走高端路线。广播媒体极强的本土属性决定它拥有极强的市场排他性和地域垄断性，而上海汽车车主大多是消费能力较高的人群。上海广播占据当地广播市场 93% 的市场份额，与其坚持在内容生产上贴近汽车高端用户群直接关联；而广告布局上多引进汽车、房产和其他高消费类广告的战略，让广告商切身体会到“上海广播可以轻松找到最具购买力的人”。2014 年上海广播广告总收入突破 7 亿元，其中“动感 101”单频率全年广告收入超 2 亿元，成为中国年度广告收入最高的音乐频率。

深圳广播致力于为车主提供贴身的个性化服务。本着“与新媒体融合，共生共荣”的发展思路，深圳广播各频率和主持人都开通了“官方微博”和“个人微博微信”，通过新媒体把流失的听众吸引回来，并为车主设计了拥有新闻资讯、天气预报、违章查询等功能的“车主宝典”软件。深圳广播以 3 个主力广播频率占据深圳地区上空 70 多个广播频率中的 60% 以上的市场份额，广告创收超 5 亿元，昂首进入中国现代广播的第一阵营。

广播奇迹不但发生在上海和深圳，还发生在珠三角和长三角其他大中城市。受新媒体冲击和国内外经济大环境影响，2015 年报纸和电视阵地频频告急，广告创收分别以 40% 和 20% 的幅度下降，而广播依然捍卫自己的领空，广播声音依然传遍城市每个角落，广播广告创收依然稳步增长。与其说是城市振兴了广播、汽车拯救了广播，不如说是广播抓住了时势、广播实现了自救。

另外，城市广电抓住城市群建设带来的轨道交通大发展的机遇，与城市化进程同步，珠三角和长三角大中城市携手进入“地铁时代”。紧随北京和天津之后，上海和广州两个一线城市分别于 1995 年和 1997 年先后开通城市轨道交通。珠三角和长三角城市轨道交通网络化，使城市广电得以开辟新的传播通道，同时造就了广电产业的跨界发展。

珠三角和长三角城市广电“乘势”昭启：以数字化、网络化、智能化为特征的现代城市发展，为媒体生存创造了不可或缺的传输通道和物理空间。城市广电要拥有见微知著、一叶知秋的行业敏感，捕捉和把握稍纵即逝的发展机遇，不断调整和优化媒体战略部署，确保发展步伐紧随时势演变的最新态势。

第六节　逆势而上：勇者应有智慧和底气

顺势者昌，逆势者亡，这是无数历史事实证明的颠扑不破的普遍真理。但为何强调要“逆势而上”呢？“势”不可违，“势”不可逆。王夫之在《宋论》中说：当情势很清楚地非变化不可时，若试图抗拒之，没有比这种行为更愚蠢的。但“势”可借、可乘、可导，如叶适所说：“知其势而以一身为之。”因此，人可通过实践活动而成“势”，“势”又在人的行动目的和行动方式与之相一致的条件下表现为推动实践的现实力量。

笔者认为，“逆势而上”的含义并非指做出与“势”相违背的实践行动，而是指在逆境面前保持积极进取的心态。顺水行舟易，逆水行船难。正如安徽一官员说：“如果说乘势而上是本事，逆势而上则是真本事、大本事。”在新媒体冲击下媒介环境发生颠覆性变化、传统媒体进入生存“隆冬”的当下，珠三角和长三角城市广电依靠什么来应对行业演变时势，开启攻坚克难、逆势而上的发展新征程呢？依靠的是直面逆势而不懈怠、不气馁、不放弃的精神气概！

一、逆势而上要以媒体气势作支撑

气势是自身气魄和能量的反映。庄子说：“人之生，气之聚也；聚则为生，散则为死。”元气是世间万物的本源和基础。基于此，中国古代把勇猛善战的军队比作“貔貅之师”，并用“金戈铁马，气吞山河如虎”和“力拔山兮气盖世”等诗词来形容军队气势。

媒体气势是媒体的精神风貌，是媒体在竞争中一往无前、攻坚克难的勇气和智慧，是媒体敢于逆势而上的内在动力。

珠三角和长三角城市广电敢于逆势而上，依靠的也是这种气势。南京的电视竞争激烈程度不亚于北京、广州、深圳等一线城市，江苏广电总台的名牌栏目《南京零距离》和《非诚勿扰》一度把南京电视台挤得喘不过气来。是逆势而上还是畏惧退缩？南京电视台选择了前者。2003 年南京电视台推出国内第一档时长 90 分钟的大型直播新闻栏目《直播南京》，并于 2013 年推出大型婚恋类栏目《好姻缘》。这两档栏目扬长避短、差异化发展，收到较好的收视效果和经营效益。《直播南京》被评为全国电视百佳栏目。《好姻缘》于次年在宁夏卫视播出，在同类节目大多不景气的情形下实现收视逆势上扬。

佛山广电建立全国首家跨媒体、跨地域、跨行业、跨所有制的地市级文化集团，开创了立体式融媒体的国内地市级传媒集团创建的“佛山模式”，让国内同行感受到佛山广电别样的媒体气势，而这正是佛山广电成为国内城市广电转型发展一面旗帜的思想基础。佛山广电投资出品的长篇电视连续剧《孔子》的成功，令国内同行再次向佛山广电投来敬佩的目光。国内早有孔子题材的影视剧，1990 年王绘春版电视剧《孔子》已获全国精神文明建设“五个一工程”奖和全国电视剧“飞天奖”特别奖，周润发版电影《孔子》也抢先于 2010 年上映，那么佛山广电投资6 000万元制作的 35 集《孔子》有市场吗？正当人们为佛山广电忧虑的时候，佛山广电的《孔子》经过两年多在国外播出造势，终于利用国内掀起“孔子热”的时势，于 2014 年 9 月在山东卫视向全国首播。佛山广电逆势而上的媒体气势再度受到国内同行的一致认可。

南京广电和佛山广电逆势而上的勇气不是心血来潮时的意气用事，也不是违背客观规律的一意孤行，它建立在对行业发展时势的准确研判之上，建立在媒体敢于担当、敢于攻坚、敢于超越的自信之上。

二、逆势而上要以媒体企业文化作后盾

腹有诗书气自华。气势溢于表，文化藏于内；气势是文化之窗，文化是气势之源。因此，媒体逆势而上的背后是媒体企业文化和区域文化。

一方水土养一方人。珠三角和长三角特有的江河文化和海洋文化比内陆文化更富有开放性、兼容性、冒险性、开拓性、原创性和进取心。

为何南京电视台的《直播南京》和《好姻缘》敢于与知名的同类栏目硬碰硬？这与南京广电拥有强烈的开拓意识、永不言败的媒体气势和敢于逆势而上的精神气质不无关系，而媒体这些思想观念是在南京“六朝古都”和“十朝都会”的古风古韵熏陶下积淀而成的。同样，佛山的古代四大名镇和现代陶艺之乡、粤剧之乡、武术之乡的文化传承赋予了佛山广电国际性视野、开创性思维和敢为人先精神，而这正是佛山广电开创国内地市级传媒集团、创建“佛山模式”的不竭动力。

世界传媒发展风云激荡。在世界传媒近 300 年的历史长河中，有些世界一流传媒，如第一家电视台 BBC、美国历史最悠久的商业广播电视公司 NBC、最古老的报纸《泰晤士报》、被英美报界誉为“报纸中的报纸”的《纽约时报》等，经历时代洗礼而屹立不倒，历久弥坚；但也有一些传媒昙花一现，灰飞烟灭。

《人民日报》成为国内传统媒体融合发展的典范。《人民日报》已由一份报纸转变为全媒体形态的“人民媒体方阵”，各类媒体产品用户总量超过了 2.5 亿。人民日报社总编辑吴恒权说：“为什么《人民日报》等传统主流媒体能够‘逆势而上’？根本就在于，传统的主流媒体能以积极的态度和创新的精神去适应时代要求和形势变化。”①

决定传媒荣枯兴衰的关键要素，是潜藏在传媒呼吸和血液里的文化因子。如果作为文化内核的观念和精神腐朽湮灭时，传媒就会枯萎衰败；反之，传

---

① 吴恒权．主流媒体：治国理政的重要资源．新闻战线，2011（5）．

媒则永兴不衰。

“中国先秦时期的文化和古希腊文化，可以说是融合了血性和理性的力量型智慧型创新型文化的典范。只有融合了这三种价值的文化，才是具有综合实力和竞争力的文化。”①

“逢山开路，遇水架桥”是这种力量型、智慧型、创新型文化的具象呈现，它支撑着珠三角和长三角城市30多年来的经济繁荣和社会进步，见证了中国这两大城市群从农业文明向工业文明、生态文明进化的时代变迁。这种文化也从城市母体中贯注到两区域城市广电的身躯和血液里，为它们劈波斩浪、逆势而上，始终站立在媒体改革发展的最前沿铸造了牢固基座。

长期以来，珠三角和长三角城市广电注重发掘和弘扬江河文化和海洋文化所赋予的精神内涵和品格特质，在行业竞争中始终保持危机意识、创新思维和担当精神，这是珠三角和长三角城市广电在顺境时乘势而为、做大做强，在逆境时不折不挠、弯道超越的根本原因。

三、逆势而上要以媒体实力作靠背

打铁还需自身硬。张飞横刀勒马长坂桥，孤身喝退曹兵百万的背后，光靠勇气是不够的，还必须拥有“于百万军中取上将之首如探囊取物”的超强武功。媒体要逆势而上，并要实现逆势上扬，必须要以媒体综合实力作靠背。

当前互联网特别是移动手机成了年轻人获取信息的最主要信源，很多社会热点通过互联网生成、发酵和扩散，新媒体议程设置和引导舆论的能力在不断增强。在新媒体强力冲击下，传统媒体陷入用户流失、话语权边缘、市场份额萎缩的困境。

传统媒体对新媒体经历了“看不起—看不懂—赶不上”三个认知阶段。在当前传统媒体处于竞争逆境之下，消除傲慢与偏见，摒弃逃避现实的“鸵鸟心态”，主动拥抱新媒体，自觉与新媒体共荣共生，是传媒媒体实现逆势而上的唯一出路。

珠三角和长三角是国内传媒界推动媒体融合步伐较快的两个区域。但比较而言，在媒体融合的启动时间、阶段性成果和政府扶持力度等方面，珠三角传媒圈整体落后于长三角传媒圈。虽然珠三角目前拥有60多万家互联网企业，也不乏如腾讯这样的互联网巨头，珠三角传媒圈也出现了广东网络广播电视联盟、城市联合网络电视台（CUTV）、东莞阳光网、智慧中山和无线清远等新媒体平台和产品，但珠三角新媒体项目存在散、小、弱的缺陷，至今仍未涌现出具有全国竞争力的标杆项目和拳头产品。

反观长三角传媒圈，媒体改革创新的危机感、紧迫感和使命感比国内任何一个区域都要强烈。传统媒体“二次革命”的自觉性令长三角传媒圈启动媒体融合的时间普遍早于国内其他区域3至5年。正是这黄金般的几年，使

---

① 王京生. 观念的力量. 北京：人民出版社，2012.

长三角传媒圈在新一轮的传媒竞争中抢先起跑，并率先在弯道实现超越。

当国内大多传媒在媒体融合的十字路口彷徨踟蹰的时候，长三角传媒圈已涌现出引领报界和广电界的媒体融合示范性标杆性产品——百视通、澎湃新闻、无线苏州、智慧无锡等。长三角传媒圈媒体转型的现实意义，最重要的不是向业界推出媒介新产品，而是在传媒转型成全国性难题的关键时刻，向国内城市输出可广为复制的媒体融合运营模式和赢利模式，向国内同行传递一种敢于逆势而上的行业自信、体制自信和文化自信。

SMG和苏南广电是长三角广电界两个类型标本。SMG在第一财经、百视通新媒体、炫动传媒、东方购物和东方娱乐五大创收板块联合拉动下，2014年年经营创收达250亿元，文化产业规模仅次于中央电视台。苏州广电和无锡广电年经营创收也达到17亿元，在全国地市广电中处于绝对领先地位。

媒体综合实力为媒体转型发展和逆势而上打下坚实基础。当前以上海为核心的长三角媒体融合呈现出传统媒体在衰退中创新前行、新兴媒体在蓬勃中交替更迭、移动媒体使用成主流这三大态势，这是媒体综合实力和区域综合实力叠加和推动的结果。

珠三角和长三角城市广电“逆势而上”昭启着：顺势和逆势是万物势态周而复始、循环反复的两个正负极。处于顺势时，要保持战战兢兢、如履薄冰、如临深渊的心态；处于逆势时，要拥有坚韧不拔、百折不挠、上下求索的勇气。水激则悍，矢激则远，逆势而上是一种气势、一种智慧、一种自信。从来就没有什么救世主，也不靠什么神仙皇帝，城市广电唯有逆势而上才能从话语权边缘、影响力弱化的泥潭中走出来，并在群雄逐鹿、烽火连营的媒体竞争中实现自赎、自救、自强。

珠三角传媒圈和长三角传媒圈虽是两个不同区域的“势场”，但由于珠三角和长三角在自然生态环境、政治经济气候、区域社会文化和城市发展进程等方面比较接近，令珠三角传媒圈和长三角传媒圈的势态特征有诸多共通之处。两区域城市广电善于把握各种显性和隐性的势态生发演变规律，审时度势，势薄则蓄，势弱则借，势微则造，势显则乘，势逆则化。

脱胎于春秋战国时期诸子百家的“势说”蕴含着丰富的哲学思想。南宋著名思想家叶适认为，因“势”而行、乘“势”而为，天下便得到治理。历史上的唐虞三代和汉唐之治，是通过不同时代的君主“以一身为天下之势”而实现的。

“势说”哲学不仅适用于国家治理，而且适用于包括媒介运作在内的广泛社会活动。珠三角和长三角城市广电的运行轨迹留下了对中国传统“势说”哲学的认知、探究和实践的鲜明脚印。从这个意义上说，珠三角和长三角城市广电之所以始终挺立在行业发展前沿，关键在于因势而谋、应势而动、顺势而为。

中国道家哲学始创于南方。珠三角和长三角城市广电媒介实践为道家学派圣论“道生之，德蓄之，物形之，势成之”提供了一个精彩而生动的注解。

后记　“阴阳”悟：穿越于动与静之间

近30年的探寻和坚守，令我对传媒业有着刻骨铭心之爱。自2011年出版个人专著《行思》后，再撰写一部个人专著的意念一直未泯灭过。2013年初，借申报广东省宣传文化人才专项资金的契机，我开启了长达3年的文字跋涉之旅。

因白天要完成繁杂的工作，写作只能在晚上、节假日或其他零碎时间进行。兴趣是最大的原动力，正是对传媒业势态流变规律探究的执着令我在1 095天里几乎处于亢奋状态，并心甘情愿地选择与孤独为伍。

一阴一阳之谓道，一动一静互为根，世间万事万物无不在阴与阳、动与静中穿越。宇宙从混沌到清朗，国家从分离到聚合，社会从无序到有序，行业从衰落到兴盛，人类从出世到入世等，都蕴含着阴与阳、动与静的辩证联系。

我爱思考，也爱运动。东莞广播电视中心的办公室和篮球场成为我这3年来生命存在的主要场景。尼采说，思考是大脑的新陈代谢。当茕茕中许多未知成为已知时，我体悟到孤独和缄默的力量。运动不仅可以分泌出作为人体信使的荷尔蒙，还能锤炼人的意志、耐力和灵性。办公室沉思、篮球场奔跑，静里幡悟，动中蓄锐，动静相接，阴阳互生，穿越于柔性和刚性场景的行为画笔，勾勒出这3年来我生命际遇的运行轨迹。

感谢再度为此书作序的恩师——国内著名传媒学者、中国传媒大学博士生导师陈卫星；感谢接受专访和提供业务指引的黄永贵、严克勤、李静、陈锦霞、王首程、谭天、朱剑飞等传媒业界学界名流大家和暨南大学出版社副社长张仲玲女士；感谢及时提供观点数据佐证的总编室小伙伴们；感谢晚归“无功无名却留饭留菜”，且对“顶尖射手”因球场表现神勇而“松毛松翼”、喋喋不休早已麻木无语的家人。

在书稿即将付梓之际，传来本书入选“2015年度东莞市文化精品”并获政府专项扶持资金的喜讯。但这并没令我产生如释重负之感，反倒心有戚戚焉。因为我深知，广电业界普遍存在的理论滞后于实践及本人才疏学浅致使有诸多后知未知的拘囿，将会令此书备受诟病，幸好不求令读者振聋发聩、醍醐灌顶，只求梳理个人近30年来职业生涯片思断想的写作初衷，使忐忑不安之心得到些许慰藉。况且，既然出发的目标是地平线，留给世界的只能是背影。

动与静是一种生存状态，是一种生命度量，是一种价值取向。我享受这种个体生命价值在动静穿越、阴阳交替中流溢跳跃的全过程。

动如江河，静如山岳。知白守黑、儒道互补、刚柔相济若此，难道不是人生一帧曼妙影像么？

李志良
2016年7月